Muamet Ramadani, 9 ans
Le Désert, 1993
Gouache
Atelier Art et Poésie*
Genève, Suisse
◁

Cet ouvrage est publié à l'occasion du IIe Congrès des familles du Quart Monde (New York, 1994) et de l'année internationale de la famille.

This book is published in conjunction with the second Congress of Fourth World Families (New York, October 1994) and the International Year of the Family.

Dieses Werk erscheint im Rahmen des Internationalen Jahres der Familie, anläßlich des 2. Kongresses der Familien der Vierten Welt, der im Oktober 1994 in New York stattfindet.

Publicamos este libro con motivo del Segundo Congreso de las Familias del Cuarto Mundo (Nueva York, 1994), y en el marco del Año Internacional de la Familia.

Dit album is uitgegeven ter gelegenheid van het tweede Congres van gezinnen van de Vierde Wereld in New York in het kader van het Internationale jaar van het gezin 1994.

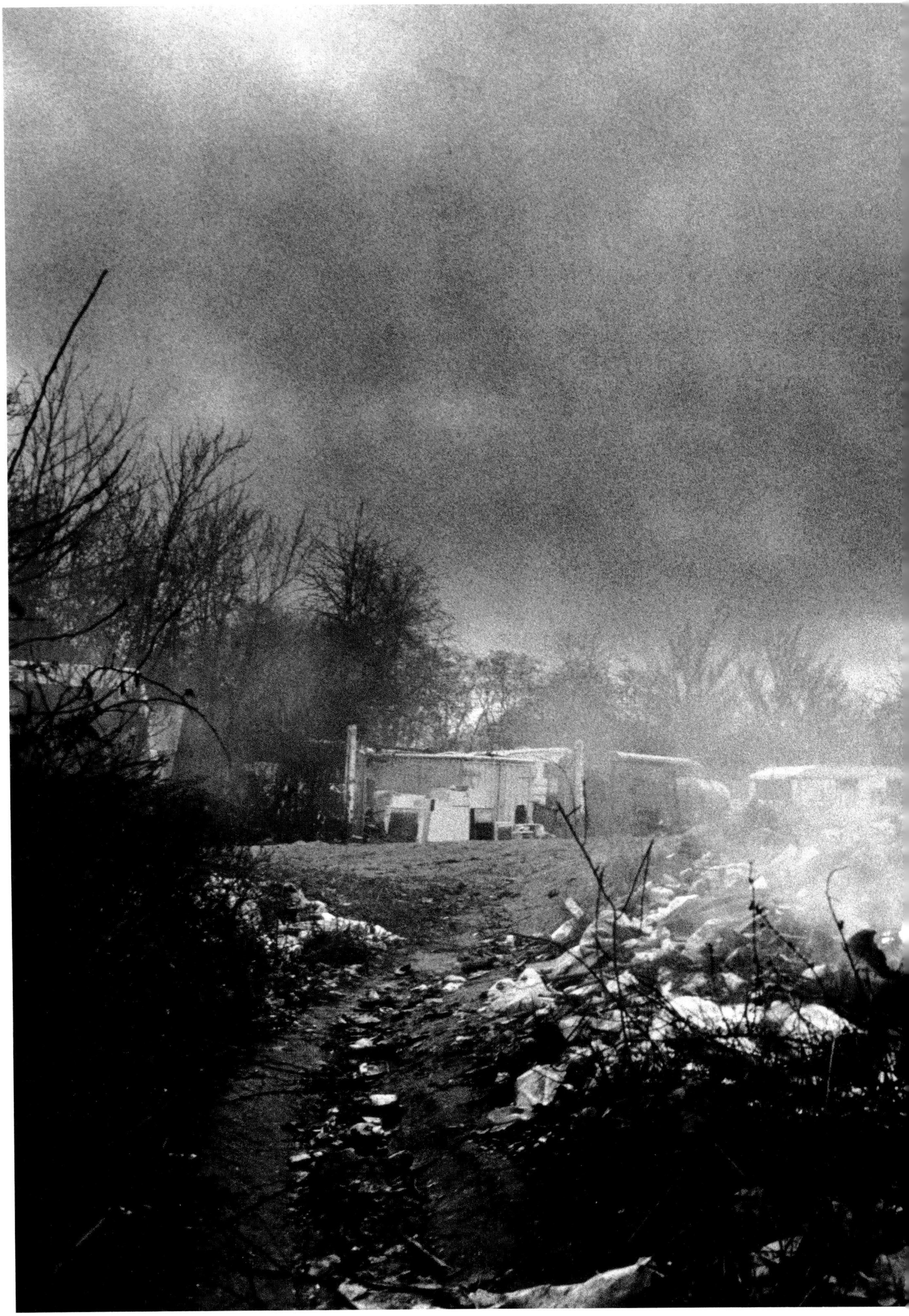

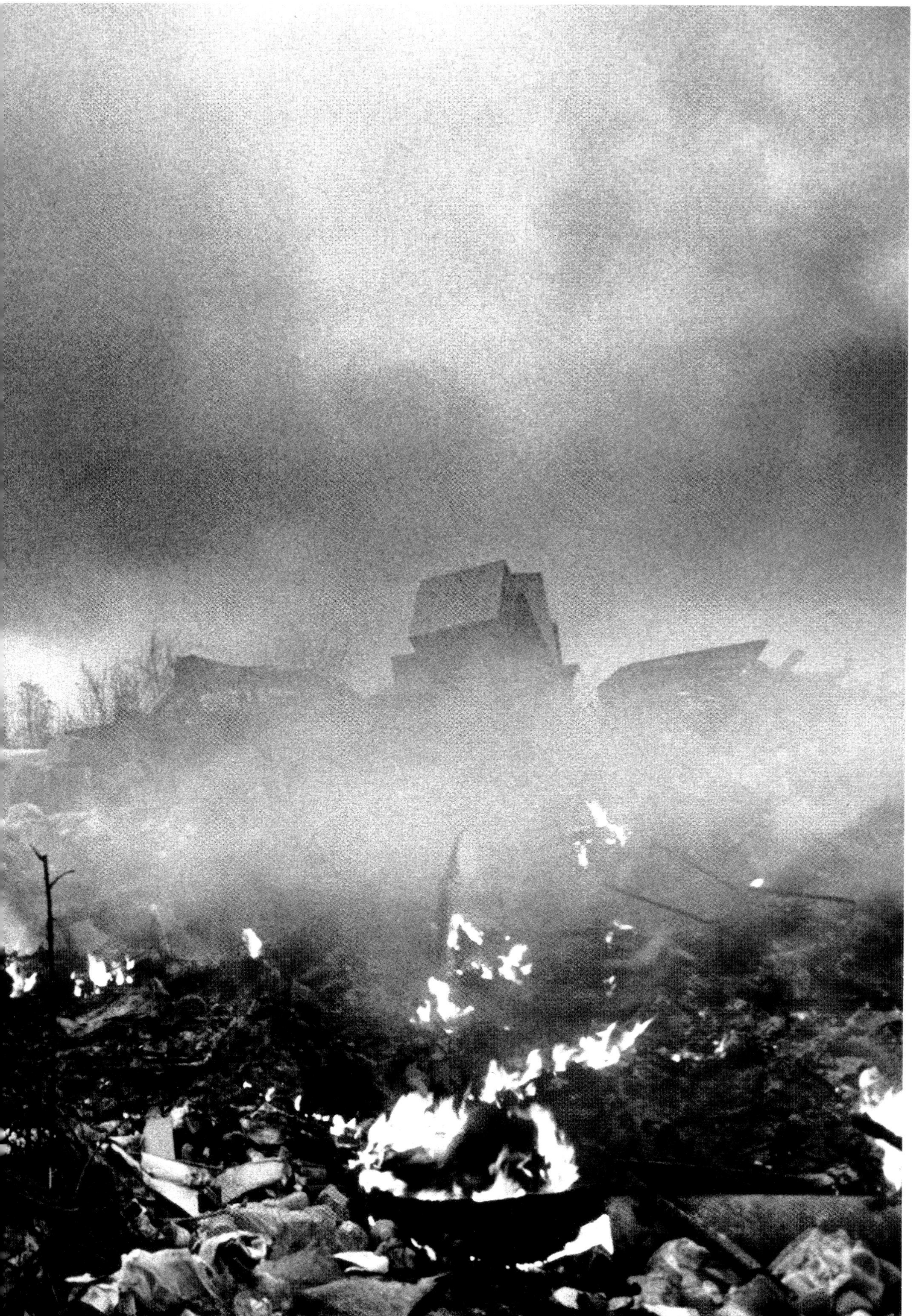

Cahiers du Quart Monde
Cuadernos del Cuarto Mundo
Vierte Welt Jahrbuch
Fourth World Chronicle
Kroniek van de Vierde Wereld

Conception et réalisation
Jeanpierre Beyeler
Pierre Brochet

Choix des textes et rédaction
Fanchette Clément Fanelli
Francine de la Gorce

Traductions
Alicia Astudillo Rojas
Caroline Bloomfield
Marie-Rose Blunschi Ackermann
Eugène Notermans
et leurs nombreux collaborateurs

Composition
France Quercy, Cahors, France.

Tirages noir et blanc pour la photogravure
Daniel Gingras

Prises de vues et tirages couleur
Jacques Bellée, LTDi, à Pierrelaye, France
Michel Blanc, smb, à Genève, Suisse
Jean-Pierre César, à Noisy-le-Grand, France

Photogravure
Bussière Art Graphique, à Paris

Achevé d'imprimer en France en septembre 1994
sur papier *Job Matillant 150 g,* de Toulouse,
sur les presses de l'Imprimerie France Quercy,
à Cahors

N° d'impression : 40646 D
Dépôt légal : octobre 1994
© Éditions Quart Monde, Paris, 1994
ISBN 2 904972 66 8

Mouvement International Atd Quart monde
International Movement Atd Fourth World
Internationale Bewegung Atd Vierte Welt
Movimiento Internacional Atd Cuarto Mundo
Internationale Beweging Atd Vierde Wereld
107, avenue du Général-Leclerc
F 95480 Pierrelaye, France

Éditions Quart Monde
15, rue Maître-Albert
F 75005 Paris

album de famille   family album   familienalbum   álbum de familia
familie album   album de famille   family album   familienalbum
álbum de familia   familie album   album de famille   family album
familienalbum   álbum de familia   familie album   album de famille
family album   familienalbum   álbum de familia   familie album

Album ... Leere verfügbare Seiten   gebundene Seiten
aufnahmbereit für Bilder   Wörter   eine Geschichte.
Monatelang suchen   sammeln :   Fotos   Texte   Erinnerungen.
Eingehend lesen   betrachten.   Festzuhaltendes   zu Verbindendes auswählen
um vom Leben zu sprechen.
Erschreckende   abgeschnittene Orte...
Ein anderer Blickwinkel   und das Leben taucht auf   ungewöhnlich   aber anziehend.
Ein Kind lächelt voller Vertrauen   voller Erwartung an die Welt.
Junge und Erwachsene gehen ans Werk   Familien zeigen sich.
Licht erscheint   wo niemand es erwartete.
Sich einnehmen lassen von dieser Sicht   Begegnung wagen - und das Leben verändert sich.
Hände greifen ineinander   Köpfe beugen sich gemeinsam über offene Bücher.
Eine neue Geschichte zeichnet sich ab :
die Geschichte angstfreier Familien und Gemeinschaften.
Das Blickfeld ständig erweitern   und dabei den Kleinsten   den Erschöpften
die Verstoßene   die Ausgegrenzte   im Brennpunkt behalten   überall auf der Welt.
Niemanden beiseite lassen   in eine einzige Geschichte eintreten.
Gemeinsam das Morgen erschaffen.

Álbum   páginas vacías   disponibles   encuadernadas
listas para recibir imágenes   palabras   una historia.
Durante meses juntar fotos   obras de arte   textos
leer   observar con atención   escoger lo que se va a fijar   para hablar sobre la vida.
Lugares aislados   espantosos   sin embargo...
mirando desde otro ángulo   vemos que la vida surge   de manera insólita pero atractiva:
una niña sonríe   confiada   ella espera todo del mundo
los jóvenes   los adultos se activan   las familias se presentan
la luz aparece en un lugar inesperado.
Dejarse impregnar por esta visión   atreverse al encuentro y la vida se transforma
las manos se acercan   se unen
las cabezas se inclinan juntas sobre los libros abiertos
una nueva historia se esboza
la de las familias   de las comunidades liberadas del miedo.
Siempre agrandar el ángulo   poniendo en el centro
al más rechazado   al más humilde   al más cansado
por todo el mundo   no dejar a nadie de lado
entrar en una historia única   juntos   inventar el mañana.

Album :
Lege bladen   maagdelijk wit   pagina's met elkaar verbonden
wachtend op beelden   op woorden   op een verhaal.
Zoeken   verzamelen   maandenlang   foto's   hele verzamelwerken   teksten
de herinnering aan het leven.
Lezen   langdurig kijken   uitzoeken   om samen te voegen   om het leven te kunnen vertellen.
Plaatsen   geïsoleerd   weerzinwekkend
maar...   als je anders kijkt   komen de beelden tot leven   onwezenlijk maar aantrekkelijk :
een lachend kind   vertrouwend   het verwacht alles van de wereld

jongeren   volwassenen worden actief   gezinnen stellen zich voor
waar we het niet verwachten   wordt het licht.
Je mee laten slepen door de beelden   de ontmoeting aandurven - het leven neemt een wending
handen worden uitgestoken en ontmoeten elkaar   hoofden buigen zich over geopende boeken.
Een nieuwe geschiedenis wordt geschreven
de geschiedenis van gezinnen   van een samenleving   van angst bevrijd.
De blik verruimen   kijkend naar het centrum van dit beeld
naar de kleinste   de meest vermoeide   de uitgestotene   overal in de wereld.
Niemand aan de kant laten staan   een nieuwe geschiedenis inluiden   samen morgen uitvinden.

Album   pages vides   disponibles   reliées entre elles
prêtes à recevoir des images   des mots   une histoire.
Récolter des mois durant   photos   oeuvres   textes
lire   regarder longuement   choisir ce qui sera fixé pour dire la vie.
Lieux isolés   effrayants
pourtant   un autre angle de vision et la vie surgit   insolite   mais attirante
une enfant sourit   confiante   elle attend tout du monde
des jeunes   des adultes s'activent   des familles se présentent
la lumière paraît où on ne l'attendait pas.
Se laisser prendre par cette vision   oser la rencontre   et la vie se transforme
des mains se rapprochent   se joignent
des têtes se penchent ensemble sur des livres ouverts
une nouvelle histoire s'ébauche   celle des familles   de communautés   libérées de la peur.
Élargir sans cesse l'angle   en gardant au centre le plus rejeté
le plus petit   le plus fatigué   partout dans le monde
ne laisser personne de côté   entrer dans une seule histoire
ensemble
inventer demain.

The album
empty pages   bound together
ready to welcome pictures   words   a story.
For months on end   gathering photos   drawings   notes and letters
carefully reading   sifting   choosing what will fix the portraits of life.
Isolated   frightening places   and yet ...
another angle of vision   life appears   startling   drawing you in
a child smiles   confident   expecting the whole world
young people   adults keep active   families present themselves
light appears where it is least expected.
To let ourselves be captured by the vision   to dare the encounter   then life changes
hands come closer   join   heads lean over open books   together
a new history is beginning   that of families   of communities   liberating from fear.
Ever enlarging the angle   keeping at the centre of the field of vision   the poorest
the most excluded   the most exhausted
leaving no one aside   the world over
we enter into a single history   together
to invent tomorrow.

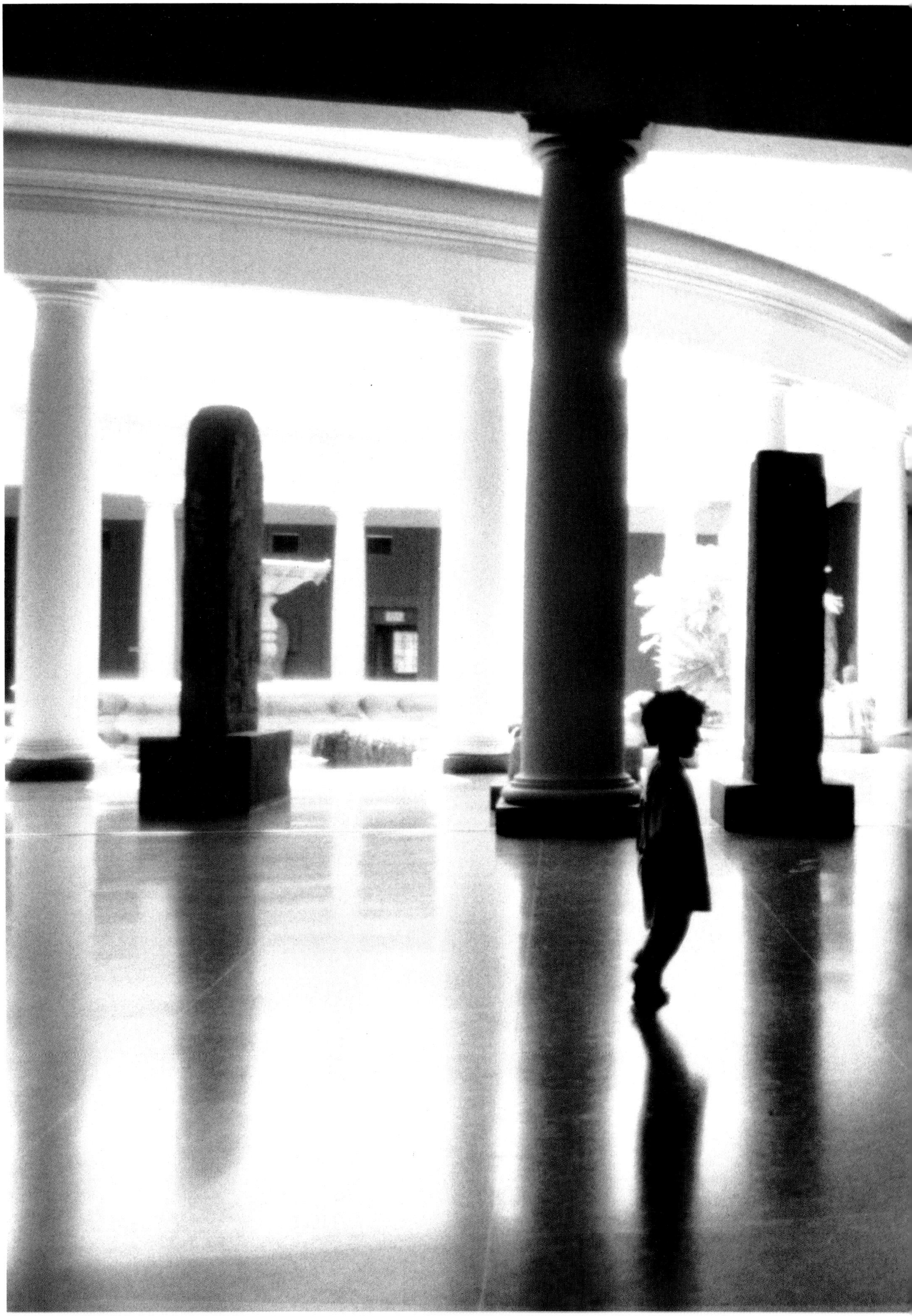

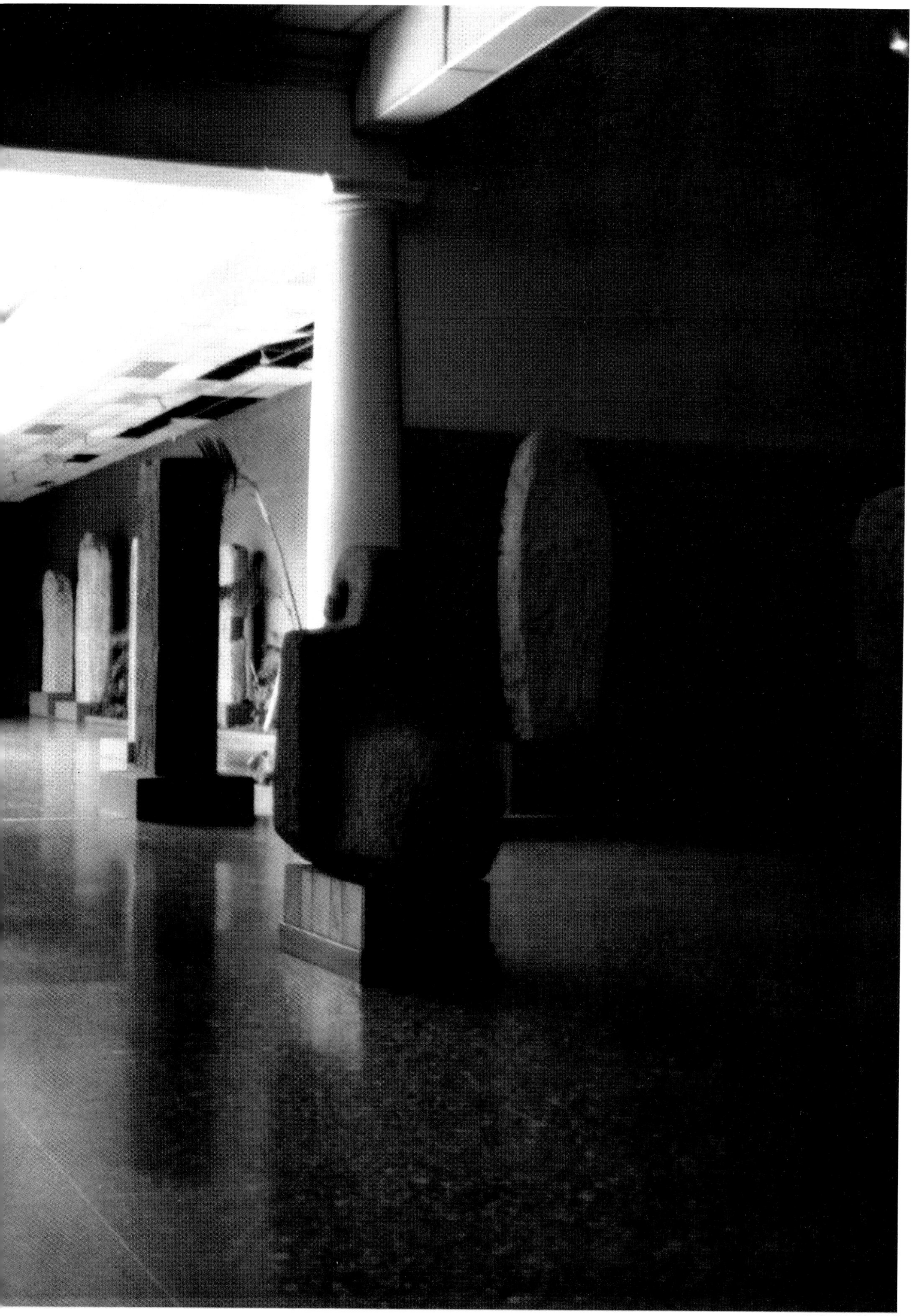

Le Mouvement Atd Quart Monde* est né dans le bidonville de Noisy-le-Grand*. Il y a rencontré 252 familles françaises exclues de la société pour cause de misère, il y a surtout découvert une volonté acharnée de tous ces hommes et de toutes ces femmes de vivre en famille. Cet acharnement à être et à rester une famille, nous l'avons rencontré chez tout homme, fût-il seul ; tout homme en effet pense à la famille qu'il pourrait bâtir et qui l'inscrirait au sein de la communauté.

The Movement* was born in the emergency housing camp of Noisy-le-Grand*. The 252 families living there were excluded from society because of their extreme poverty. Yet they were all determined to retain their identity as families. We witnessed this same determination to be part of a family in everyone we met, even those who were living alone. In fact, most people think about the family that they could build and through which they could find their place in the community.

Die Bewegung* ist im Notunterkunftslager von Noisy-le-Grand* entstanden. Sie hat dort 252 einheimische Familien angetroffen, die aufgrund ihrer extremen Armut aus der Gesellschaft ausgegrenzt waren. Vor allem aber entdeckte sie dort den verbissenen Willen dieser Männer und Frauen, als Familie zu leben. Diese Verbissenheit, eine Familie zu sein und zu bleiben, haben wir bei allen, auch bei den Alleinstehenden, angetroffen. Tatsächlich überlegt sich wohl jeder Mensch, eine Familie aufzubauen, um sich in der Gemeinschaft zu verankern.

El Movimiento* nació en un barrio de chabolas en Noisy-le-Grand* (Francia). Allí encontré 252 familias francesas excluidas de la sociedad por su miseria, y sobre todo descubrí una voluntad férrea de todos esos hombres y mujeres de vivir en familia. Este empeño de ser y continuar siendo una familia, lo hemos encontrado en cada hombre, aunque esté solo. En efecto todo hombre piensa en crear una familia que le una a la comunidad.

De beweging* is geboren in een sloppenwijk bij Noisy-le-Grand*. Zij heeft daar 252 Franse gezinnen ontmoet die uitgesloten waren uit de samenleving vanwege de armoede. Zij heeft daar bij al die mannen en vrouwen vooral een verbeten wil, om als gezin te leven, ontdekt. Deze vasthoudendheid om gezin te zijn en te blijven hebben we bij iedereen gezien, zelfs bij hen die alleen waren. Iedereen denkt aan het gezin dat hij zou kunnen stichten en dat hem midden in de samenleving plaatst.

D'autres citations du père Joseph Wresinski* émaillent cet album. Toutes figurent en haut de page dans la même typographie, et sont extraites de ses ouvrages et conférences, dont on trouvera la liste p. 156.

Les (*) dans les textes renvoient au glossaire pp. 150 à 156.

This quotation is from Father Joseph Wresinski*. All his quotations in this album can be found at the beginning of a page, in the same typography as the above. They are refered to in the bibliography, page 156.

The (*) in all the texts refer to the glossary p.150-156.

Dieses Album enthält weitere Zitate aus Werken und Vorträgen von Père Joseph Wresinski* (siehe Bibliographie, S.156). Sie finden sich in einheitlicher Schrift jeweils am Anfang der Seite.

In allen Texten verweist das Zeichen (*) auf das Glossar, S. 150-156.

Este álbum está salpicado con otras citas del padre Joseph Wresinski* que figuran al comienzo de las páginas, con la misma tipografía. Las citas son extraídas de sus obras y conferencias cuya lista se encuentra en la página 156.

Los (*) de todos los textos remiten al glosario (página 150 a 156).

Dit en andere citaten van Père Joseph Wresinski* vindt U telkens bovenaan de bladzijde in dezelfde typografie. Ze zijn ontleend aan zijn werken en conferenties, waarvan een overzicht op blz. 156.

De (*) in de teksten verwijzen naar de woordenlijst blz. 150-156.

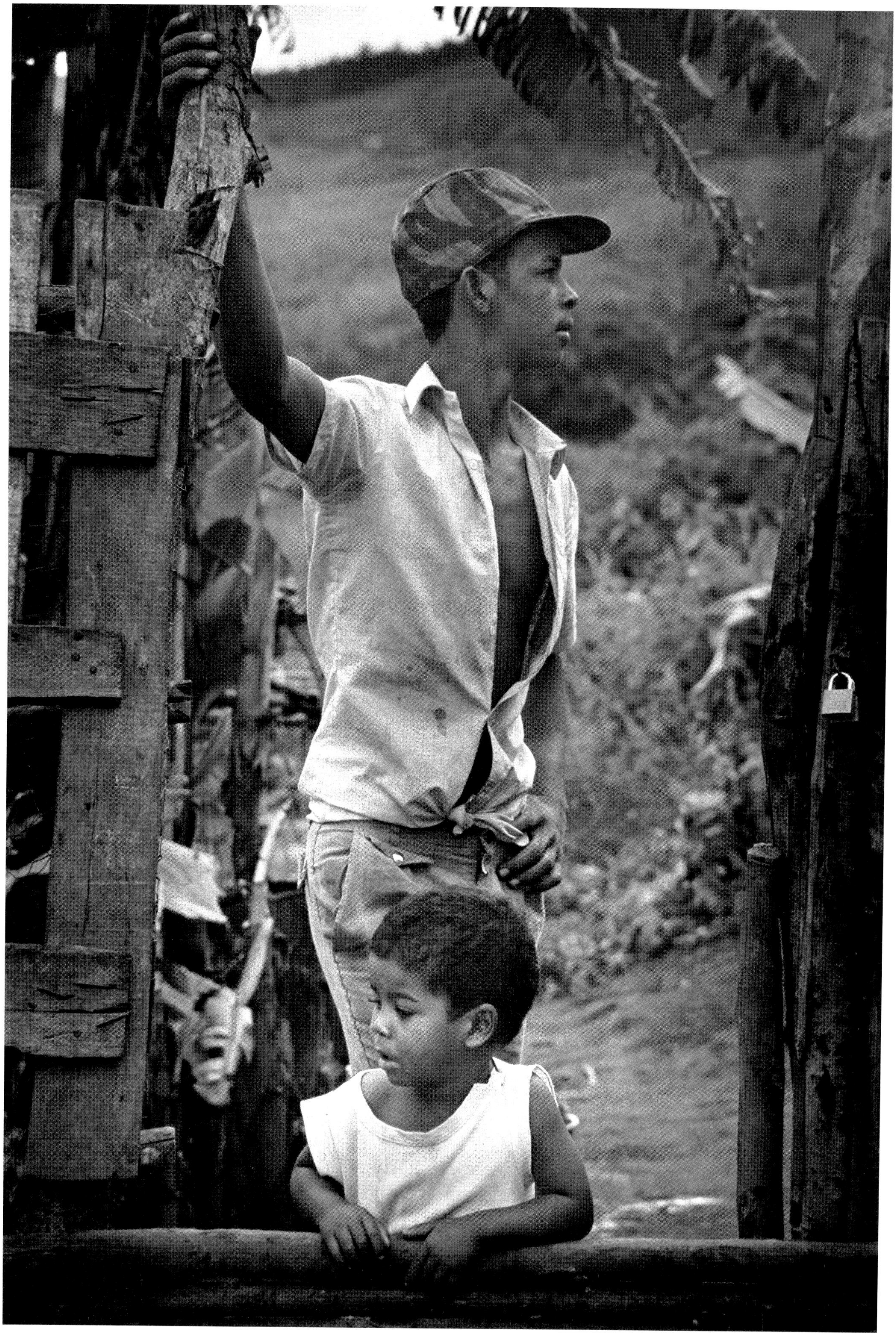

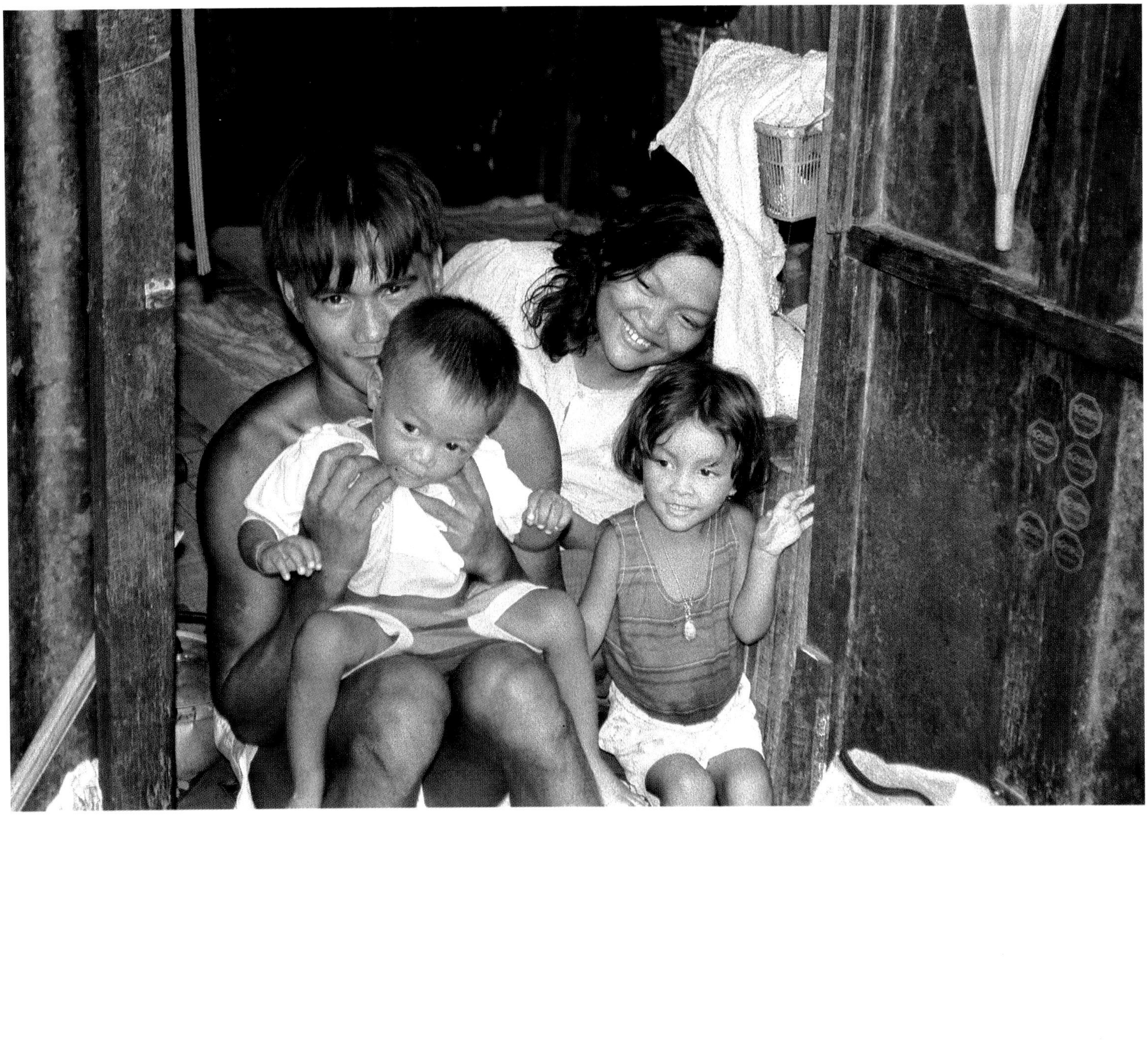

La misère est vécue dans la honte et l'humiliation. Mais elle ne brise pas la conscience des hommes qui en sont victimes.

Few human beings have an experience of life so early, so diverse and so formative as do very poor families.

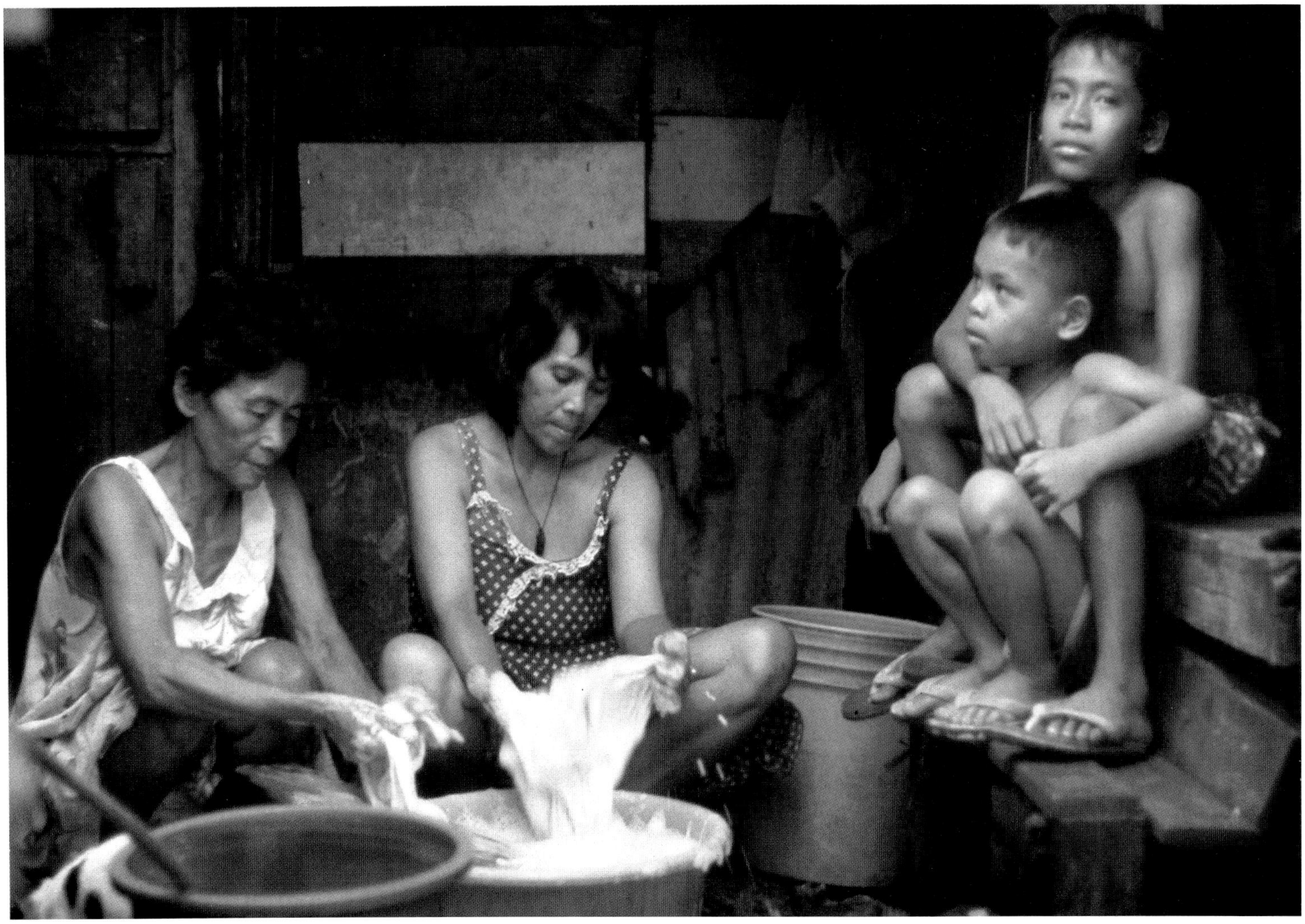

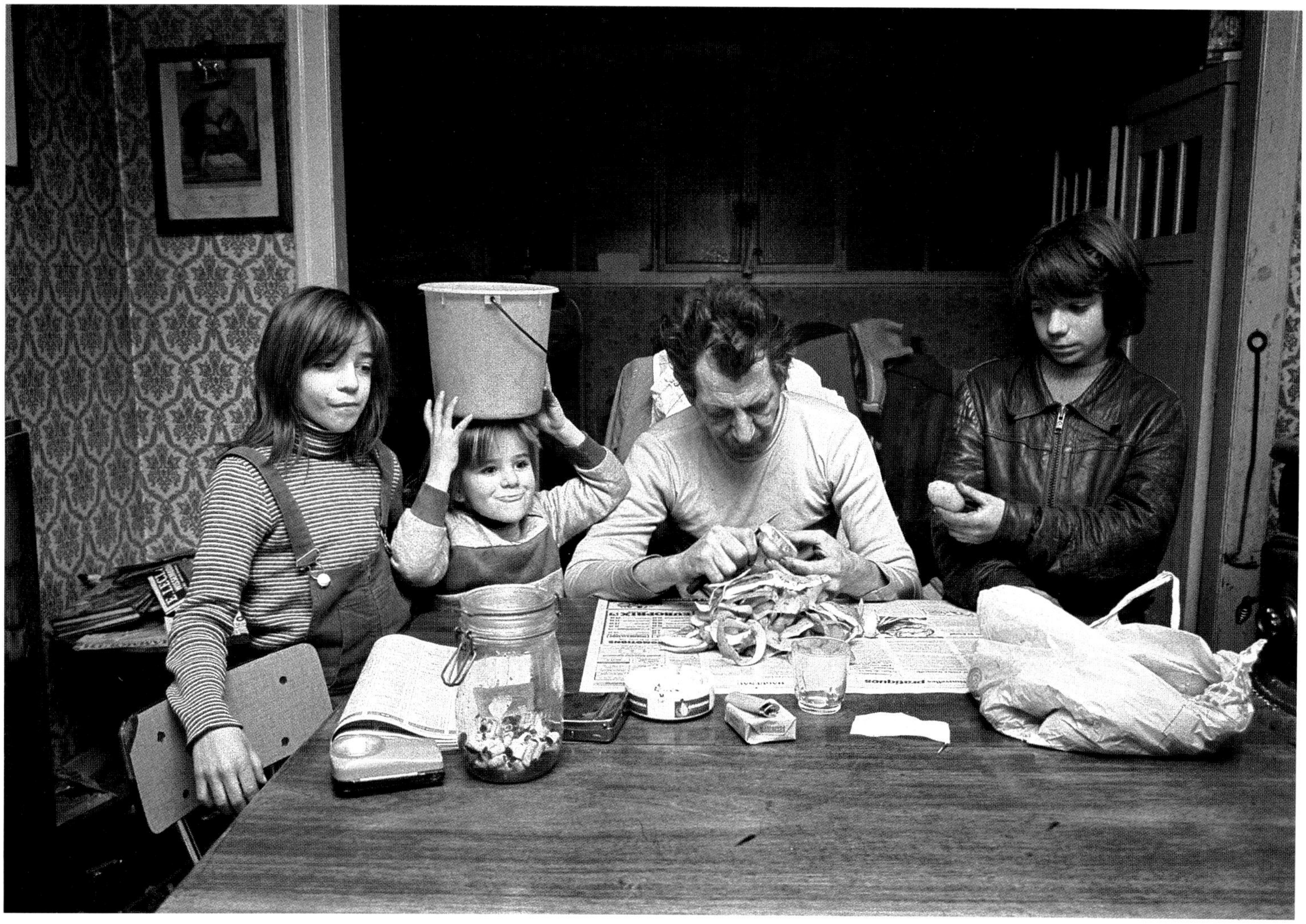

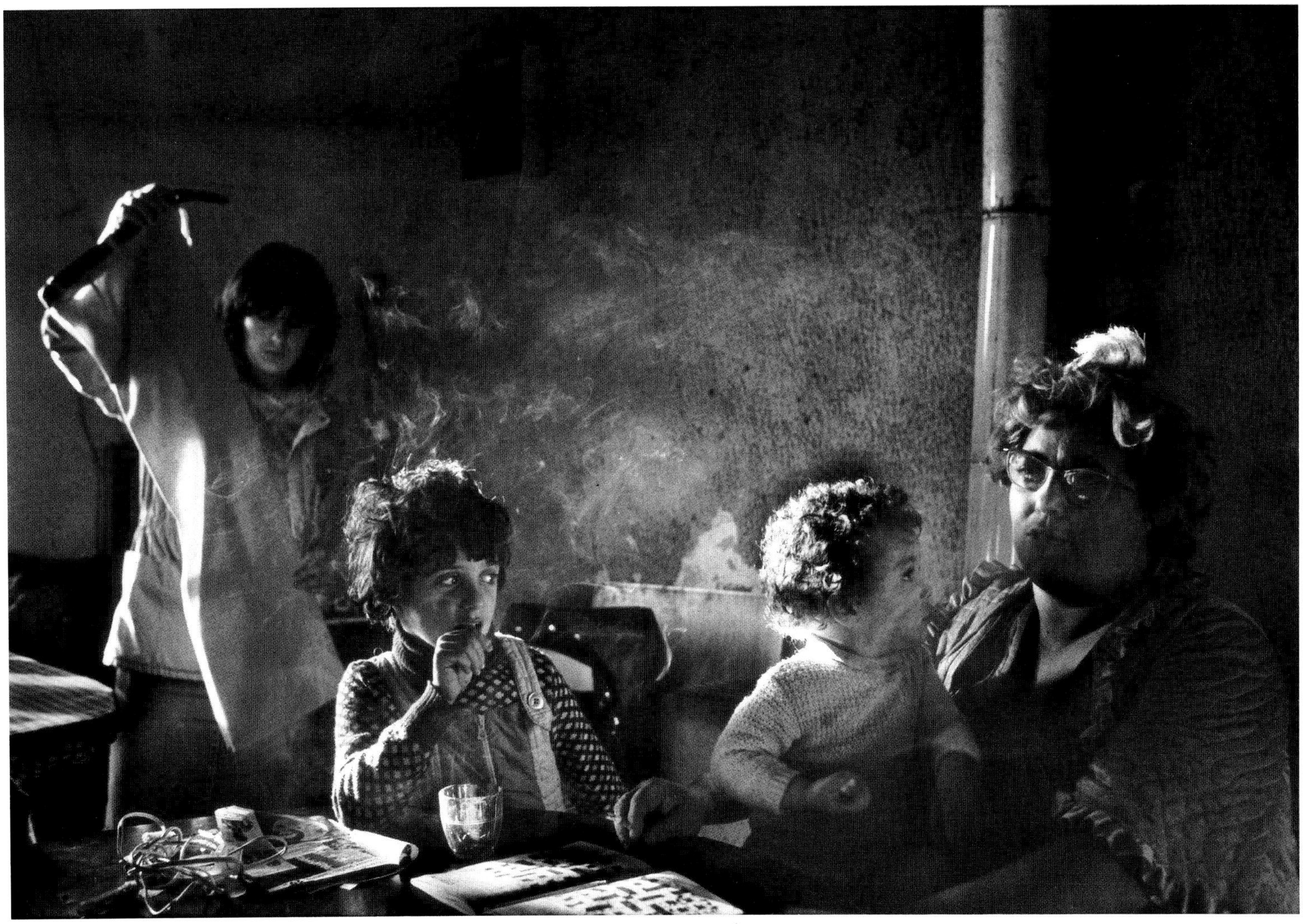

17

Für wenige Menschen kommt die Lebenserfahrung so verfrüht, so vielfältig und so grundlegend wie für die Familien der Vierten Welt*.

Door het verzet tegen hun levensomstandigheden vragen ze ons niet af te zien van wat we opgebouwd hebben. Zij vragen met hen te zoeken hoe zij weer enige greep kunnen krijgen op de wereld en er partners van kunnen worden, op voet van gelijkheid met iedereen.

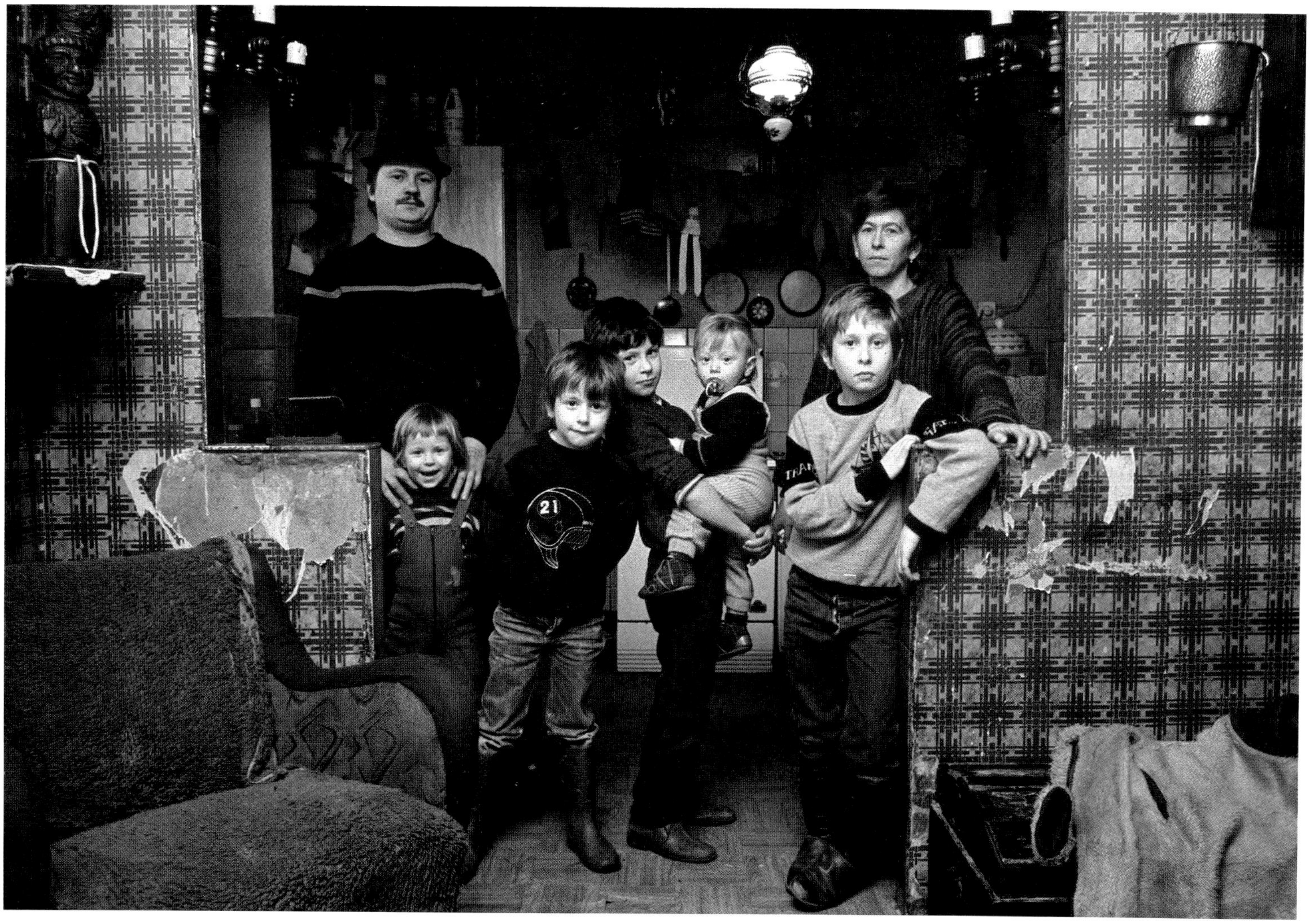
21

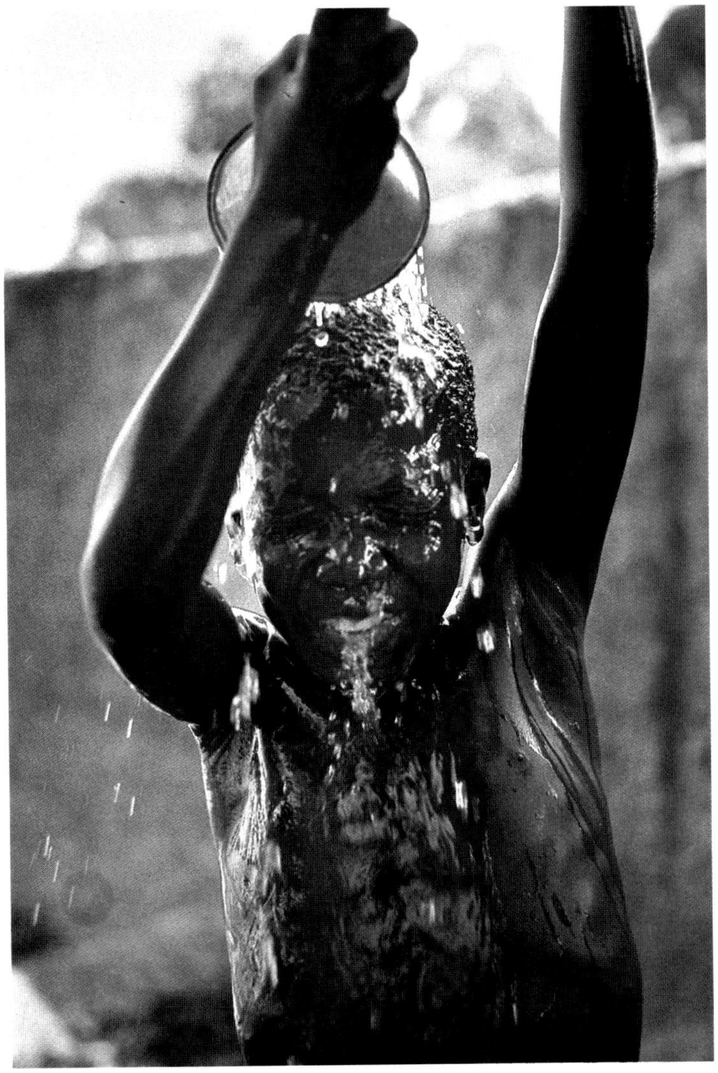

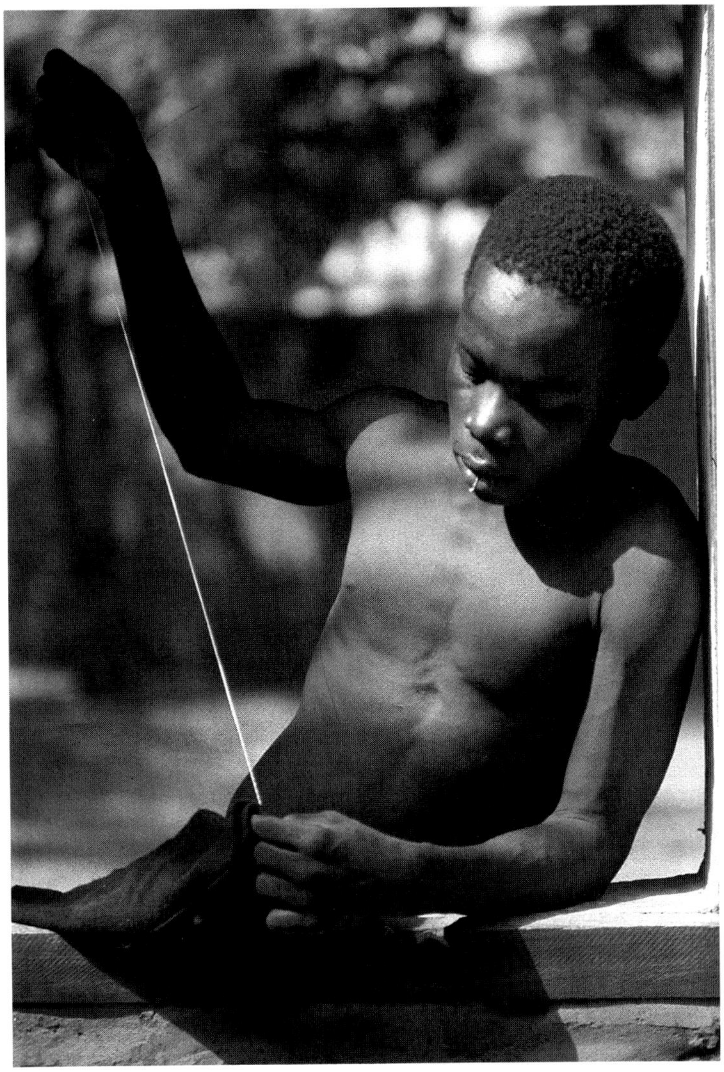

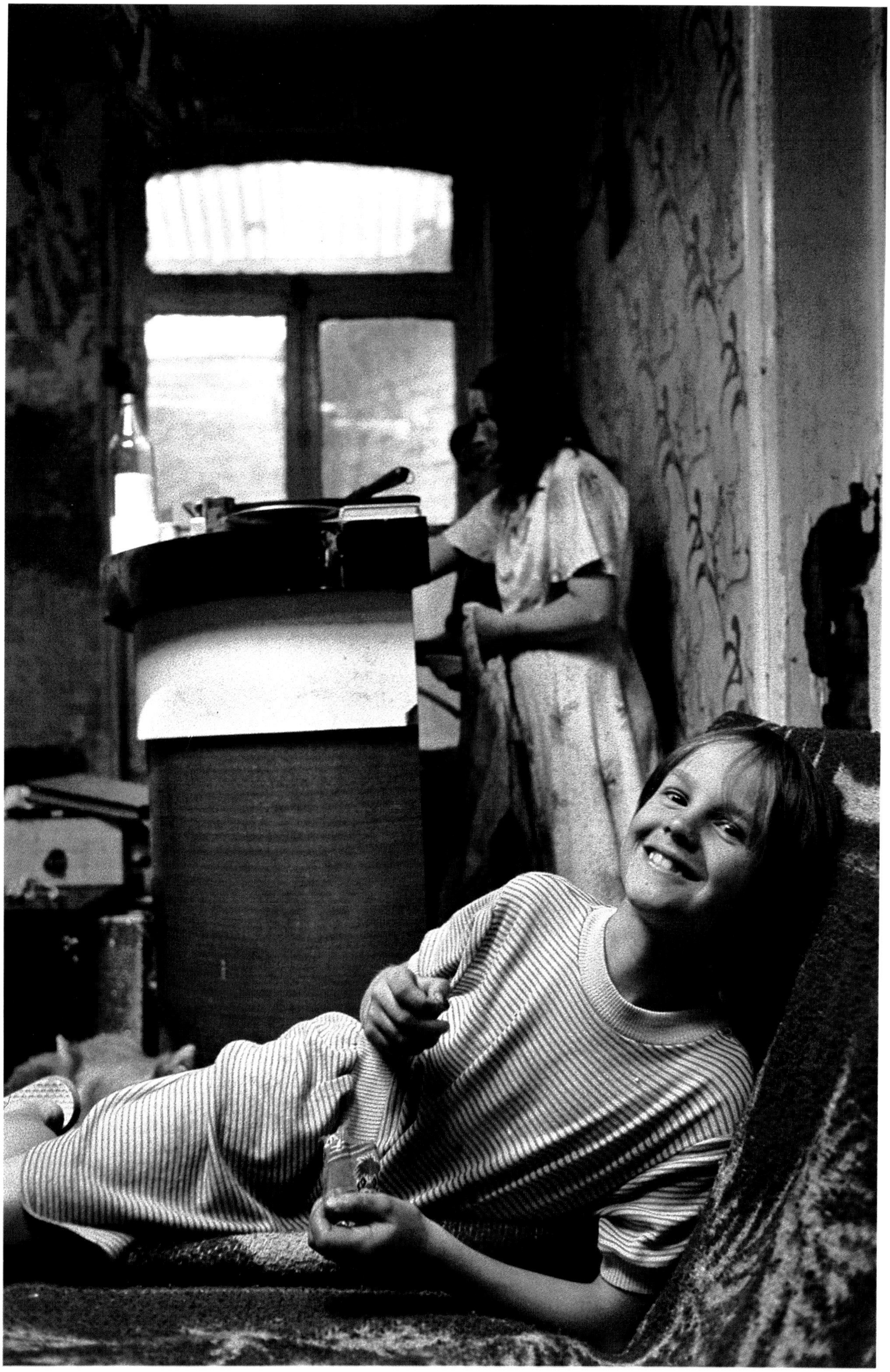

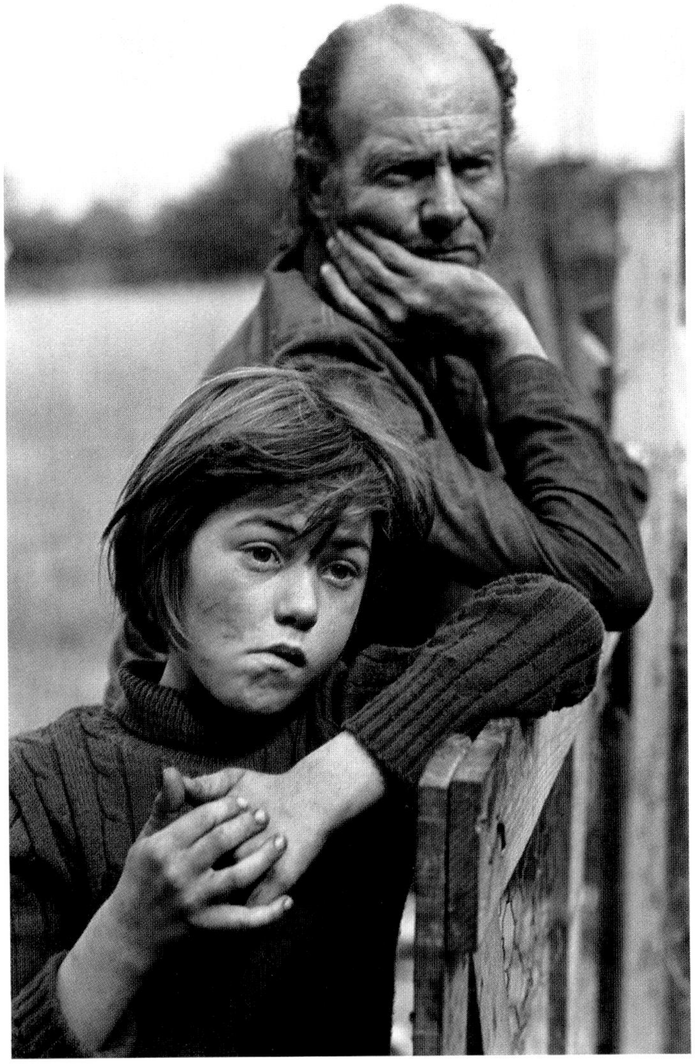

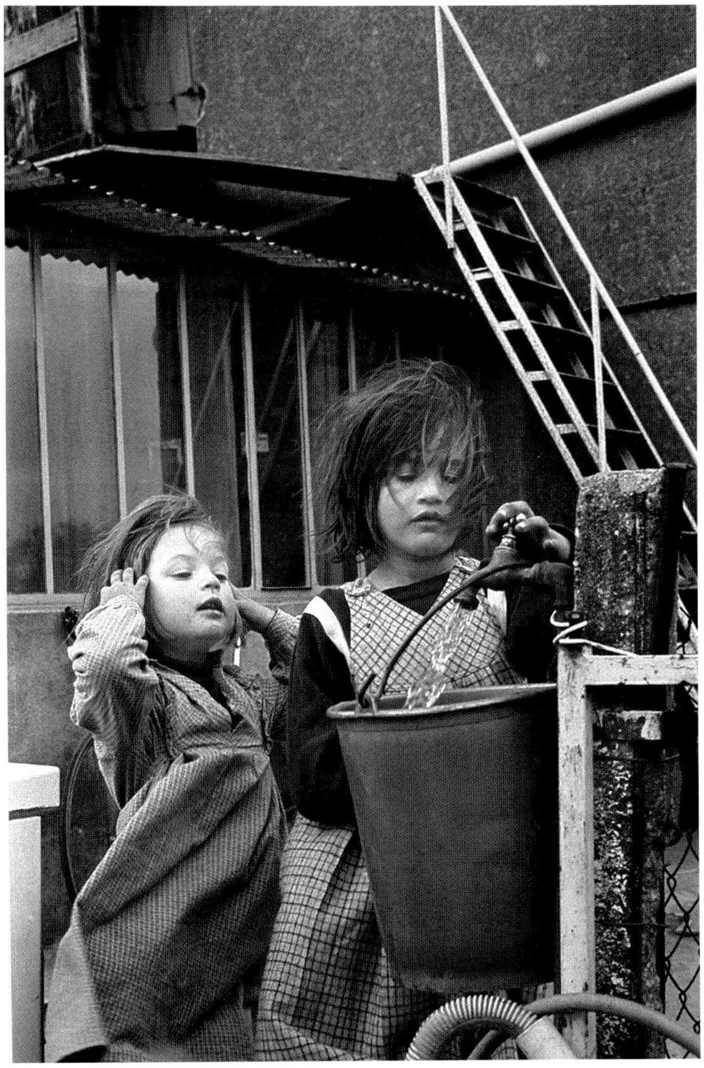

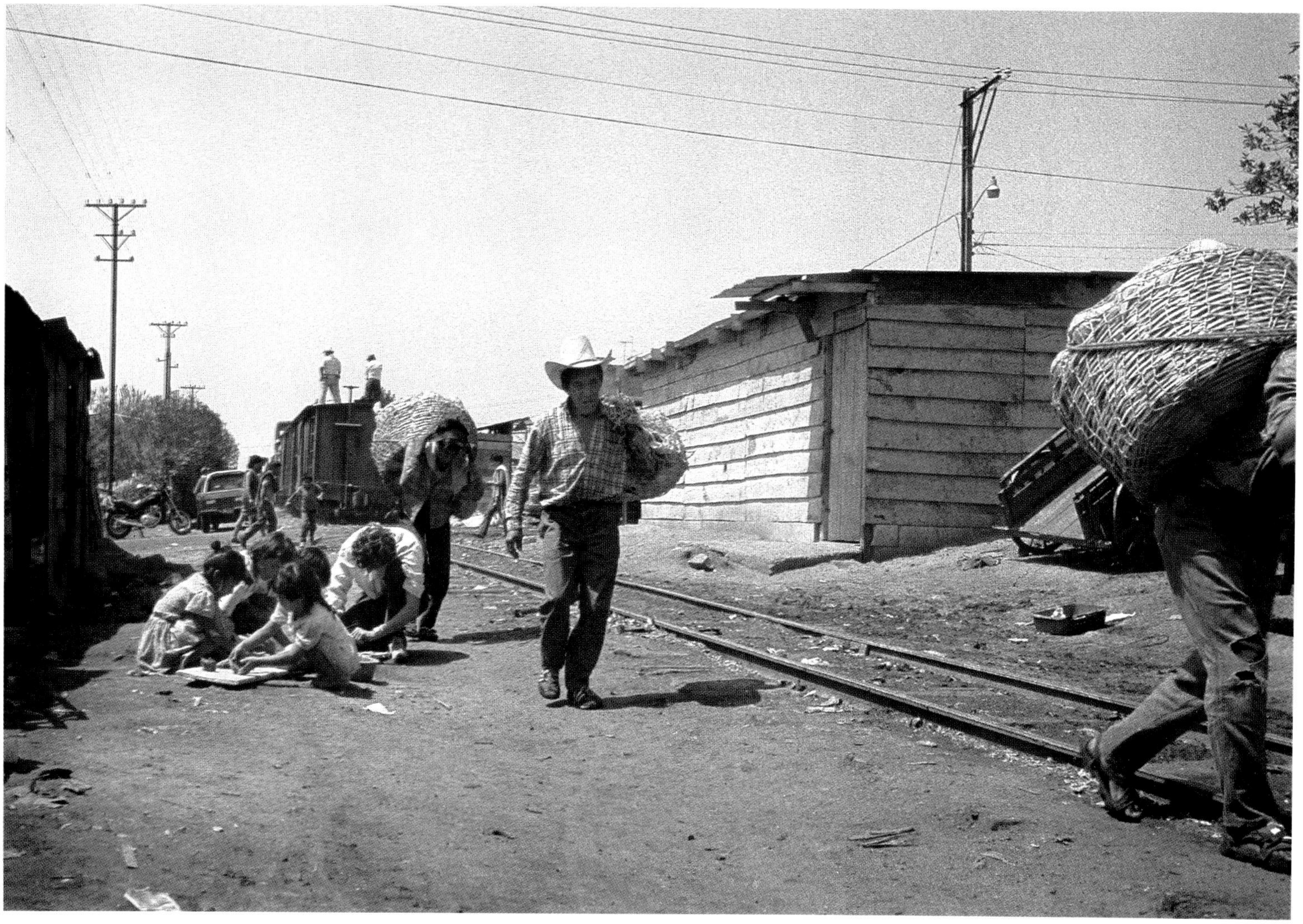

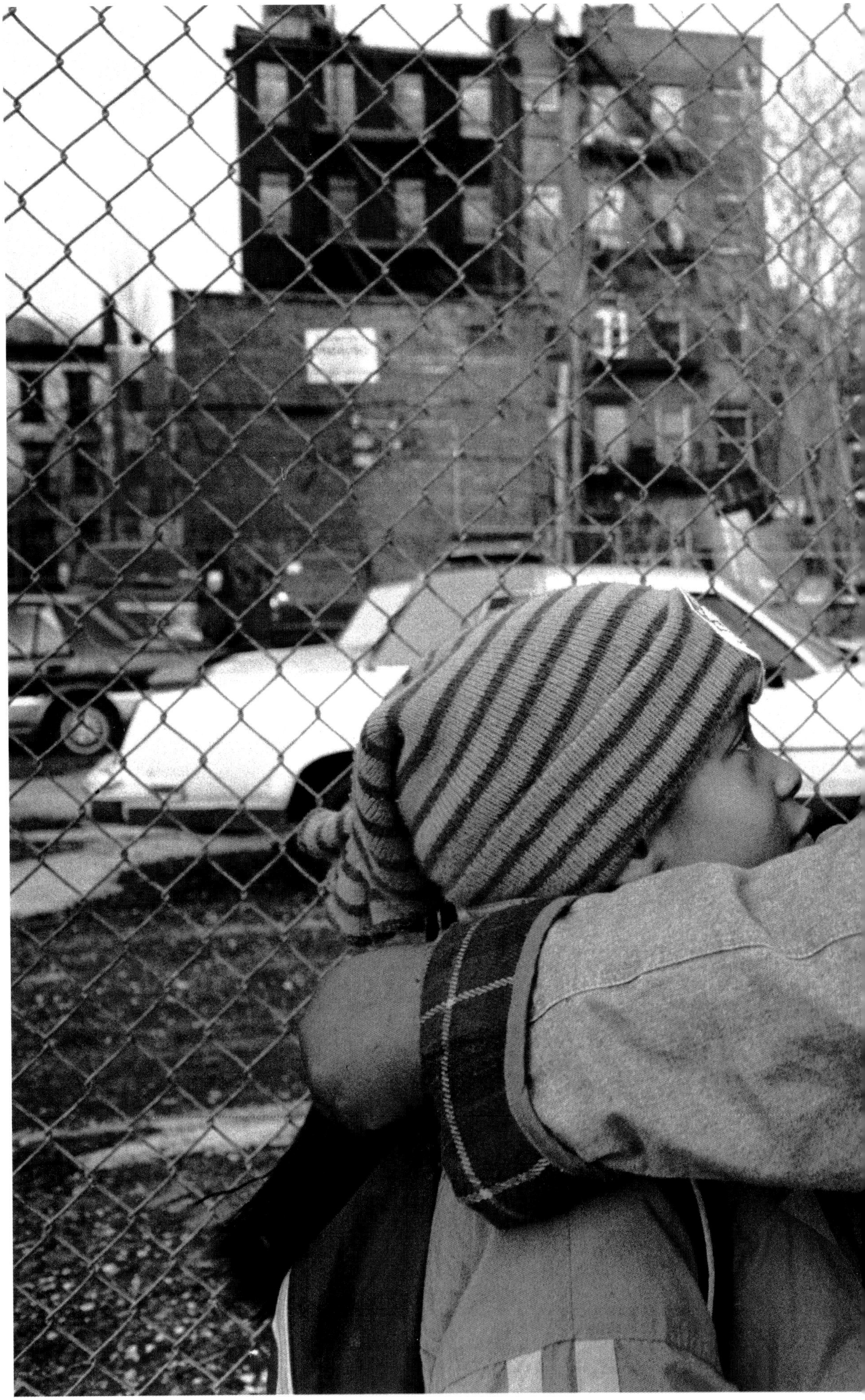

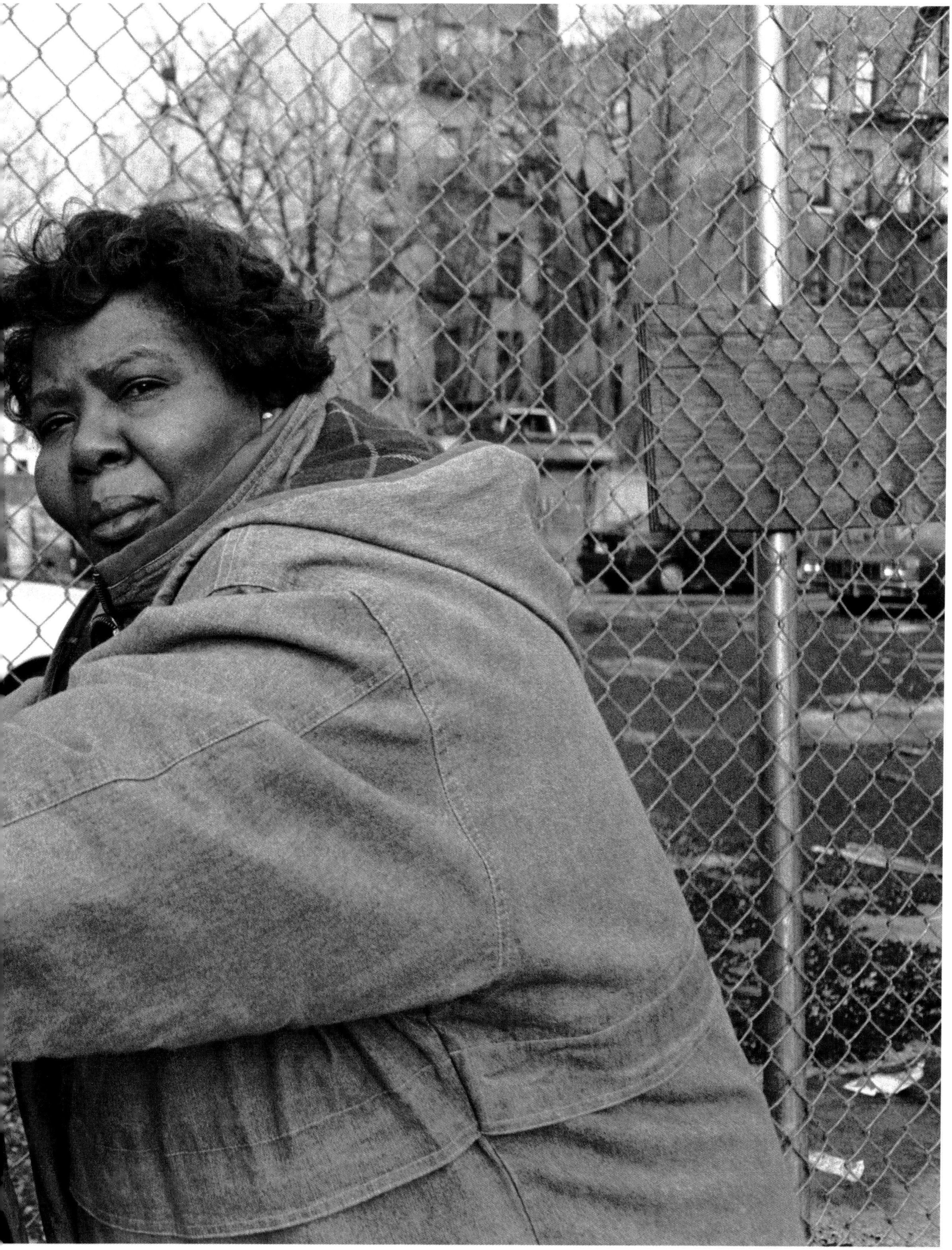

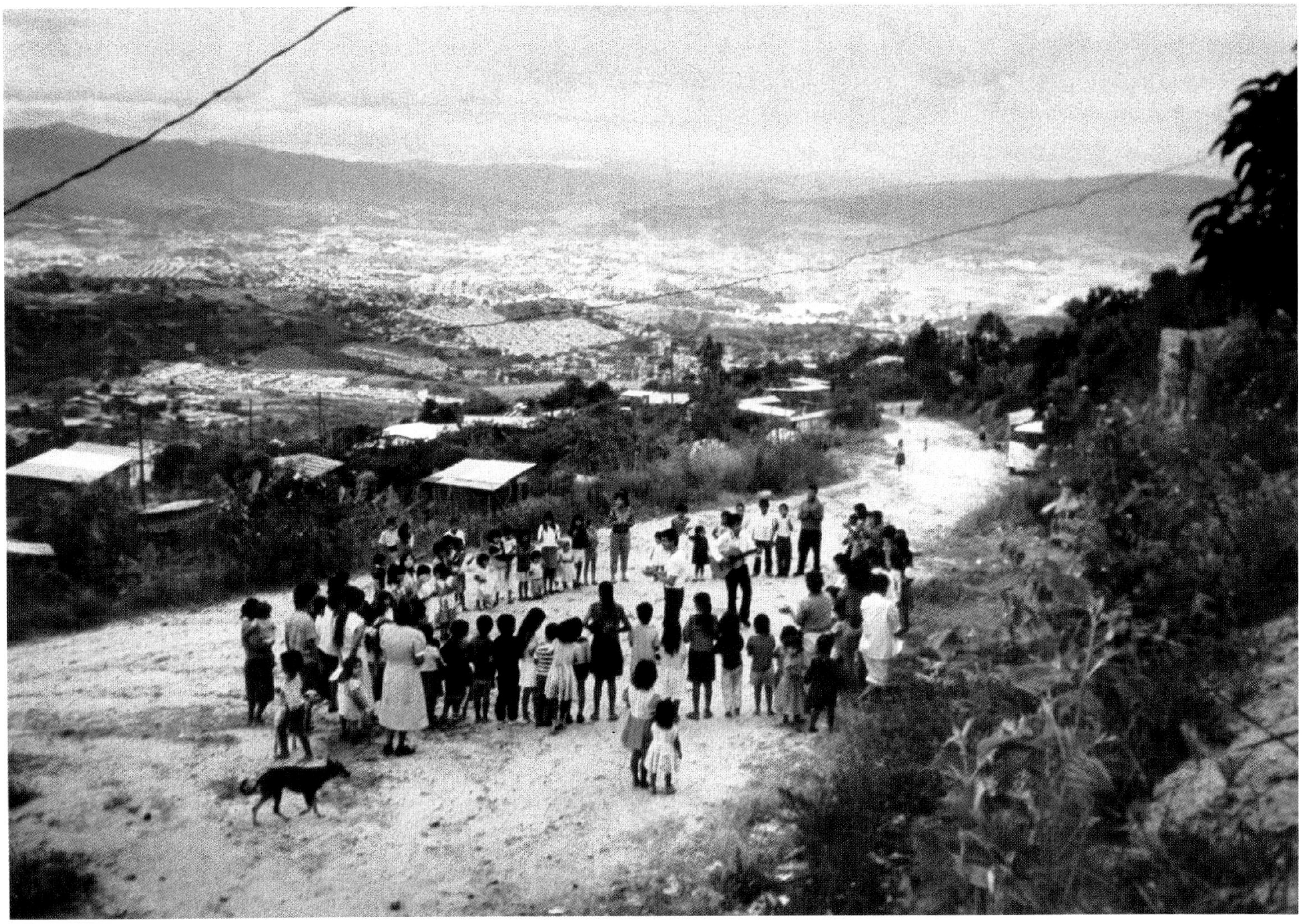

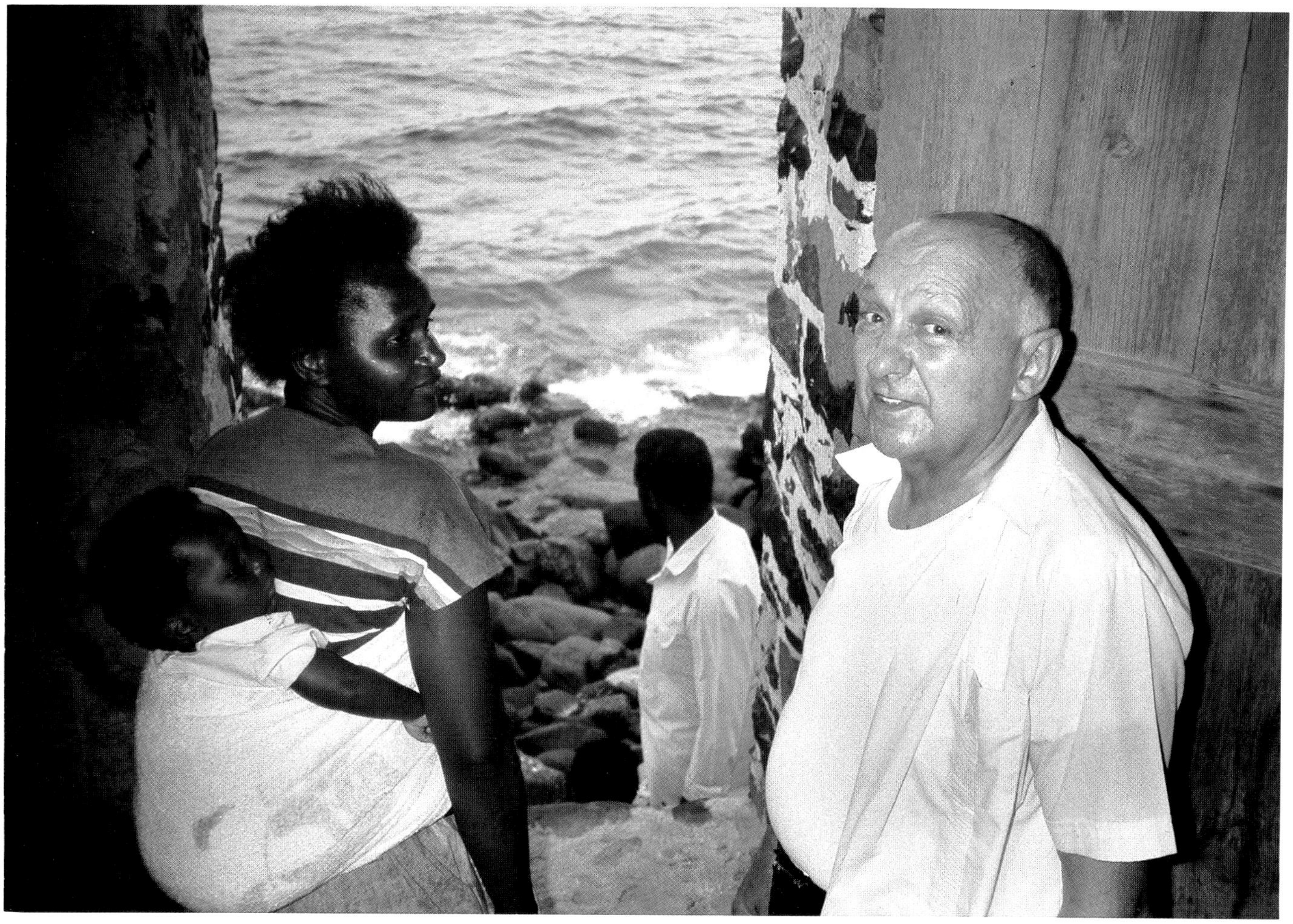

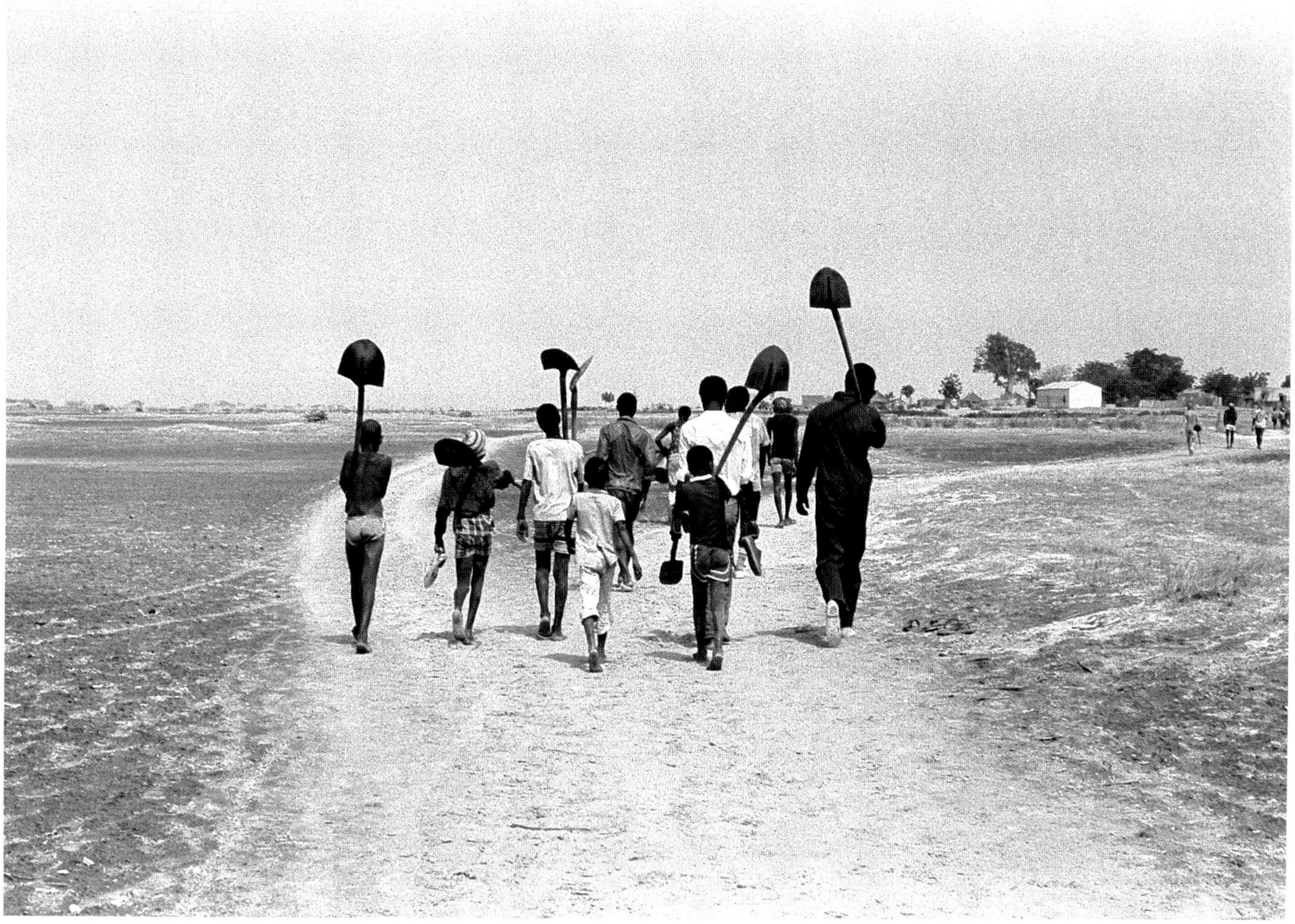

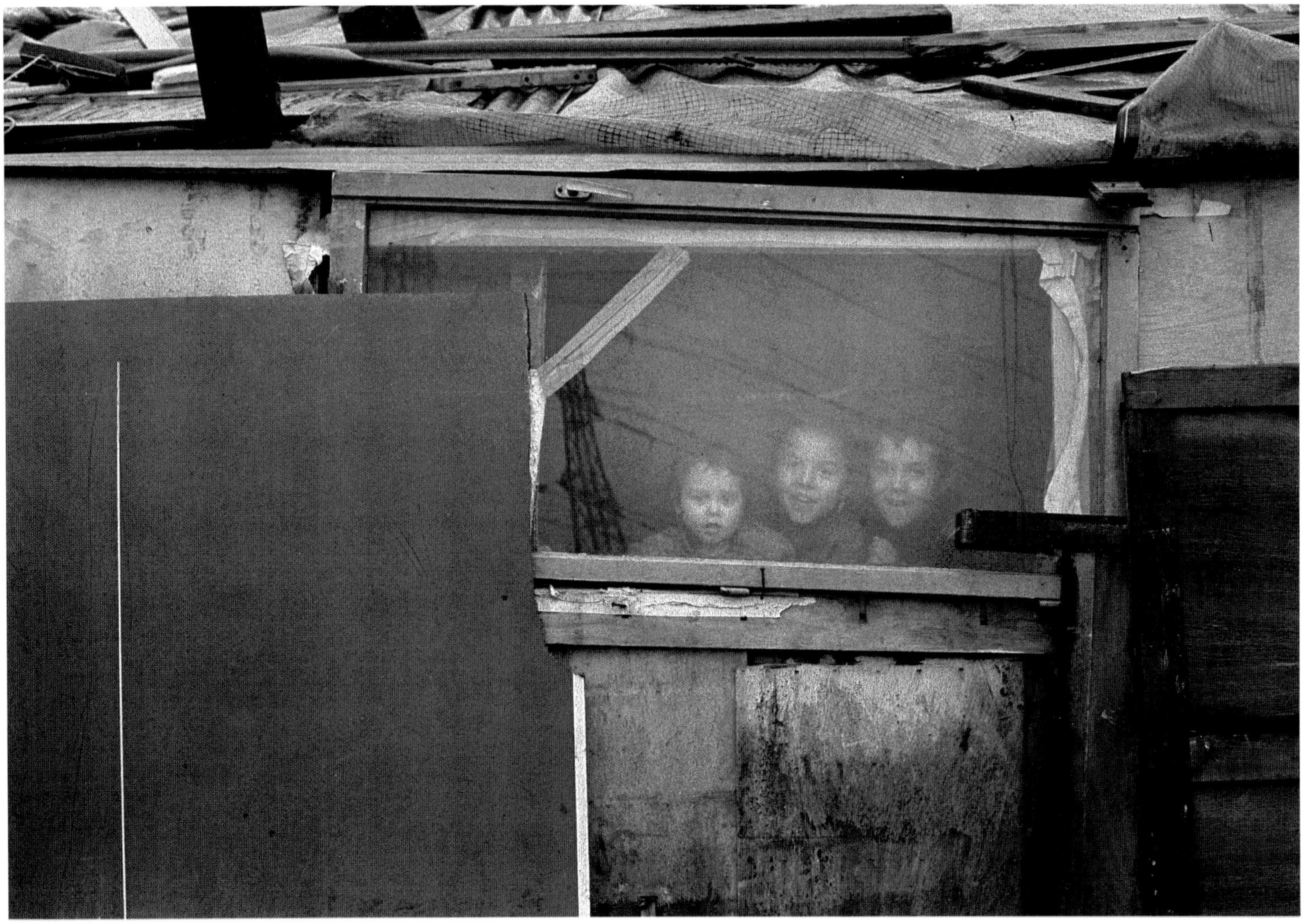

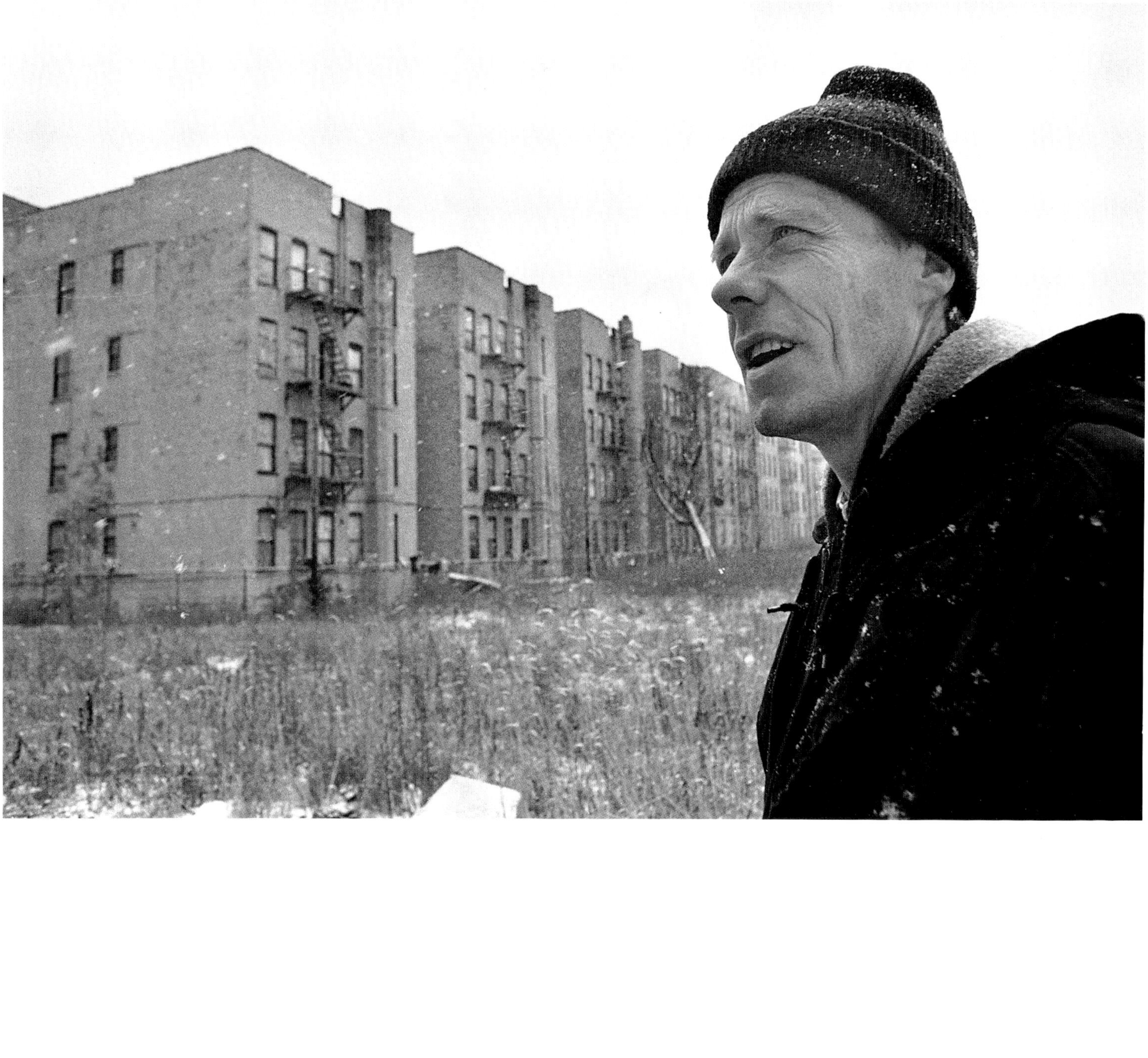

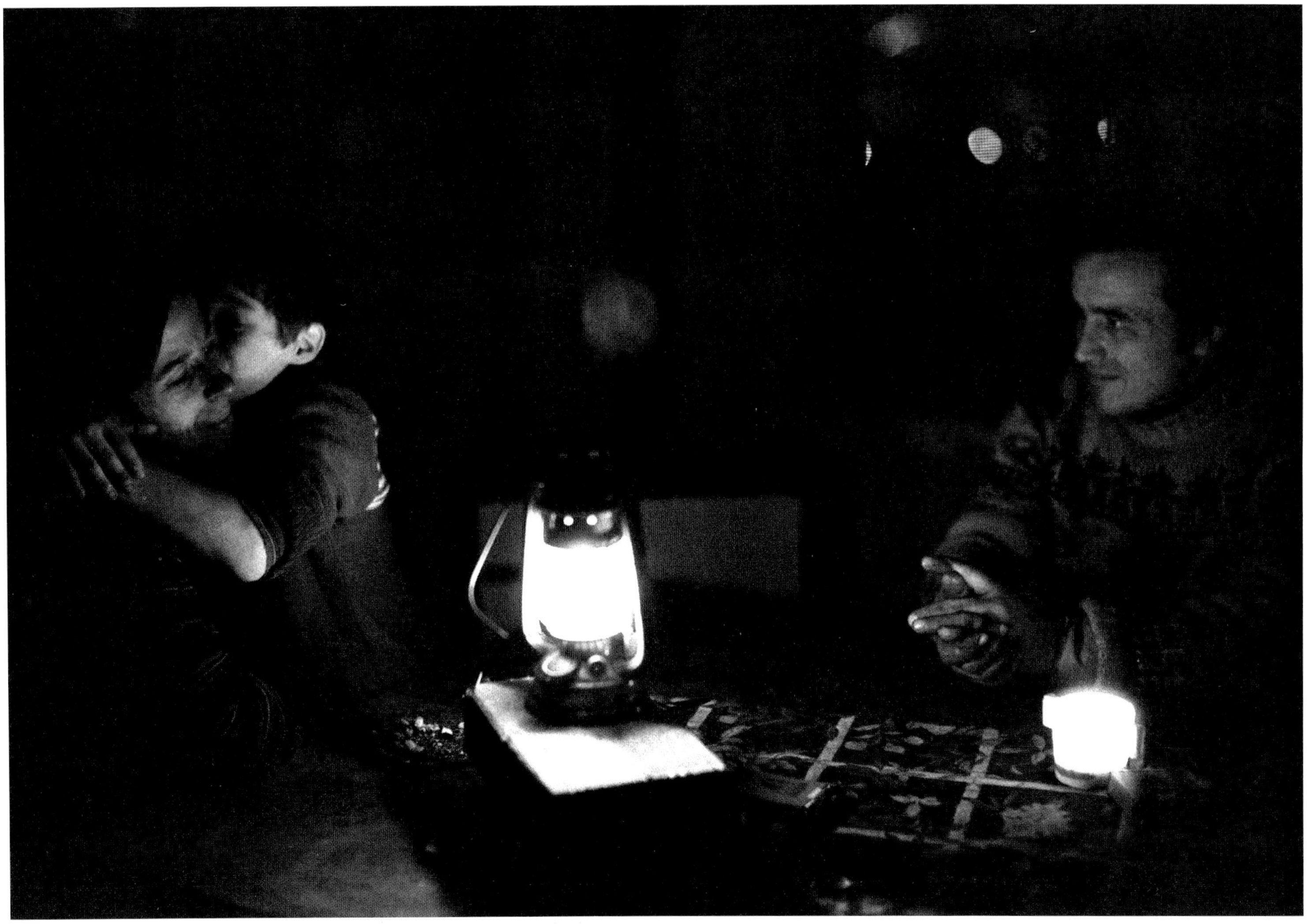

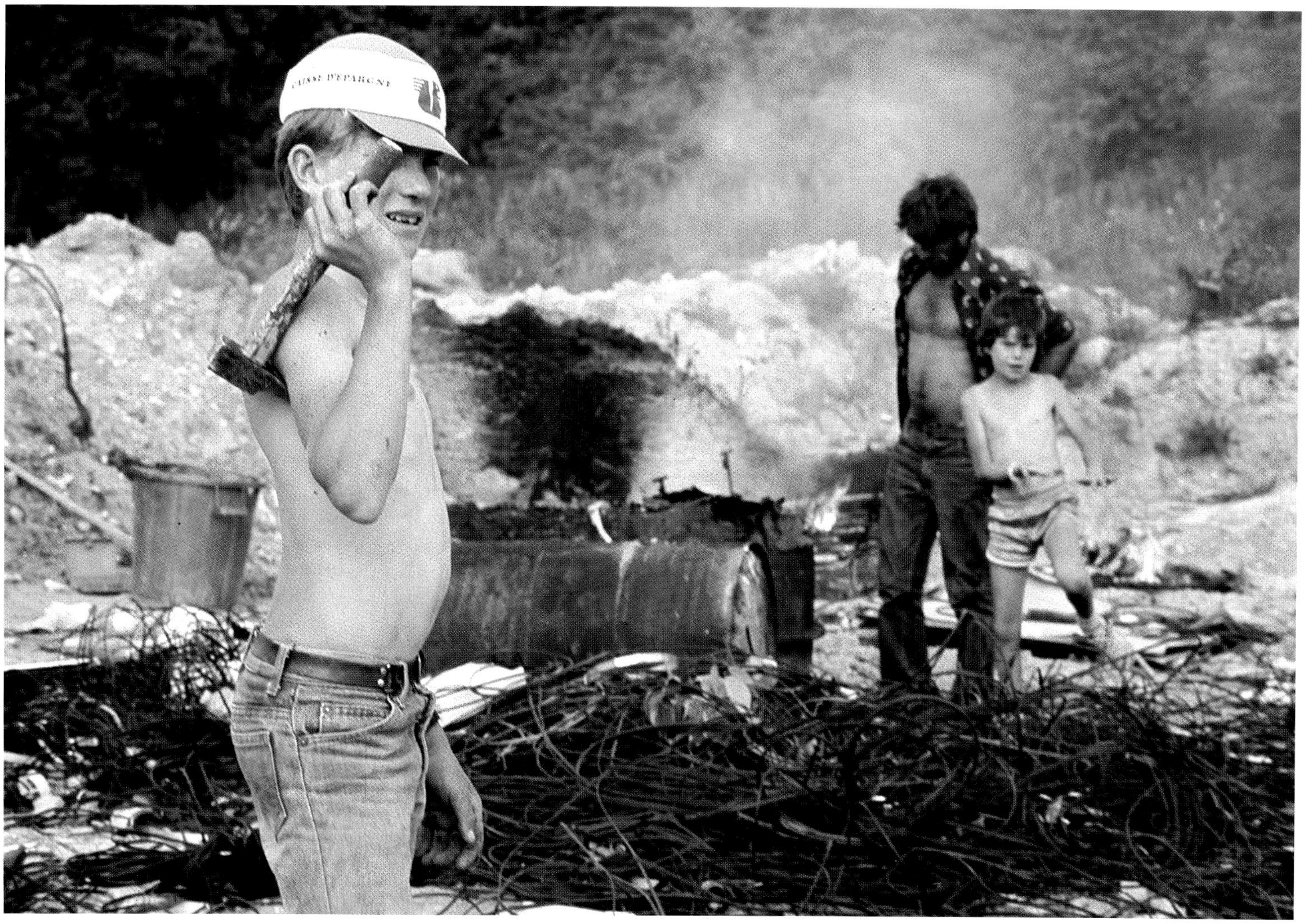

Les pauvres ne nous demandent pas de renier ce que nous avons construit, mais seulement de rechercher avec eux comment ils pourraient maîtriser le monde et en être des partenaires, à l'égal de tous.

Our experience with the very poor demonstrates that cultural projects only succeed when they unite people.

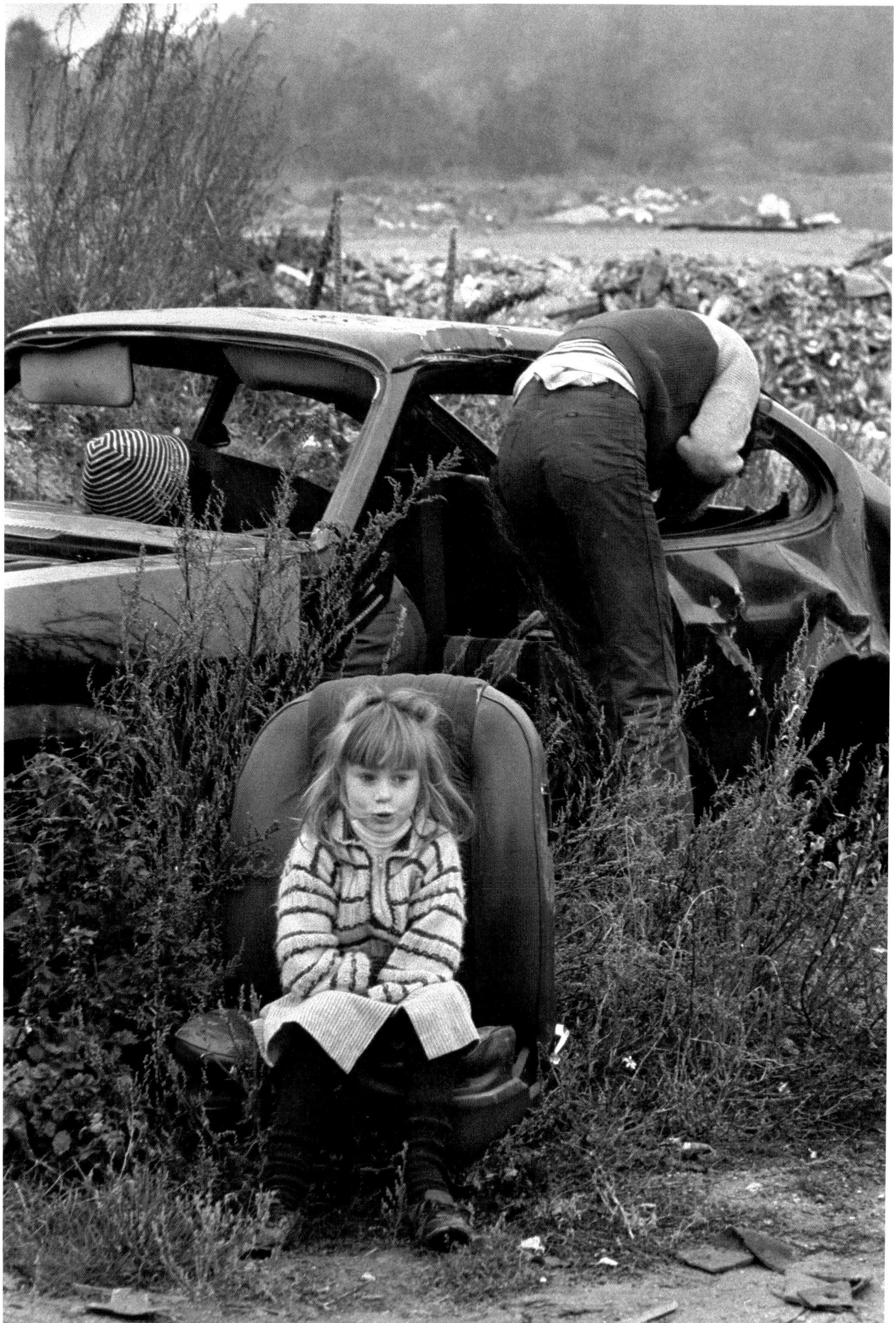

Le pauvre développe sa conscience dans le refus de la condition d'exclusion qui est la sienne. Ce refus est la marque de sa volonté de comprendre ce qu'il vit et le monde qui l'environne. C'est aussi la volonté de ne jamais se laisser totalement étouffer par la laideur de la cité, c'est la volonté sans cesse renaissante de trouver et de créer un espace que l'on tente de faire échapper à la grisaille de l'environnement.

El pobre desarrolla su conciencia en el rechazo de la condición de exclusión que es la suya. Este rechazo es la señal de su voluntad de comprender lo que él vive y el mundo que lo rodea. Es también la voluntad de no dejarse nunca sofocar totalmente por la fealdad de su barrio, es la voluntad renovada sin cesar de buscar y de crear un espacio que sea diferente a la tristeza del entorno.

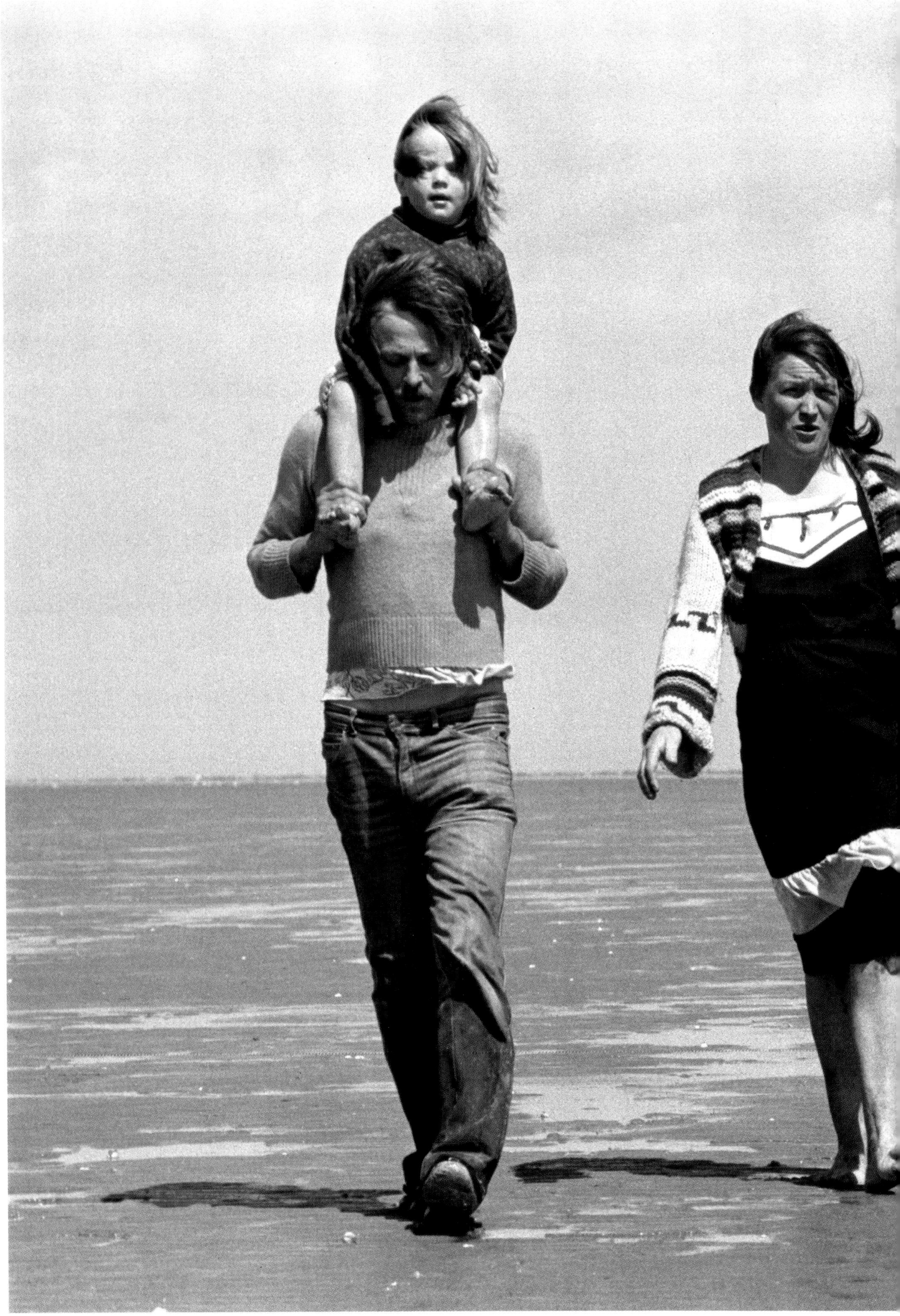

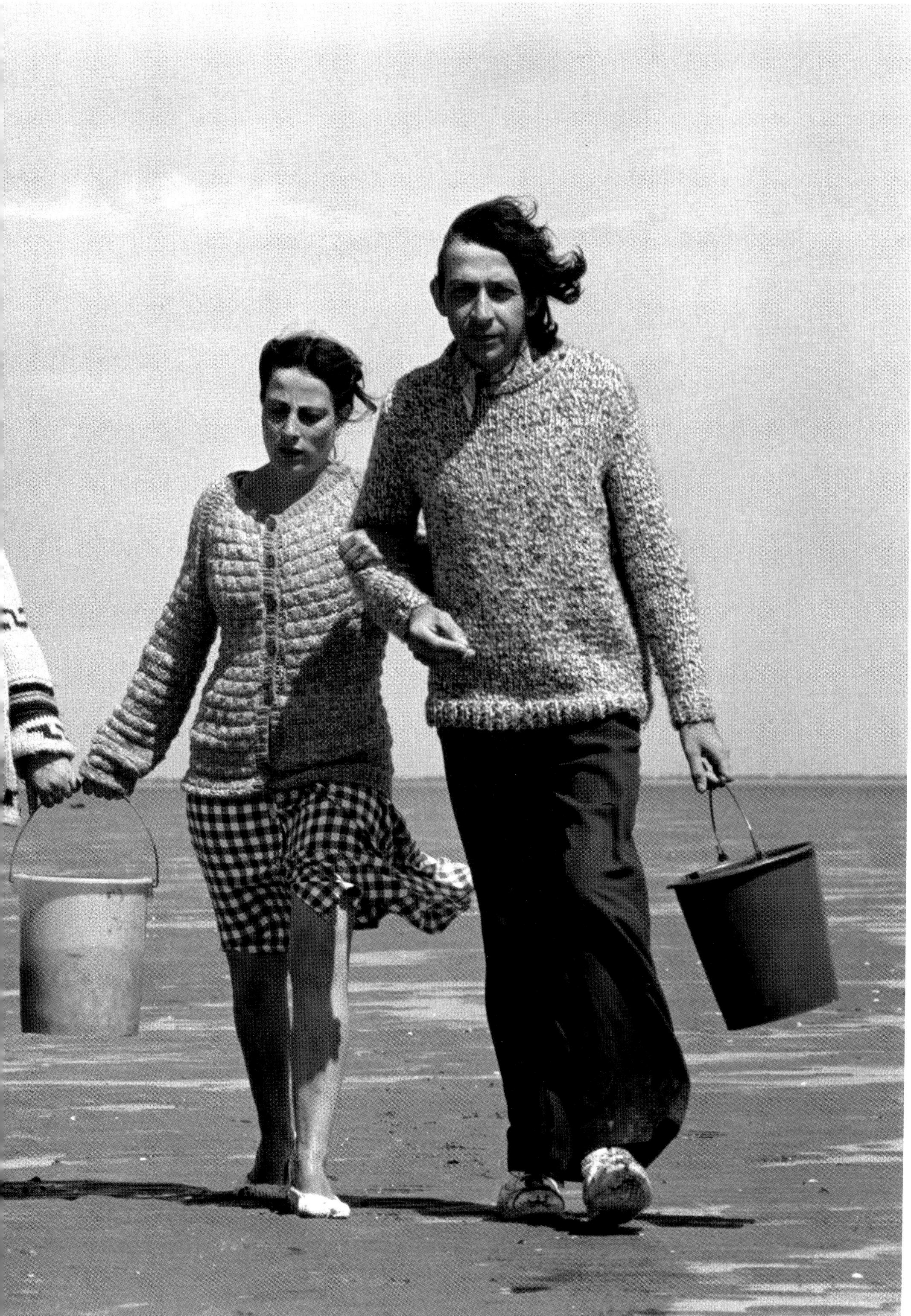

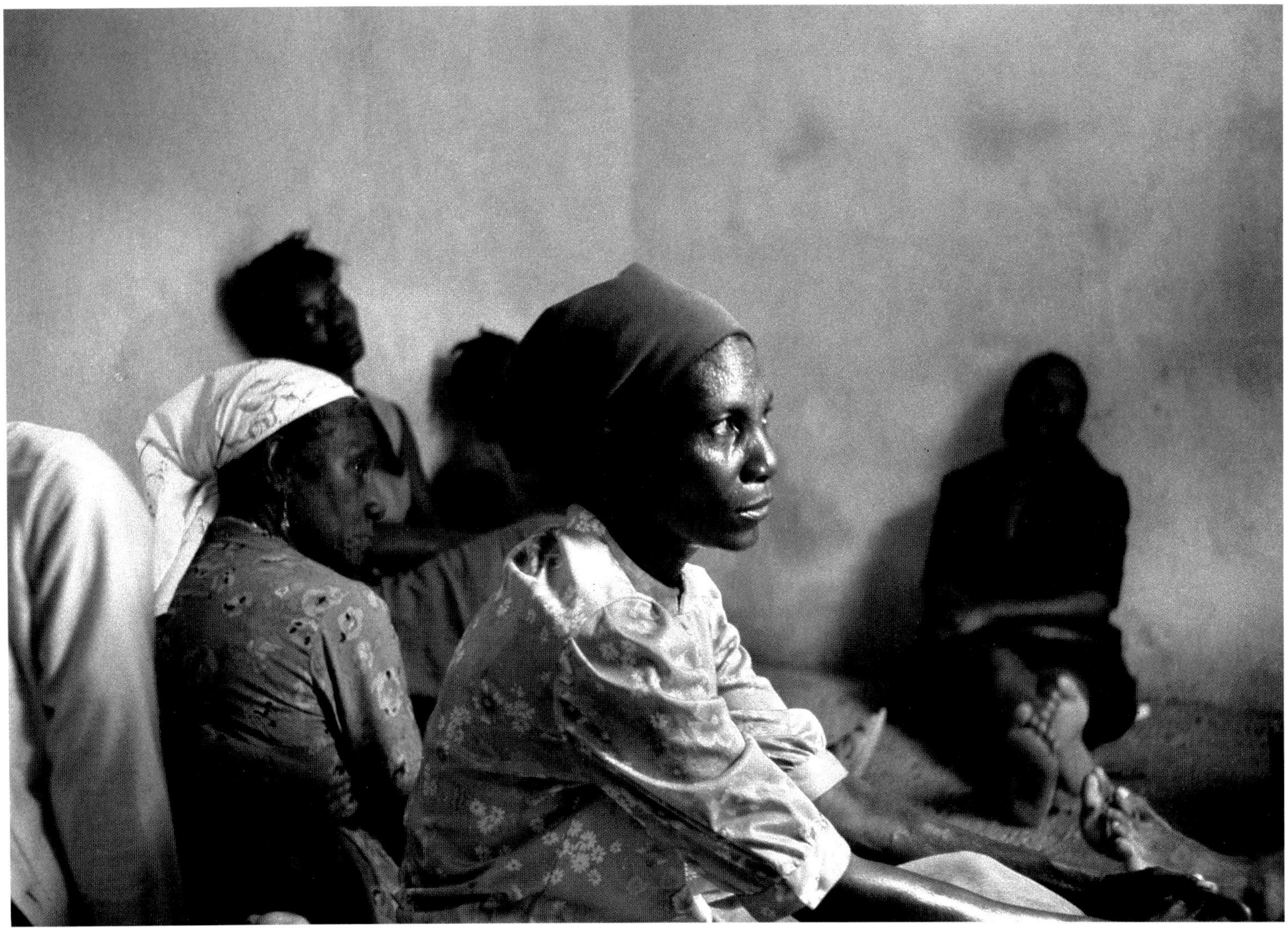

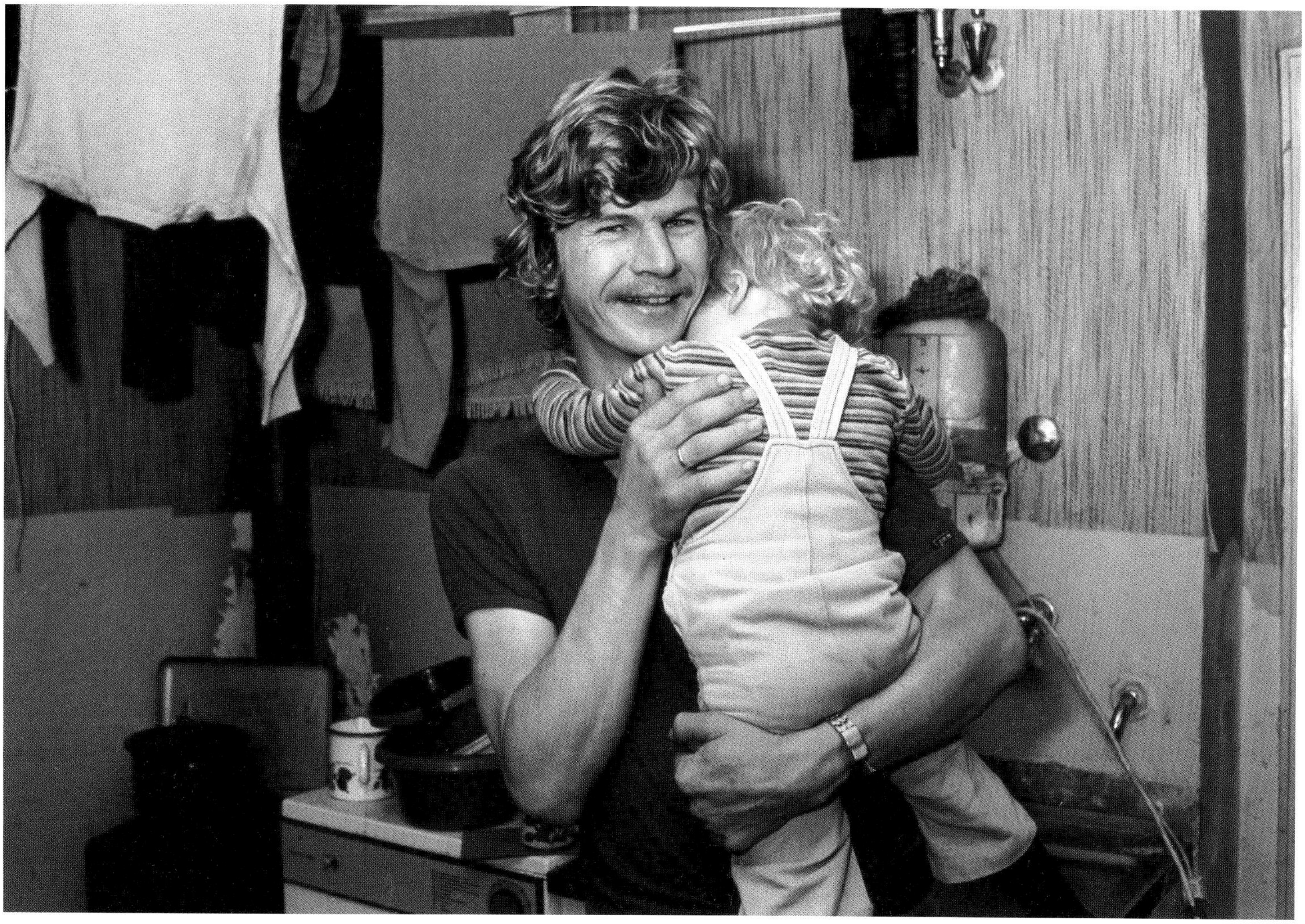

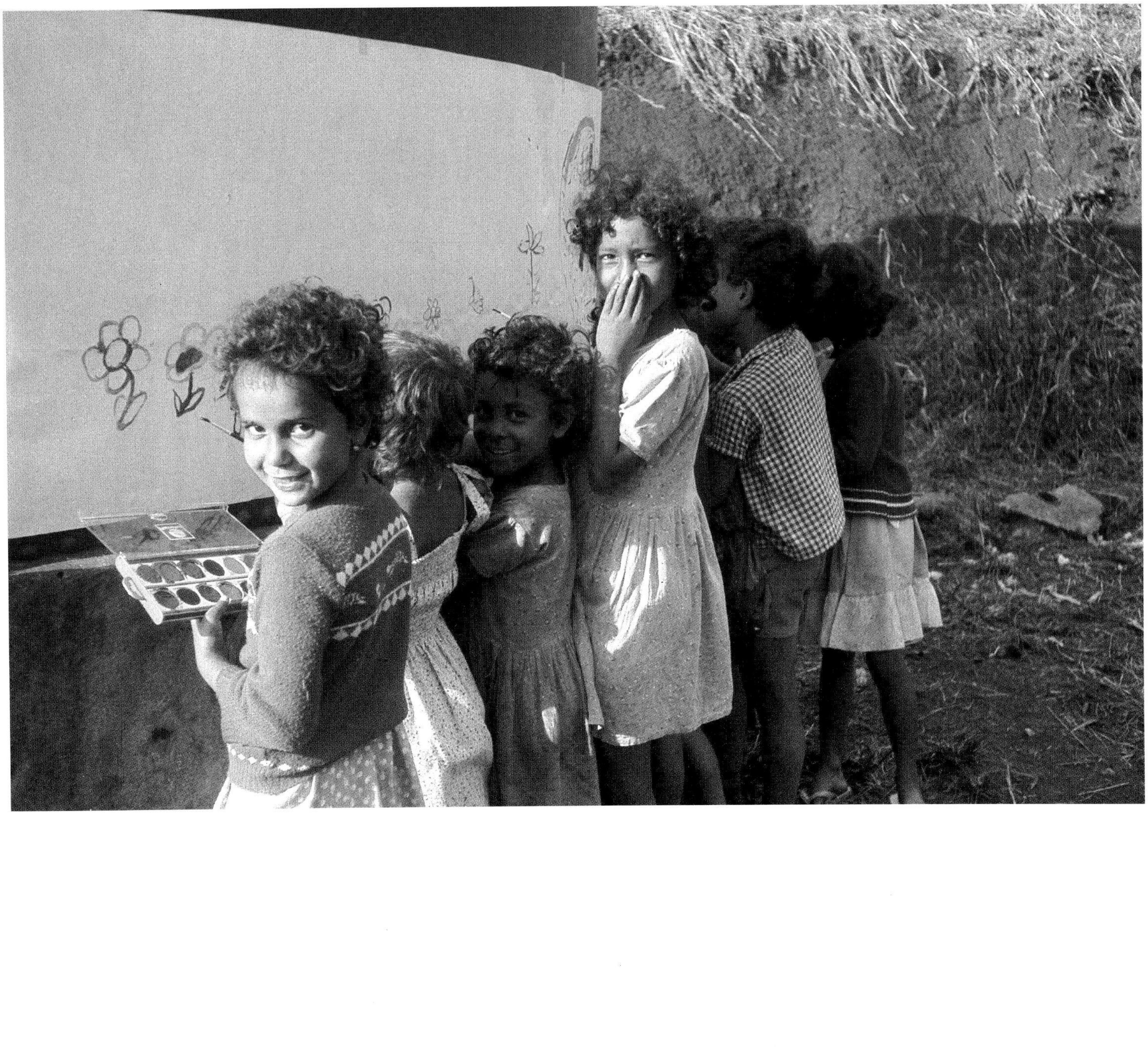

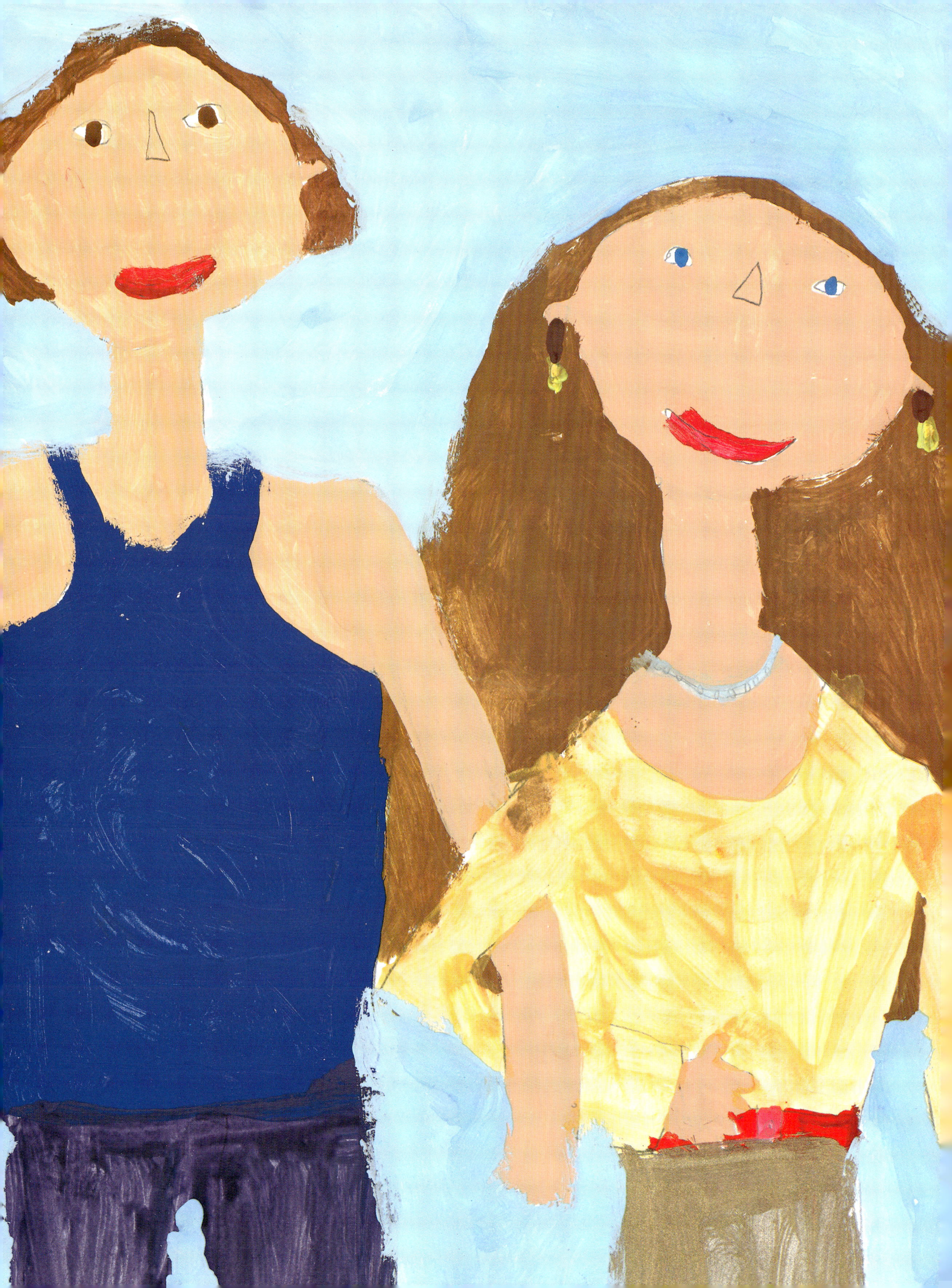

Jeanpierre Beyeler
A la hora de dibujar, 1989
Lápiz y tinta
Guatemala Ciudad

Amélia Villaret, 8 ans
Le Mariage, 1993
Gouache
Atelier Art et Poésie*
Noisy-le-Grand, France
◁

▷
Amélia Villaret, 8 ans
Si nous étions un paysage, 1993
Crayon de couleur
avec l'aide de Catherine Bonamy Theurillat
Noisy-le-Grand, France

I was going to work as a tutor in a family, described as severely damaged, which comprised father, mother and 13 children.

On my first visit, we entered through the open door straight into a huge, dirty kitchen. The fridge was open and empty. There were a few children staring at the television, a very neglected puppy, broken bicycle wheels. It was very quiet. We walked into the silence. A pregnant woman was lying on the bed ; a naked baby was sleeping on the edge of the bed. Another toddler approached with a smile. He was dressed only in a T-shirt, all torn. I had never seen such a horrible place, but what made the biggest impression on me was the silence, in a house crowded with so many people. And the other impression which I carried with me was their beauty; I had never seen so many children in one family who were so beautiful.

I went each day for three hours, five days a week. Very soon, they became " mine " . One day, about three months later, the psychologist told me that a group of the project's sponsors was coming to visit. I informed the members of the family about this. On the day of the visit, I arrived as usual, and we dragged the table into the middle of the messy room; we sat around the table, calmly spreading out the copybooks in which the words we had so slowly created had been drawn, and a series of games made of ropes and pieces of paper which we had prepared. And then, an invasion of strange people, alien to " our " intimacy. " They " arrived ! There was a lot of tension. Never before did I experience so acutely the strangeness of the visitors, and the helplessness of the members of the family in the face of their invasion.

One lovely spring day, we decided to go for a walk in the neighbourhood. On our way back, we met a group of youngsters in a street nearby, who ridiculed the children and shouted, " You're poor ! You're poor ! " The children yelled back at them and a fight developed. The kids spat, screamed, and swore at one another.

Finally, I gathered the children together, and we went away in silence. Again, there was " us " and " them ". And then, before realising what I was doing, I screamed, " You're poor ! " and looked at them: eight beautiful children. They smiled tensely, and then one of the boys shouted : " Mother f... ! " We continued to walk home, marching and screaming all the way; I : " You're poor ! " and they : " Mother f... ! " And it was as if we had exorcised, once and for all, all the scorn they had ever endured.

Until that event, it had been " their " house. On that day, I felt I was coming home with them.

The children did not have any toys. One day, a friend told me that she had made rag dolls which she had sold in a bazaar, and that a few dolls were left over. She said she would be happy if I took the dolls to the Yafe family. That is how I was able to bring five beautiful dolls to the children.

A few days later, the father appeared. This was the first time I had met Mr. Yafe ; about a year and a half after I had begun my visits. Unemployed for many years, he stayed with his mother most of the time. The children spoke about him with great fear. He had come to meet me, so he said. He had seen the dolls, and he wanted to thank me. He told me that he liked to sew and that he sewed very well; he used to sew beautiful outfits for the whole family. His father had been a tailor.

Following this meeting, a certain relationship began with the father. Preparations were under way in the country for a big celebration, and I said that if he wanted to prepare outfits for his children, it would take him a long time. He responded saying that he could easily make 13 outfits. He had all the time in the world. I encouraged him.

And so the father became committed to preparing the outfits. He designated part of the entrance hall as his space. He called the children to come and try on the clothes; they approached him with respect and awe, pride and curiosity. They would gather around him while he was sewing, peeping, competing between themselves as to who would do his errands: a glass of water, thread, the big scissors; they wanted to help and be close. The atmosphere in the house was festive. The mother went to the hairdresser and also bought herself a dress, something she had not done for many years. I brought a camera and took photographs of all the children and of the mother. I also took photographs of the father while he was sewing the clothes, which were very beautiful and colourful. In their school, the children won prizes for their outfits. The father arranged all the photographs in the album; thirteen years had passed since the last photographs in the album.

Ten years later, I saw in the weekend magazine, a large photograph of Mrs. Yafe standing on her doorstep. The article described poverty, neglect, misery. But the situation was described by the mother. The family seemed to be in about the same state of poverty. Yet I knew well that there was a basic difference. I could not but feel proud of Mrs. Yafe. It was she who had invited the journalist to her house, so that she could voice her complaints.

Poor families have their own view of the world. But this view was formed outside the ideas and currents of thought which have forged today's world. This is why they are excluded.

Ich sollte als « Begleiterin » in einer Familie arbeiten, die mir als schwer geschädigt beschrieben worden war. Die Familie Yafe bestand aus Vater und Mutter und dreizehn Kindern. Bei meinem ersten Besuch trat ich durch die offene Tür direkt in eine riesige schmutzige Küche. Der Kühlschrank war offen und leer. In der Küche waren einige Kinder, die in den Fernseher starrten, ein vernachlässigtes Hündchen, Teile von Fahrrädern. Es war sehr ruhig. Ich trat in diese Stille ein. Eine schwangere Frau lag auf dem Bett ; ein nacktes Kind schlief am Bettrand. Ein weiteres Kind näherte sich mit einem Lächeln auf dem Gesicht. Seine einzige Kleidung bestand aus einem völlig zerrissenen Leibchen.
Noch nie hatte ich einen so verwahrlosten Ort gesehen. Am meisten aber beeindruckte mich die Stille in diesem Haus, das von so vielen Personen bewohnt wurde. Der andere bleibende Eindruck, den ich mit mir forttrug, war ihre Schönheit : ich habe noch nie so viele schöne Kinder in einer Familie gesehen.

Ich besuchte die Familie an fünf Tagen der Woche jeweils für drei Stunden. Sehr bald wurde es « meine » Familie. Eines Tages, nach etwa drei Monaten, teilte mir ein Psychologe mit, daß eine Gruppe von Beamten der Stadtbehörde und Geldgebern die Familie besuchen würde. Ich informierte die Familienmitglieder darüber. Am Tage des Besuches trat ich wie gewöhnlich ein, und wir zogen, wie gewöhnlich, den Tisch in die Mitte des schmutzigen Raumes. Dort setzten wir uns an den Tisch und breiteten heiter die Hefte aus mit den Wörtern, die wir uns langsam erarbeitet hatten. Wörter aus schwarzen Buchstaben und eine Spielwelt aus Schnur und Papierstücken. Dann traf eine Invasion von fremden Leuten ein, die « unserer » Intimität absolut fremd gegenüber standen. « Sie » kamen an ! Die Spannung war riesig. Noch nie zuvor hatte ich so akut die Fremdheit von Besuchern erfahren und die Hilflosigkeit der Familienmitglieder dieser Invasion gegenüber. Ich fühlte mich, als ob ich innerlich zerrissen würde.

Eines schönen Frühlingstages beschlossen wir, einen Spaziergang in der näheren Umgebung zu machen. Auf unserem Rückweg trafen wir in einer nahegelegenen Straße eine Gruppe von Burschen, die sich über die Kinder der Familie lustig machten und riefen : « Hungerleider ! Hungerleider ! » Die Kinder fluchten zurück, und ein Kampf entwickelte sich. Die Kinder schlugen sich, spuckten einander an, schrieen und verwünschten sich gegenseitig. Schließlich brachte ich die Kinder der Familie zusammen, und wir gingen in vollständiger Stille weg. Wiederum bestand dieser Abstand zwischen « uns » und « ihnen », zwischen der ausgestoßenen Familie und ihrer Nachbarschaft. Und dann, bevor ich selber realisierte, was ich machte, rief ich selbst : « Hungerleider ! » Die Kinder hoben ihre angsterfüllten Augen. Sie hielten an.
Wiederum rief ich sehr laut : « Hungerleider ! » Ich schaute sie an, die acht wunderschönen Kinder. Sie lächelten angespannt, und dann rief einer der Knaben : « Hurensöhne ». Wir gingen weiter und schrien ständig . Ich rief : « Hungerleider », und sie schrien : « Hurensöhne ! » In der Folge war es, als hätten wir den Haß und die Verachtung, die sie ständig ertragen hatten, für immer ausgetrieben.
Bis zu diesem Ereignis war es « ihr » Haus gewesen. An diesem Tag fühlte ich, daß ich mit ihnen nach Hause kam.

si nous étions un paysage

maman serait une rivière

et papa une petite montagne

Wissen ist einer der Schlüssel zur Freiheit, aber nicht irgendein Wissen, nicht ein zweitrangiges, überholtes, veraltetes Wissen, das zu nichts führt. Je mittelloser ein Mensch ist, desto mehr hat er es nötig, seiner Zeit voraus zu sein, desto mehr hat er es nötig, die Zugangsmittel zur Moderne und zur neuen Kultur, die diese unter den Menschen schafft, zu beherrschen.

Die Kinder besaßen keine Spielsachen. Eines Tages erzählte mir eine Freundin, sie hätte Stoffpuppen gemacht, um sie auf einem Bazar zu verkaufen, und habe einige Puppen übrig. Sie sagte, sie wäre glücklich, wenn ich die Puppen mitnehmen und sie der Familie Yafe bringen würde. So brachte ich den Kindern fünf wunderschöne Puppen mit. Ein paar Tage später erschien der Vater. Es war das erste Mal, daß ich Herrn Yafe traf, ungefähr anderthalb Jahre, nachdem ich meine Besuche angefangen hatte. Er war seit vielen Jahren arbeitslos und verbrachte die meiste Zeit mit seiner Mutter. Die Kinder sprachen mit großer Angst von ihm. Er sagte, er hätte die Puppen gesehen und wollte sich dafür bedanken. Er erzählte mir, er nähe selber sehr gerne und sehr gut. Einmal habe er wunderschöne Kleider für die ganze Familie genäht. Sein Vater sei Schneider gewesen. Nach diesem Treffen entwickelte sich eine gewisse Beziehung zum Vater. Ein großes Fest sollte in der Gegend stattfinden, und ich fragte ihn, ob er zu diesem Anlaß Kleider für seine Kinder herstellen wolle. Er antwortete, er könne leicht dreizehn Kostüme nähen. Er habe genügend Zeit.

Und so machte sich der Vater an die Arbeit und begann, Kostüme herzustellen. Er erklärte einen Teil der Eingangshalle zu seinem Arbeitsort. Er rief seine Kinder, um die Kostüme anzuprobieren, und sie näherten sich mit Respekt und Bewunderung, Stolz und Neugier. Sie versammelten sich um ihn während er nähte und schauten zu. Sie drängten sich, kleine Aufträge für ihn auszuführen: ein Glas Wasser, Faden, die große Schere. Sie wollten ihm helfen und ihm nahe sein.

Im Haus herrschte eine festliche Atmosphäre. Die Mutter ging zum Frisör und kaufte sich ein Kleid. Das hatte sie seit Jahren nicht mehr getan. Ich kaufte einen Fotoapparat und machte Fotos von der Mutter und von allen Kindern. Ich machte auch Bilder vom Vater, während er die Kostüme nähte. Die Kostüme waren wirklich wunderschön und farbenfroh. In der Schule gewannen die Kinder Preise für ihre Kostüme. Der Vater klebte die Bilder ins Fotoalbum. Es waren die ersten Bilder seit dreizehn Jahren …

Zehn Jahre später sah ich in einer Wochenzeitschrift ein großes Bild von Frau Yafe vor ihrer Haustür. Der Artikel beschrieb Armut, Vernachlässigung und Elend. Aber er beschrieb die Situation aus der Perspektive der Mutter. Die Familie schien sich in derselben Armut wie vor zehn Jahren zu befinden. Aber ich erkannte einen grundlegenden Unterschied. Ich war stolz auf Frau Yafe. Sie hatte die Initiative ergriffen, den Journalisten in ihr Haus einzuladen, weil sie sich über ihre Situation äußern wollte.

J'allais travailler comme tutrice dans une famille très pauvre, la famille Yafe, qui comptait treize enfants. A la première visite, je suis entrée dans une immense cuisine très sale. Un Frigidaire était ouvert, et vide. Il y avait quelques enfants qui regardaient la télévision, un chiot très négligé, des roues de bicyclette tordues. Tout était calme. Je me suis avancée dans le silence. Une femme enceinte était couchée sur le lit ; un bébé nu dormait sur le bord du lit. Un autre jeune enfant s'approcha avec un sourire. Il n'était vêtu que d'une chemise déchirée.

Je n'avais jamais vu un lieu aussi sordide. Mais ce qui m'a le plus impressionnée, c'était le silence, dans une maison aussi peuplée. Et aussi leur beauté : je n'avais jamais vu, dans une famille, tant d'enfants aussi beaux les uns que les autres.

Je me rendais dans cette famille chaque jour pendant trois heures, cinq jours par semaine. Très vite, elle devint « mienne ». Environ trois mois plus tard, le psychologue m'annonça la visite d'un groupe de responsables de la municipalité. J'en informai les membres

paméla serait un soleil fort

angela une forêt

daisy un nuage

de la famille. Le jour venu, je suis arrivée comme d'habitude, et comme d'habitude j'ai tiré la table au centre de la pièce en désordre. Les enfants s'assirent autour, étalant tranquillement les mots que nous avions créés peu à peu, écrits dans des cahiers graisseux et tachés, et tout un monde de jeux que nous avions fabriqués avec des bouts de ficelle ou de papier. Et alors arriva l'invasion de ces gens étranges, étrangers à notre intimité. « ILS » arrivaient ! La tension était grande. Jamais auparavant je n'avais ainsi expérimenté combien des visiteurs pouvaient être étrangers, et combien la famille était sans défense face à leur invasion. Je me sentais comme déchirée intérieurement.

Un beau jour de printemps, nous avons décidé de nous promener aux alentours. Au retour, nous rencontrons, non loin de la maison, un groupe d'adolescents qui d'habitude se moquaient de la famille. Ils se mettent à crier : « Pouilleux, pouilleux ! » Les enfants font demi-tour, et une bagarre s'engage. Les enfants se battent, crachent, hurlent et se courent les uns après les autres. Finalement, je rassemble les enfants de la famille Yafe, et nous nous éloignons en silence.
Il y avait de nouveau ce « NOUS » et « EUX » entre la famille rejetée et son voisinage. Un voisinage pauvre, pourtant... Et alors, avant même de réaliser ce que je faisais, je criai : « Pouilleux ! » aux enfants qui m'accompagnaient. Ils levèrent des yeux effrayés vers moi, et s'arrêtèrent de marcher. Je criai à nouveau : « Pouilleux ! » et les regardai dans les yeux. Alors, ils sourirent, et l'un des garçons cria : « Fils de pute ! » Nous avons repris notre marche, criant tout au long de la route, tour à tour, moi : « Pouilleux » et eux « Fils de pute ! », et c'était comme si nous avions exorcisé une fois pour toutes le mépris qu'ils avaient toujours enduré.
Jusque-là, la maison avait été « leur » maison. Ce jour-là, j'ai eu l'impression de revenir « chez nous ».

Les enfants n'avaient pas de jouets. Un jour, une amie me dit qu'elle avait fait des poupées en tissu, qu'elle vendait dans un bazar, mais quelques-unes lui étaient restées : elle aimerait que je les donne à la famille Yafe. Et c'est ainsi que j'amenai aux enfants cinq belles poupées de tissu.
Quelques jours après, le père apparut. C'était la première fois que je voyais M. Yafe, alors que je venais régulièrement depuis un an et demi. Sans emploi depuis des années, il restait la plupart du temps chez sa mère. Les enfants en parlaient avec beaucoup de crainte. Il était venu pour me rencontrer, dit-il ; il avait vu les poupées et voulait me remercier. Il me raconta qu'il aimait coudre, et le faisait bien : autrefois, il avait fabriqué de très beaux costumes pour tous les siens. Son père avait été tailleur.
Cette rencontre fut le début d'une certaine relation avec le père. Une grande fête se préparait dans le pays, et je lui dis que si à cette occasion il voulait faire des costumes à tous ses enfants, aujourd'hui cela lui prendrait bien du temps ! Il répondit qu'il serait bien capable de coudre 13 costumes. Je l'encourageai dans cette idée.
Et ainsi, le père se mit à confectionner des costumes. Il avait désigné une partie du hall d'entrée comme étant sa place. Il appelait les enfants pour venir essayer les costumes, et ils l'approchaient avec un mélange de respect, d'anxiété, de fierté et de curiosité. Ils tournaient autour de lui pendant qu'il cousait, jetant un coup d'œil, et se disputant pour l'assister : chercher un verre d'eau, du fil, les grands ciseaux. Ils voulaient aider, et être près de lui.

L'atmosphère de la maison était joyeuse. La mère alla chez le coiffeur, et s'acheta une robe, ce qu'elle n'avait pas fait depuis des années. J'apportai un appareil-photo et pris

La familia no se reduce a un hombre, una mujer y unos niños. La familia pertenece a un medio social, a una sociedad, con los cuales tiene lazos de unión , de ideas, de sentimientos, de proyectos.

priscilia un champ de fleurs et moi une maison de bois.

Amélia

Le peuple du Quart Monde* se situe à la charnière d'un monde qui n'a pas réussi à vaincre la misère, et d'un monde qui refuse de penser qu'il en sera toujours ainsi.

The family is the first community in which one begins an apprenticeship of love. It is the place where the desire to love is lived, the willingness to help others develop is experienced, where men and women become capable of loving in their turn.

De arme ontwikkelt zijn bewustzijn in het verzet tegen zijn omstandigheden. Dit verzet kenmerkt zijn wens te willen begrijpen wat hij beleeft. Maar ook de wens om zich nooit helemaal te laten verstikken door de lelijkheid van zijn woonomgeving.

Sébastien Humblot, 7 ans
Gouache,
Atelier Art et Poésie*, 1993
Noisy-le-Grand, France
▷

Enfants Yeniches
Atelier de dessin*, 1989
Sélestat, France

des photos des enfants et de la mère. Je photographiai aussi le père pendant qu'il travaillait. Les costumes étaient vraiment beaux et pleins de couleur, et les enfants gagnèrent des prix à l'école grâce à eux. Le père mit les photos dans l'album : il y avait treize ans que les dernières photos y avaient été collées...

Dix ans après ma première visite à la famille Yafe, un jour, je vois dans un magazine une grande photo de Mme Yafe, debout devant son perron. L'article décrivait la pauvreté, le manque de soins, la misère. Mais il le faisait selon les explications de la mère. Certes, la famille était toujours très pauvre. Pourtant, je savais qu'il y avait une différence fondamentale. Je ne pouvais que me sentir fière de Mme Yafe. C'était elle qui avait pris l'initiative d'inviter le journaliste chez elle. C'était elle qui voulait dire ce qu'elle avait sur le cœur.

Yo fui a trabajar como tutora en una familia que describieron como gravemente deteriorada, compuesta por el padre, la madre y trece hijos. En la primera visita, entramos en una inmensa cocina muy sucia. El refrigerador estaba abierto y vacío. Habían algunos niños que miraban la televisión, un perrito mal cuidado, ruedas torcidas de bicicletas. Todo estaba tranquilo. Nosotros avanzamos silenciosos. Una mujer embarazada estaba recostada sobre la cama, un bebé desnudo a su lado. Otro niño pequeño se acercó con una sonrisa en sus labios. Estaba vestido solamente con una camisa rota.
Yo nunca había visto un lugar tan sórdido, pero lo que más me impresionó fue el silencio en una casa tan poblada. Otra impresión que me quedó grabada era la belleza : nunca había visto tantos niños tan lindos.
Yo iba allá todos los días durante tres horas, cinco días por semana. Rapidamente ellos se convirtieron en « los míos ». Más o menos tres meses después, el psicólogo me comunicó la visita de un grupo de responsables de la municipalidad. Yo informé a la familia. Al día siguiente llegué como de costumbre y como de costumbre instalé la mesa en el centro de la habitación en desorden. Los niños se sentaron alrededor de la mesa, distribuyendo tranquilamente las palabras que habíamos creado poco a poco, escritas en los cuadernos manchados, y los juegos que habíamos fabricado con trozos de cuerdecitas y papel. Entonces llegó la invasión de esta gente extraña, extranjeros a nuestra intimidad. « Ellos » llegaban. La tensión era grande. Antes jamás había vivido la experiencia de sentir que podían ser tan extrañas las visitas, y cómo la familia estaba indefensa frente a su invasión. Yo me sentía como destrozada interiormente.

Un hermoso día de primavera habíamos decidido dar un paseo por los alrededores. Al regresar, encontramos cerca de la casa, un grupo de adolescentes que generalmente se burlaban de la familia. Se pusieron a gritar : « ¡Piojosos, piojosos! » Los niños se vuelven y comienza la pelea. Los niños se pegan, se escupen, gritan. Finalmente reuno los niños de la familia Yafe y nos alejamos en silencio. De nuevo había ese « nosotros » y « ellos » entre la familia rechazada y su vecindario, un vecindario pobre. Y entonces antes de darme cuenta de lo que estaba haciendo, grité hacia los niños : « ¡Piojosos! » Me miraron asustados, se detuvieron. Yo grité de nuevo : « ¡Piojosos! » mirándoles a los ojos. Entonces comenzaron a sonreír, y uno de los muchachos gritó : « ¡Hijo de puta! » Recomenzamos nuestra caminata gritando a lo largo del camino, yo : « piojosos » y ellos « hijo de puta », y fue como si hubiéramos exorcizado una vez por todas el desprecio que siempre habían tenido que soportar.
Hasta ese momento la casa era " su" casa. Ese día, yo tuve la impresión de volver a « nuestra casa ».

Los niños no tenían juguetes. Un día, una amiga me dijo que había hecho muñecas de trapo que vendía en un bazar, pero que le quedaban algunas : ella quería regalarlas a la familia Yafe. Así es como llevé a las niñas cinco lindas muñecas de trapo.
Algunos días después apareció el padre. Era la primera vez que veía al Señor Yafe, después de un año y medio de conocer a esta familia. Sin trabajo, se quedaba la mayor parte del tiempo en casa de su madre. Los niños hablaban de él con temor. Vino para verme, me dice. Había visto las muñecas y quería agradecerme el gesto. Me contó que le gustaba coser y que lo hacía bién; hace un tiempo había confeccionado trajes, ropa muy bonita para toda su familia. Su padre había sido sastre.
Este encuentro fue el comienzo de una cierta relación con el padre. En el país se preparaba una gran fiesta, yo les dije que si para esta ocasión deseaba hacer ropa para todos

pour papa
une année verte
pour maman
rose
pour mes soeurs
bleu ciel
pour mon frère
jaune
pour moi
bleu foncé

pour ma famille
une année arc-en-ciel

sébastien

Das Volk der Vierten Welt* bildet das Scharnier zwischen einer Welt, die es nicht geschafft hat, das Elend zu überwinden, und einer Welt, die sich weigert, zu denken, daß es immer so sein wird.

sus niños le tomaría bastante tiempo. Me respondió diciendo que era capaz de coser 13 trajes. Yo lo incité para que lo hiciera.

Es así como el padre se puso a confeccionar los trajes. Indicó que se instalaría en una parte del corredor. Llamaba a los hijos para que vinieran a probarlos, ellos se acercaban con una mezcla de respeto, de ansiedad, de orgullo y de curiosidad. Daban vueltas alrededor de él mientras cosía, mirando, y se disputaban para ayudarle : buscar un vaso, hilo, las tijeras grandes. Querían ayudar y estar cerca de él.

Había un ambiente festival. La mamá fue a la peluquería, se compró un vestido, lo que no había hecho desde hacía muchos años. Yo llevé una cámara y saqué fotos a la mamá y a los niños. Fotografié también al padre mientras trabajaba. Los trajes eran realmente bonitos, llenos de colores y los niños ganaron premios en la escuela gracias a ellos. El padre puso las fotos en un álbum : hacía trece años que las últimas habían sido pegadas.

Diez años después de mi primera visita a la familia Yafe, un día vi en una revista una foto de la Sra. Yafe, de pie delante de la escalinata. El artículo describía la pobreza, la miseria, pero el artículo hablaba de la situación tal como ella la explicaba. La familia seguía siendo pobre, sin embargo yo sabía que había una diferencia fundamental. Yo me sentía orgullosa de la Sra. Yafe. Era ella quien había tomado la iniciativa de invitar al periodista a su casa, era ella que deseaba expresarse.

Ich lebe auf einem Wohnwagengelände. Eines Tages hat man uns eingezäunt, um uns von den Standplätzen zu trennen, die mit Elektrizität und Wasser versorgt sind. Anfangs war ich von diesem Zaun schockiert. Aber dann habe ich diesen Sommer Blumen in allen Farben gepflanzt. So trennt er die Reichen und die Armen nicht mehr auf dieselbe Weise. Dank diesen Zaunblumen haben wir sogar miteinander gesprochen.

Mireille De Wilde
Ousmane, 1993
Crayon et encre
Noisy-le-Grand, France

" We had nothing to give Catherine but our friendship, and she accepted it. " This was how a person living in the slum evaluated the two years that I had spent carrying out the art programme there .
I was at a disadvantage there, a stranger to the country's language and culture. When I was most reliant on the people living in the slum, they gave me their trust and friendship.

Our centre was a shack in the slum, slightly more spacious than the others. We redid the roof and painted the rusty sheet metal; light blue on the inside and navy blue with a big white bird on the outside. " Now it's beautiful like the sky! " said an adult.
Am is a little boy of 8. He sometimes comes to the street library* and is easily recognisable by the scars from burns which cover half his face and body. He lives alone with his mother. I often pass them, hand in hand. Am only goes to school occasionally.
It took several months before Am started to come regularly to the centre. Then he got to like it and didn't miss a single session.
One day, he succeeded in doing a beautiful and precise drawing which had been inspired by an illustration in a Russian book. He asked me, " Will you come with me to show it to my mother ? If you don't come, she won't believe that I did it. "
He came back several times to remind me of my promise to accompany him.
A little later, Am applied himself to a drawing of a woman with a child in her arms. He said that it represented his mother and that he would give it to her.
At that time, we were decorating scarves, and Am wanted to use his drawing as a model. He worked quickly, sometimes roughly, lacking precision. Several times, he asked me to guide his hand, especially for the details. His mother came to watch and sat at the door calling out to passers-by, " Come and see what my son is doing! It's beautiful ; he's an artist ! "
The mother started to come to the art centre more frequently. She said that she would also like to make a scarf. She occasionally reached out her hand to pick up a paintbrush, but she withdrew it every time. She smiled, saying, " I don't know how to do anything ! "
" This is your chance to learn, " I replied. She shook her head and laughed.
A few months later, Am's mother was run over by a taxi. I went to see her in the hospital, and she asked me for drawing materials.

49

Les familles du Quart Monde ont une connaissance et une réflexion sur le monde. Mais elles se sont bâties en marge des grands mouvements, des courants de pensée et des idées qui ont forgé les cultures humaines.
La non-participation à ces courants fondateurs de communauté et de devenir, telle est l'exclusion.*

Het volk van de Vierde Wereld* bevindt zich op het draaipunt van een wereld die het niet gelukt is de armoede te overwinnen, en van een wereld die weigert te geloven dat het ooit zal veranderen.

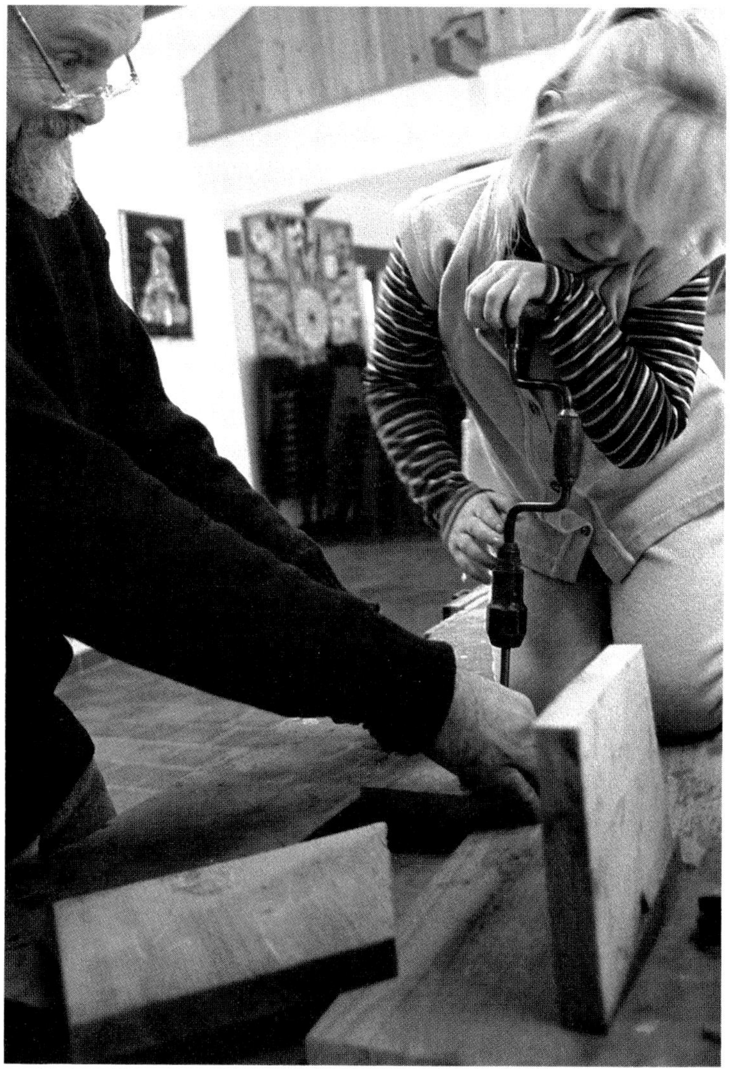

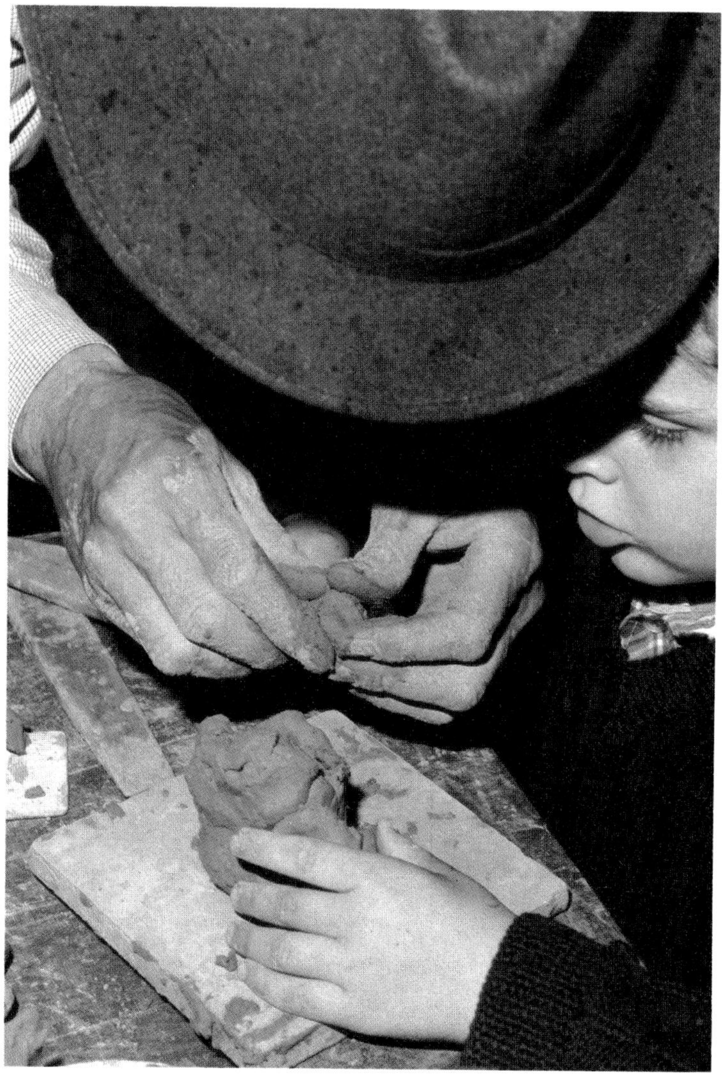

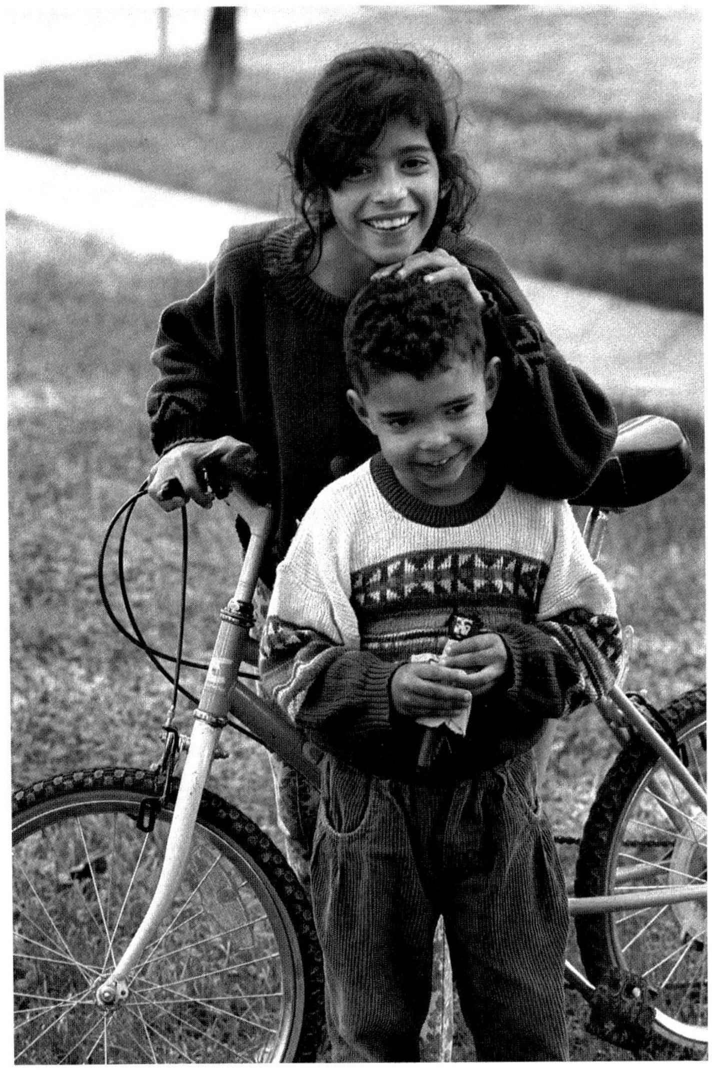

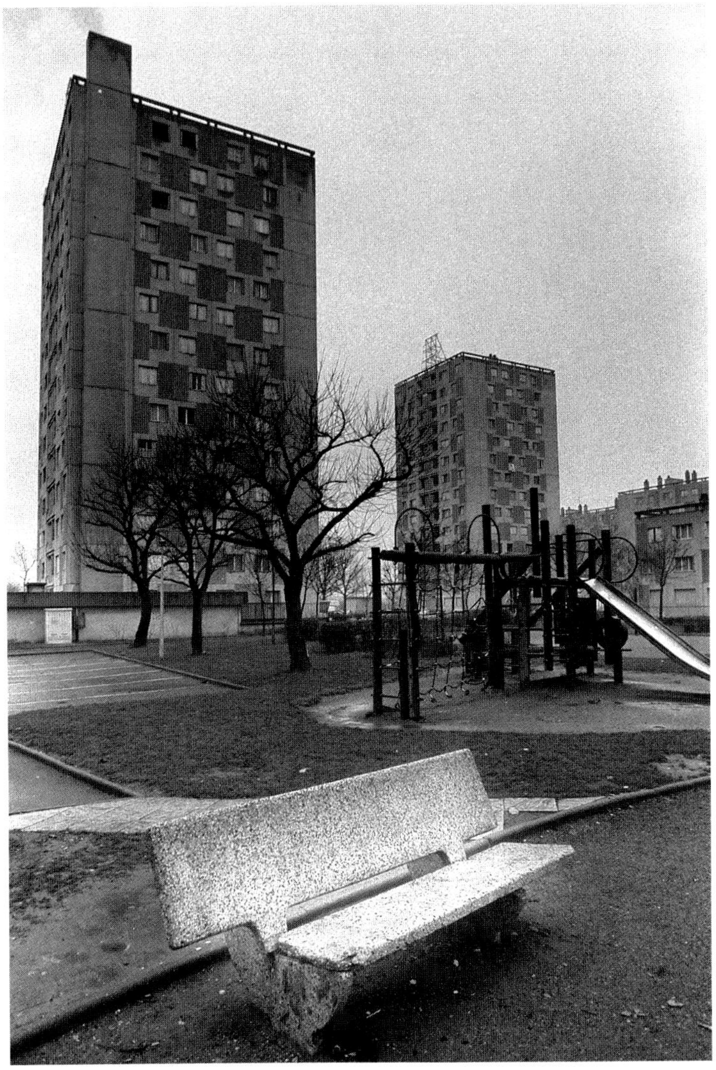

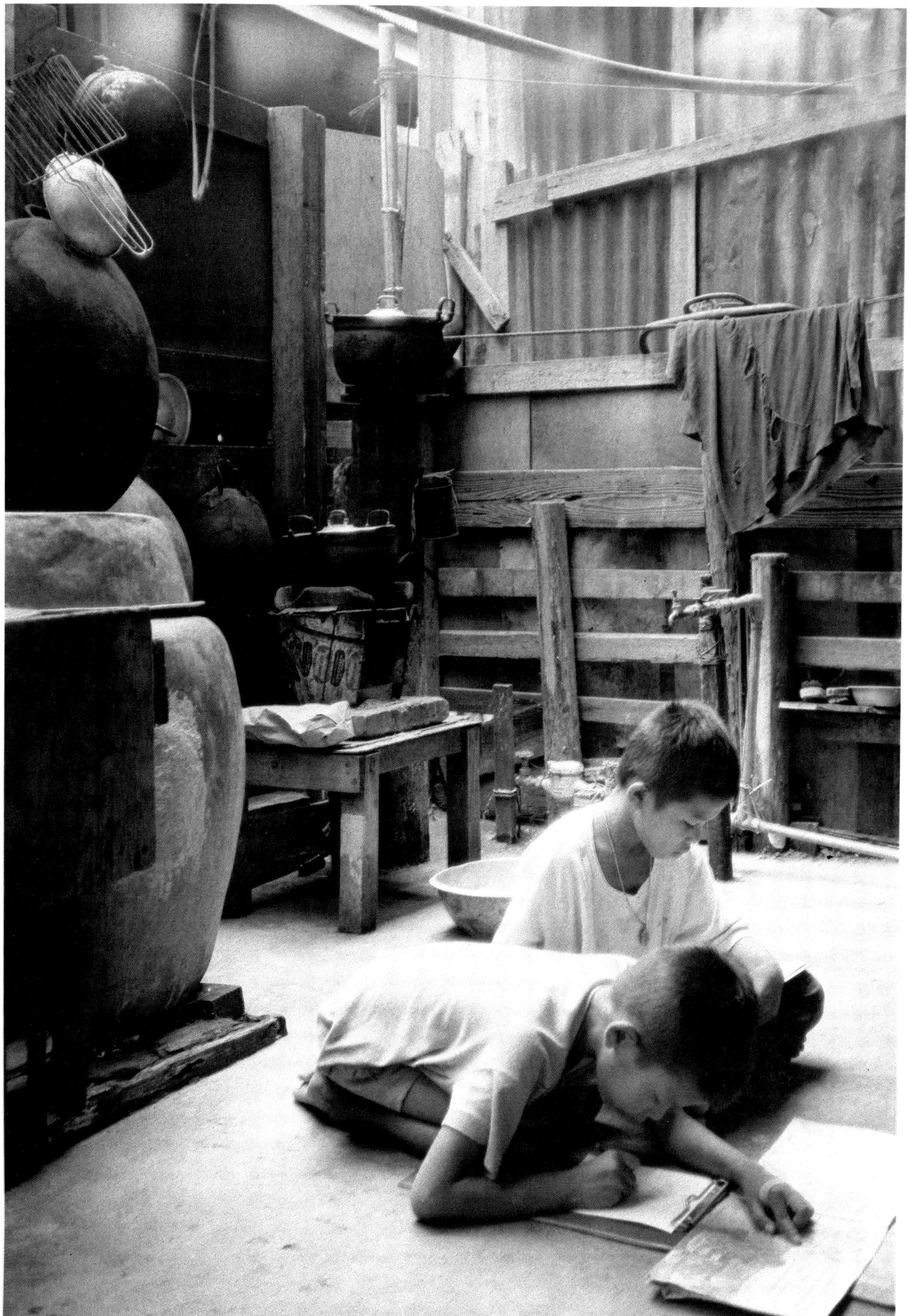

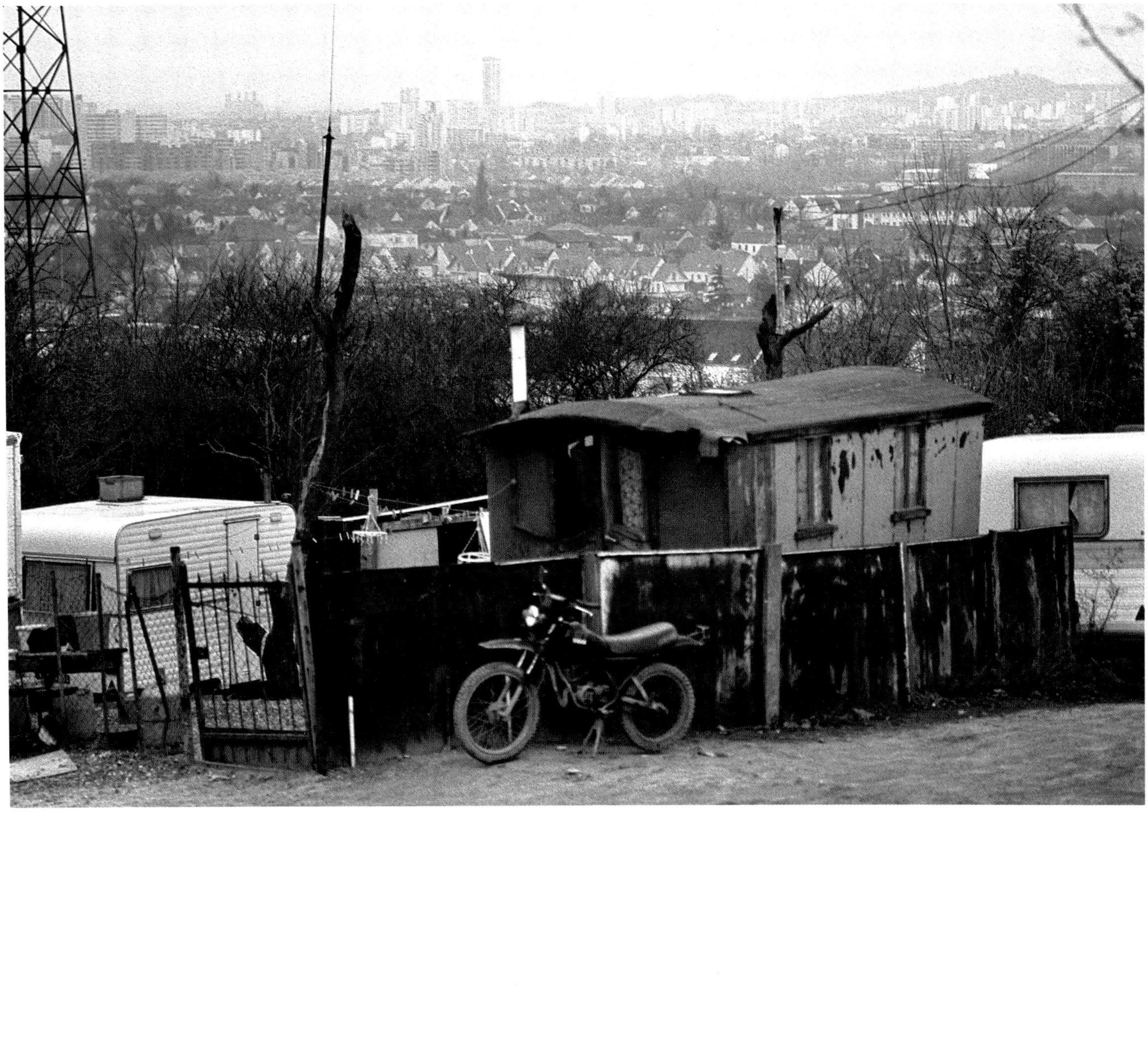

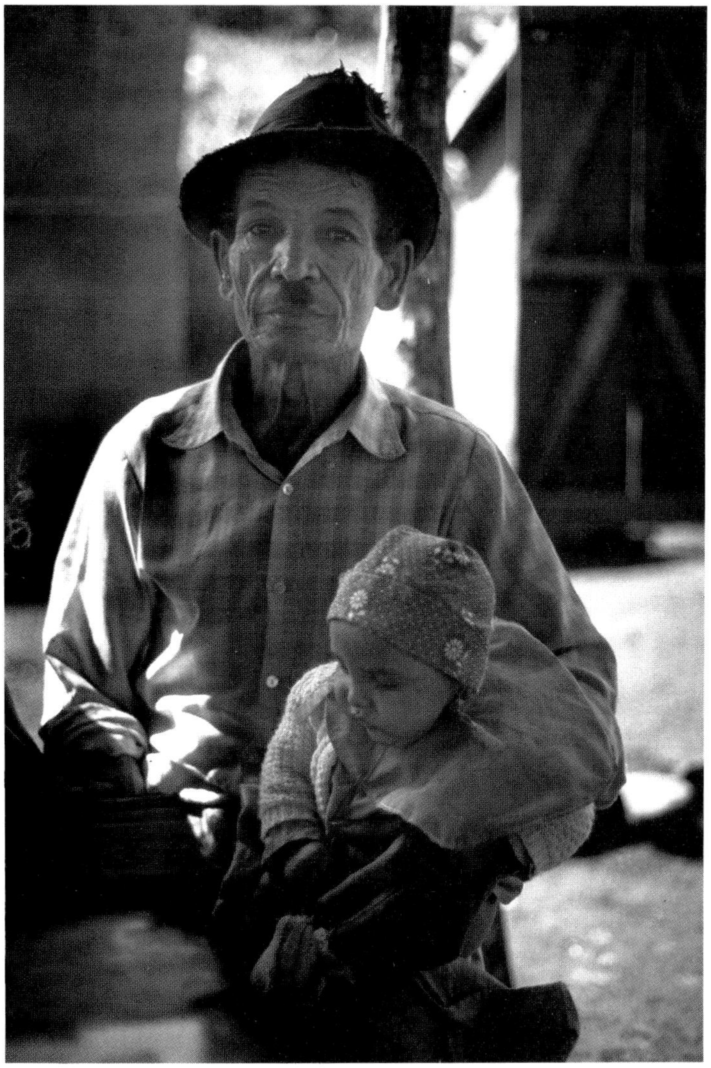

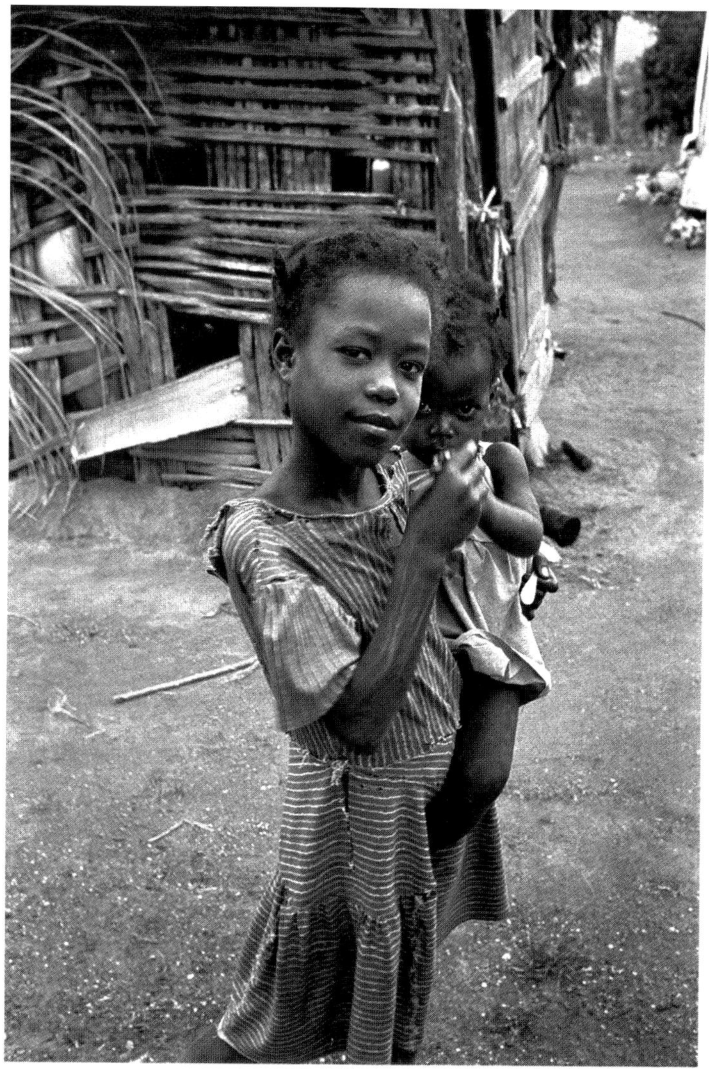

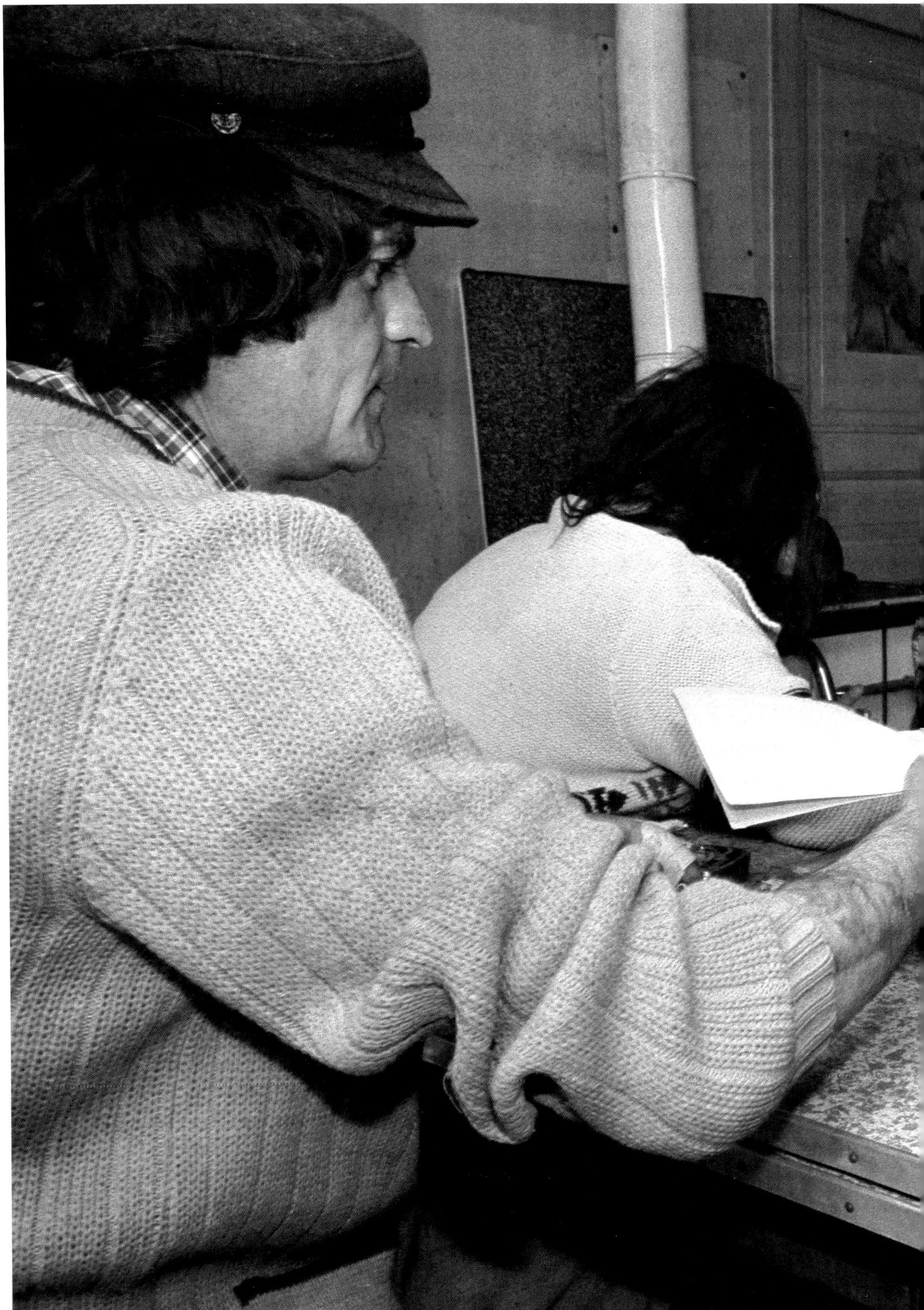

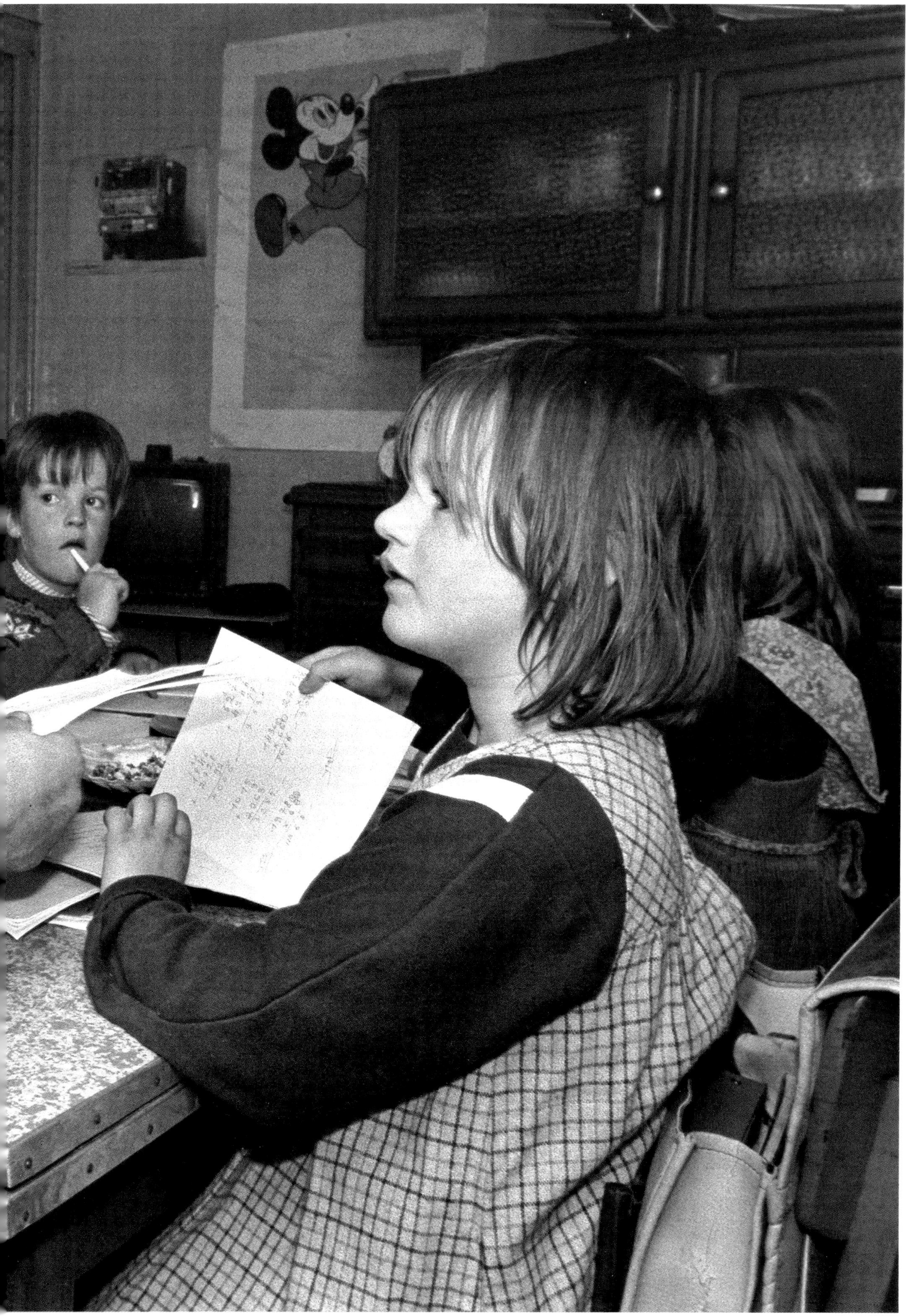

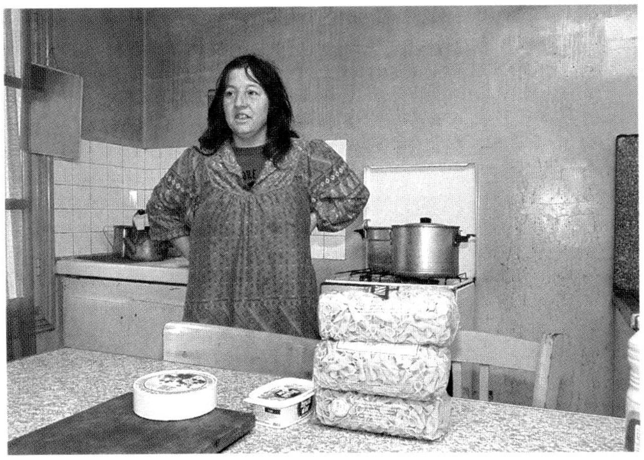

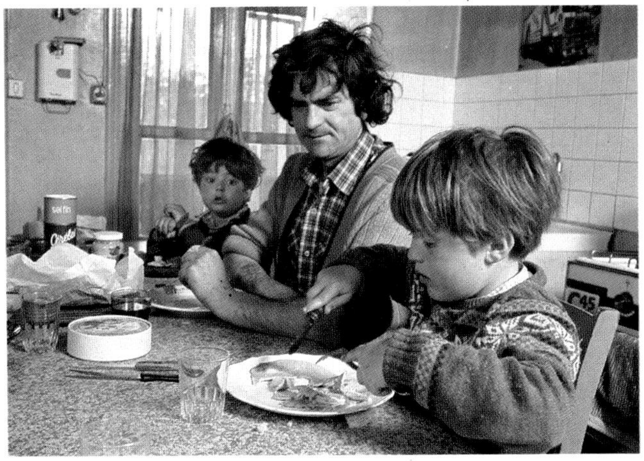

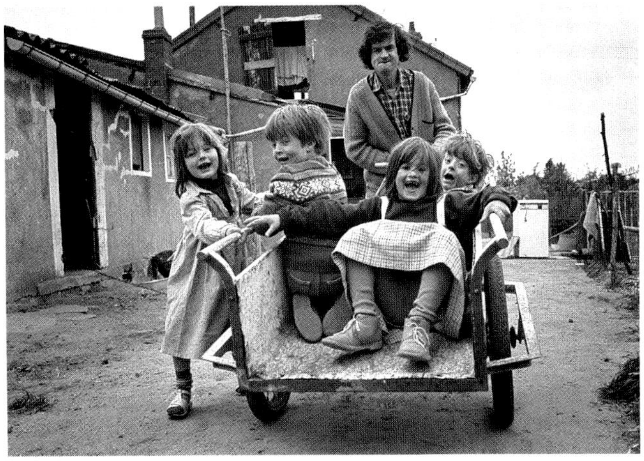

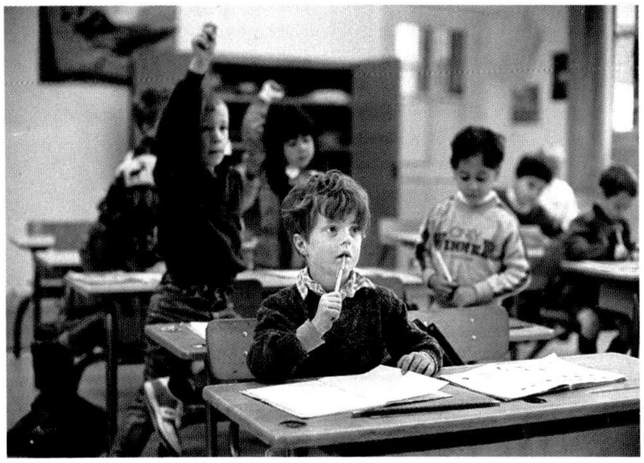

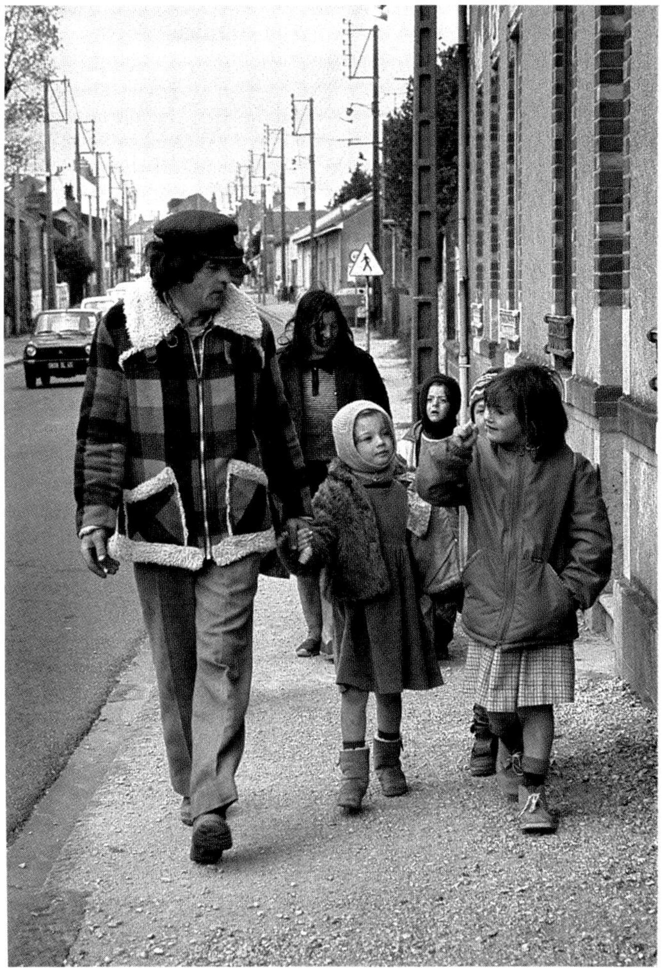

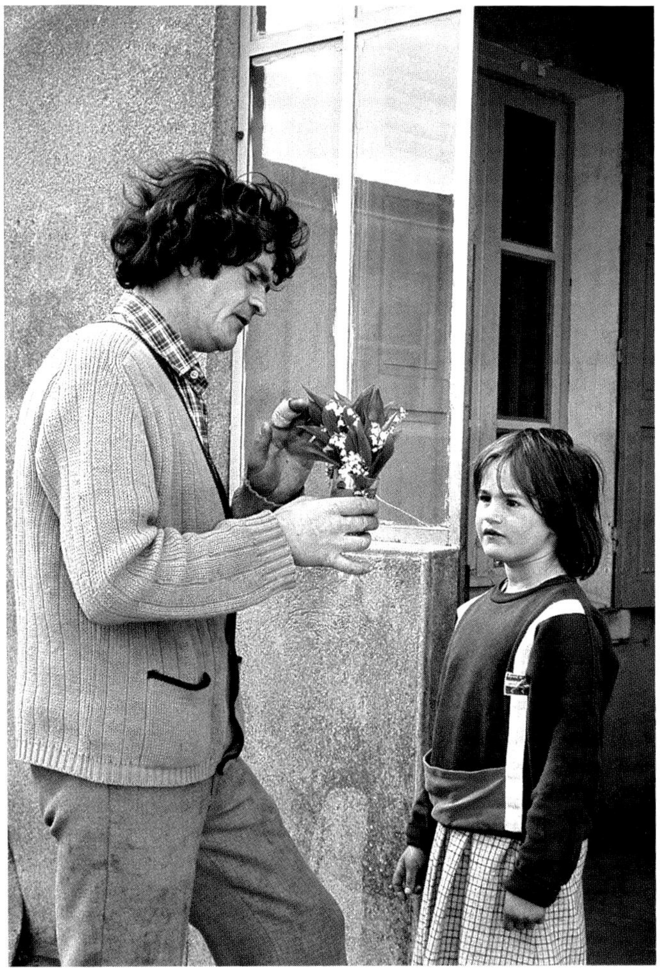

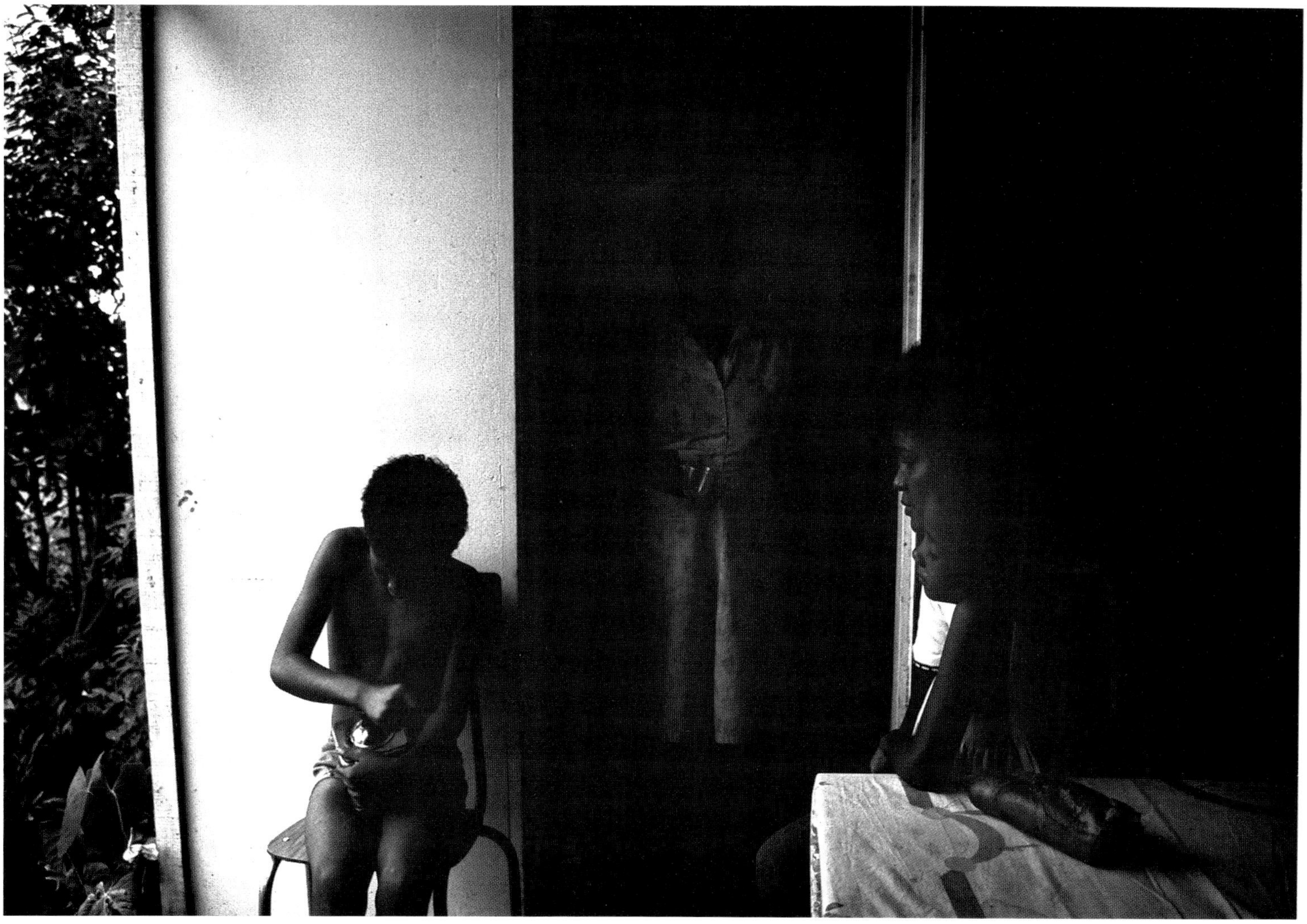

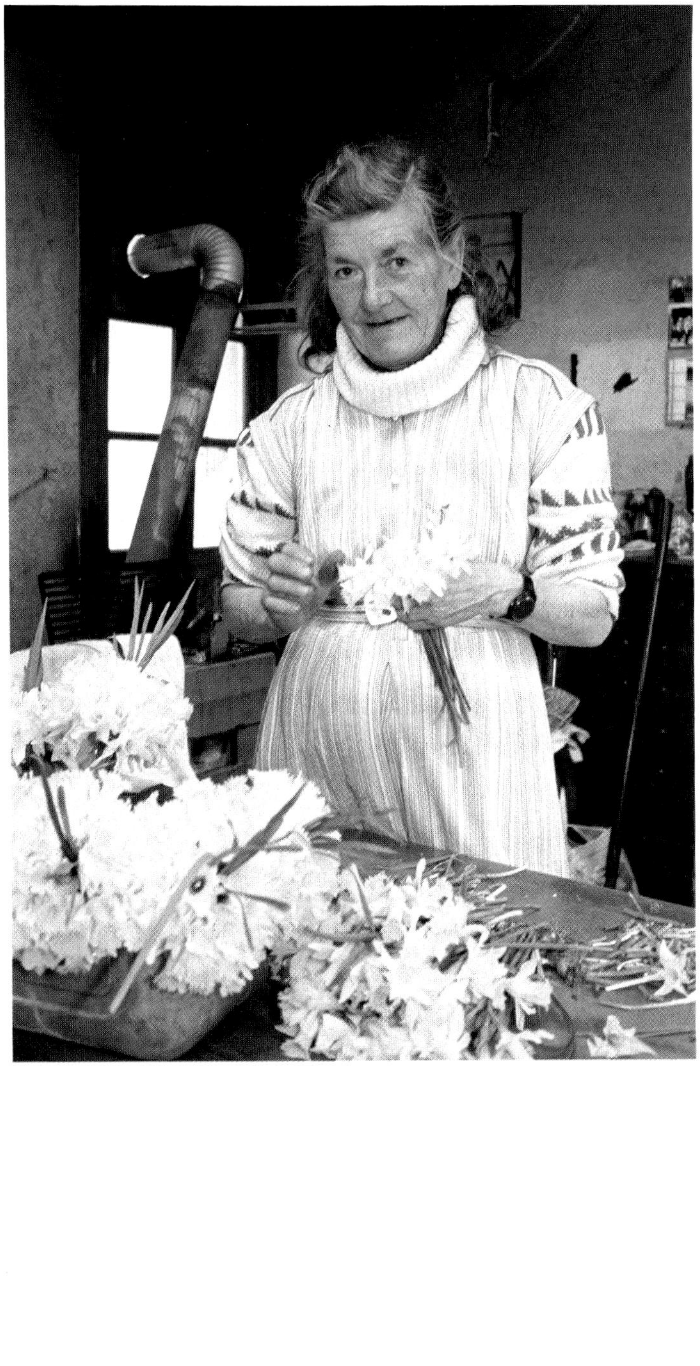
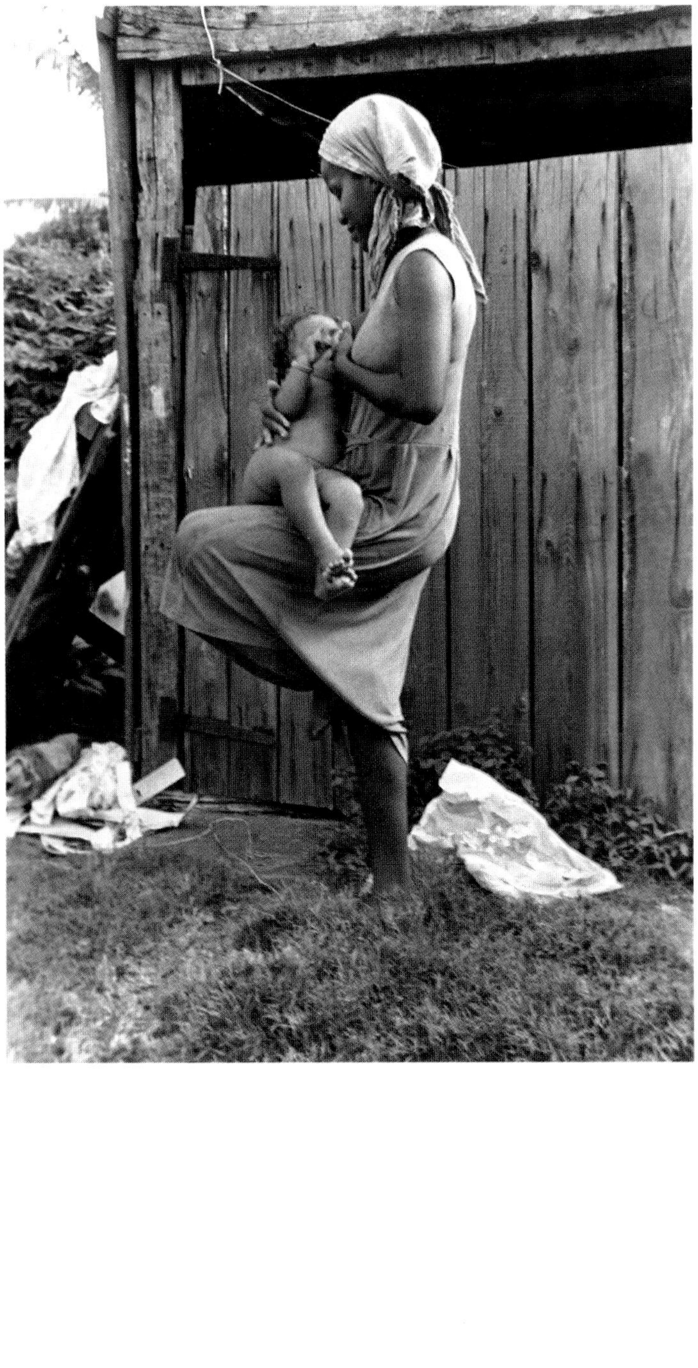

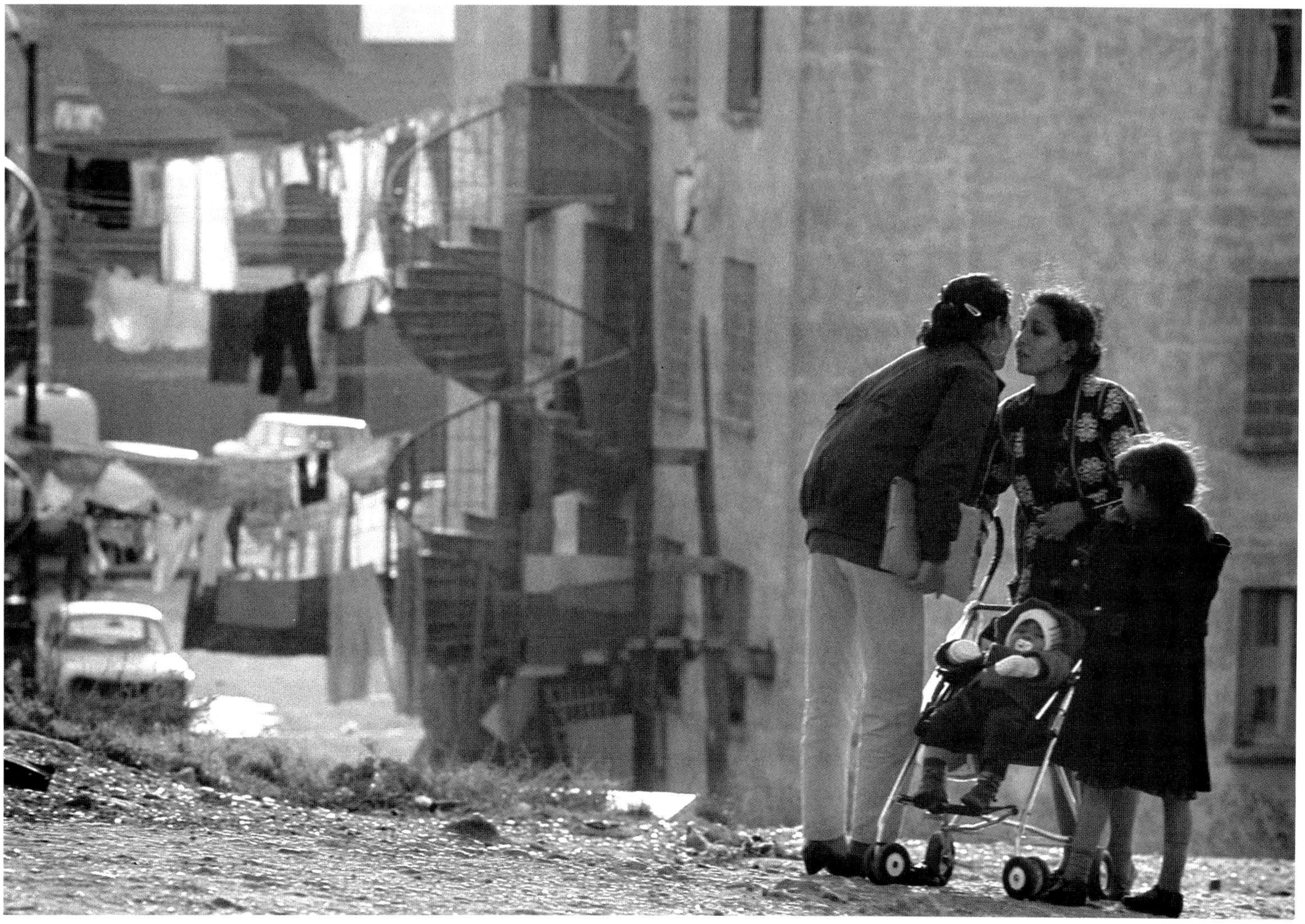

Savoir, c'est d'abord avoir la conscience d'être quelqu'un, pouvoir donner une signification à ce que l'on vit, à ce que l'on fait, pouvoir s'exprimer.
Savoir, c'est avoir une place dans le monde, connaître ses racines, se reconnaître d'une famille, d'un milieu.
Savoir, c'est pouvoir participer à ce qu'est et fait autrui.

Kultur ist Schöpfung, Begegnung zwischen den Menschen und Produkt der menschlichen Kommunikation. Sie ist Eintauchen in die Geschichte der Menschen, ja sie ist selber Geschichte, durch die alle Menschen quasi zusammengeschmiedet werden. Sie ist geradezu das Gegenteil von Fatalismus.

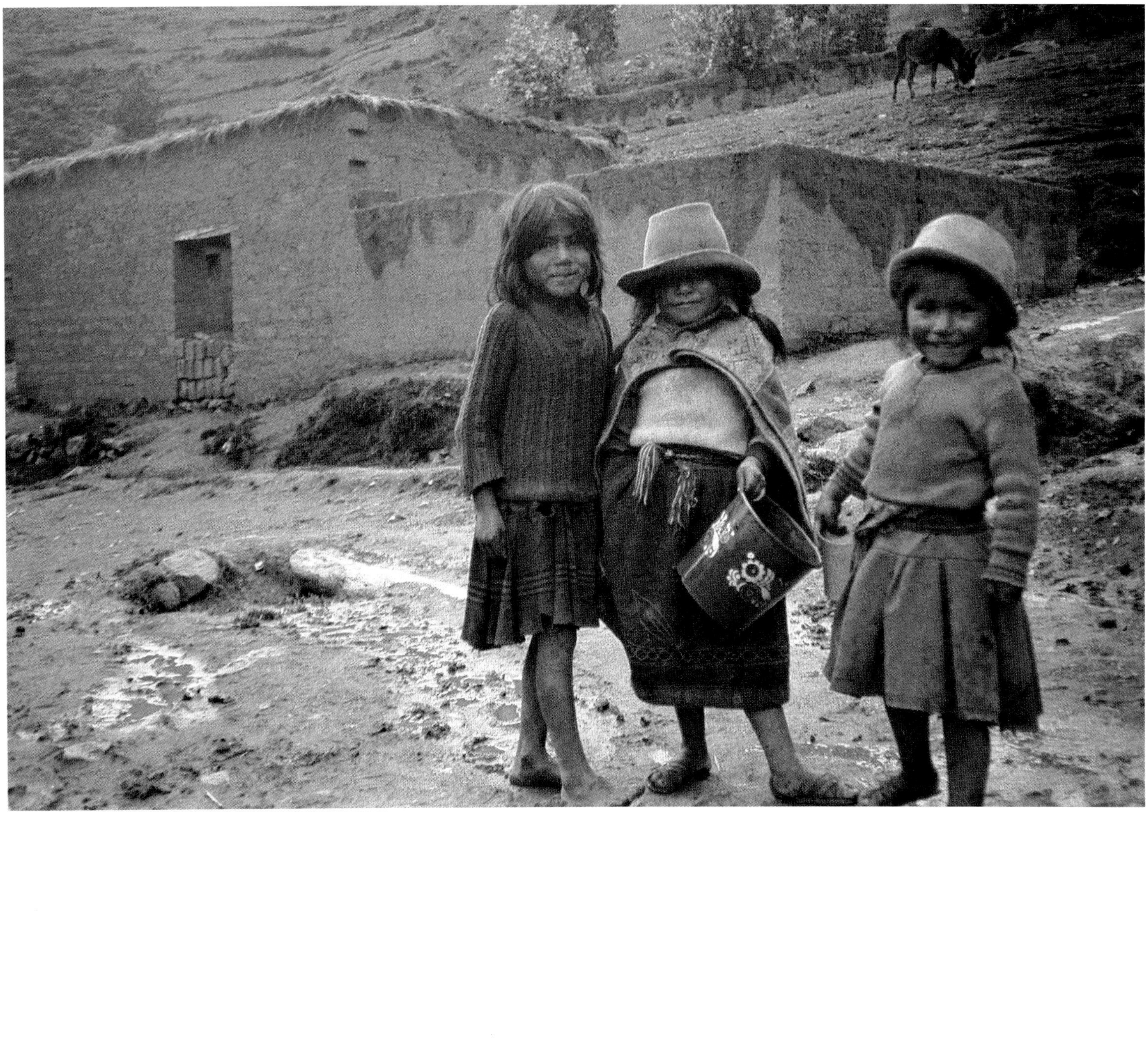

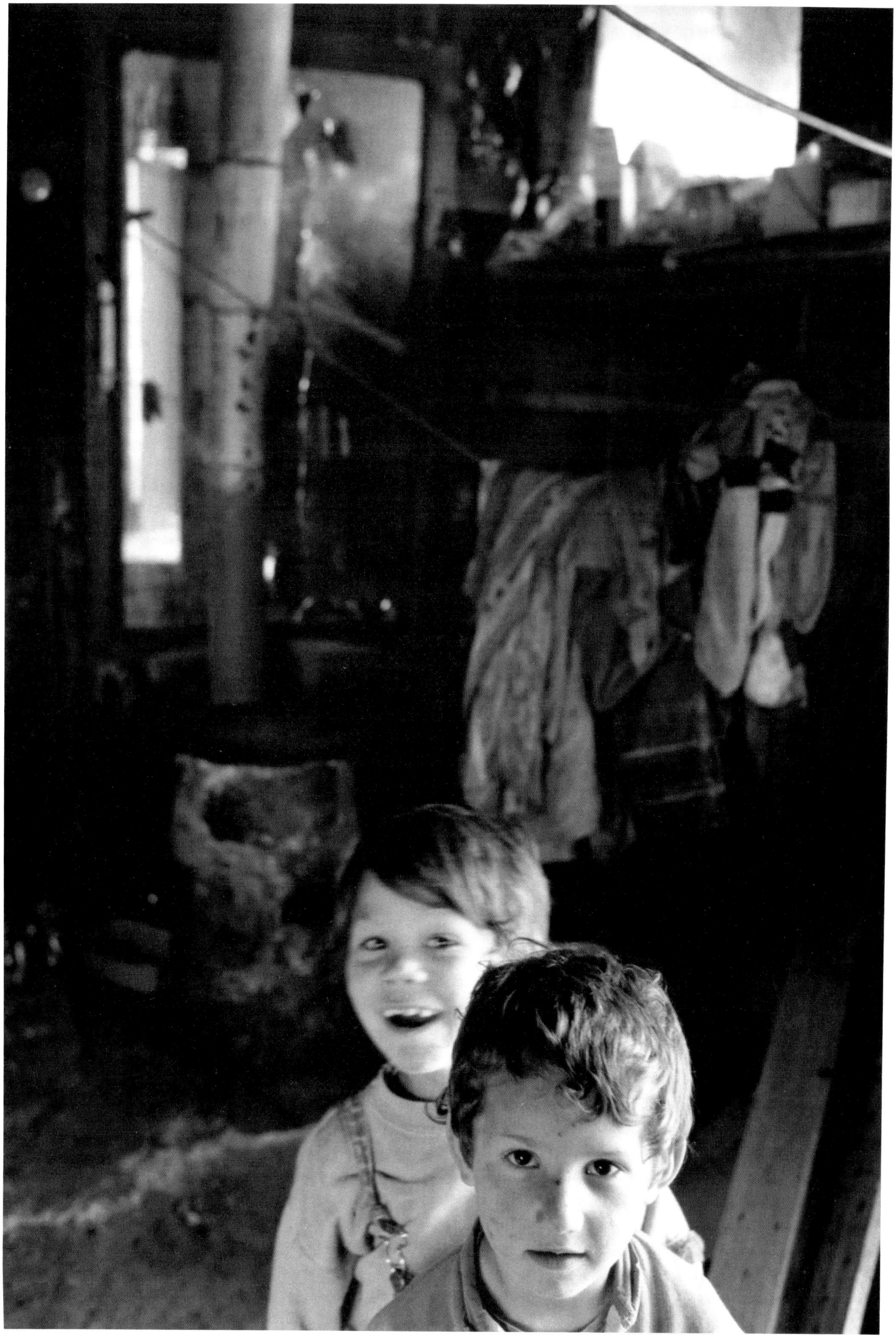

De gezinnen van de Vierde Wereld hebben hun kijk op en hun gedachten over deze wereld. Maar die zijn ontwikkeld in de marge van de grote bewegingen, gedachtenstromingen en ideeën die menselijke cultuur gemaakt hebben tot wat zij is. Het niet-deelnemen aan deze basisstromingen van de gemeenschap en haar wording, dat is uitsluiting.

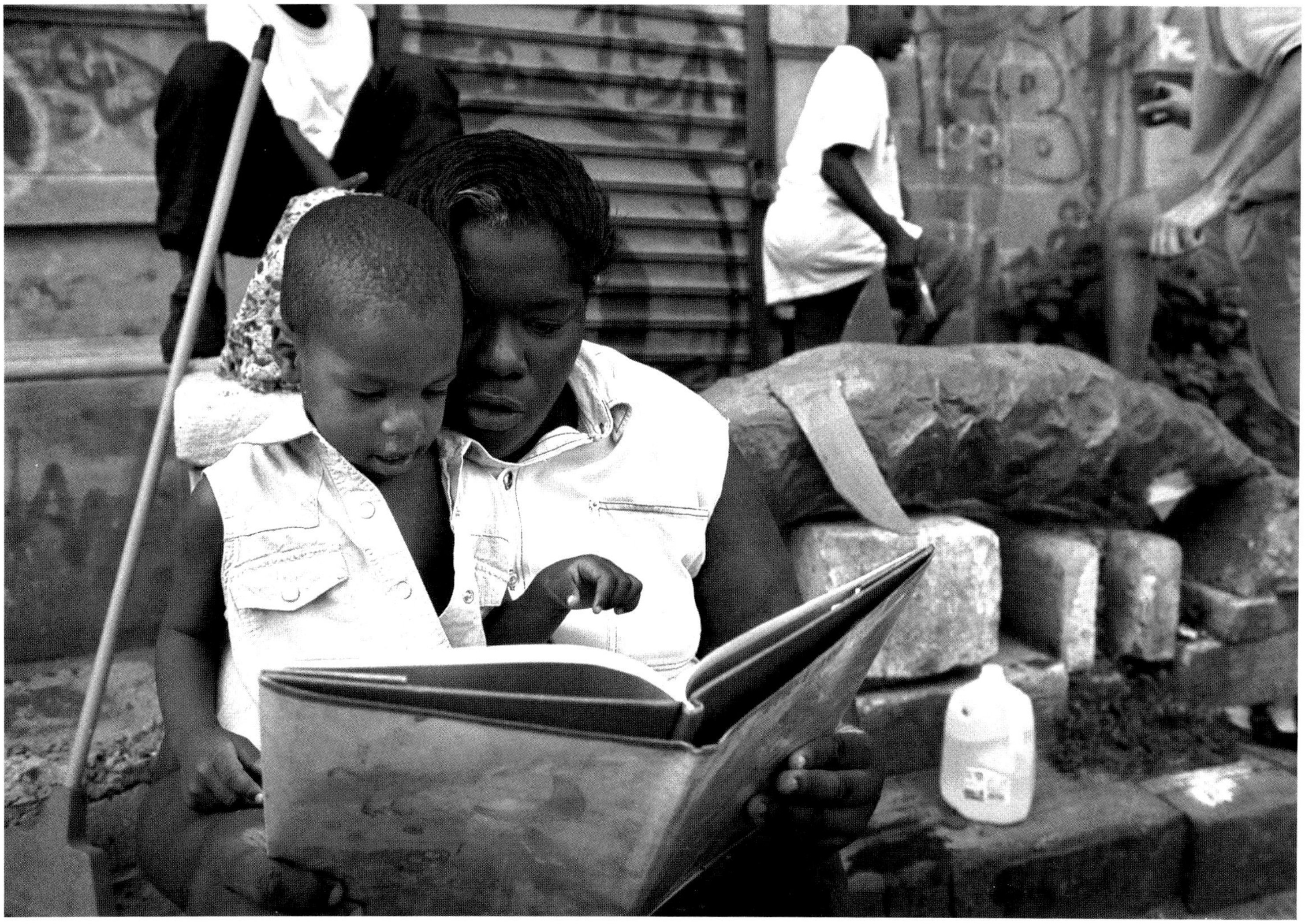

68

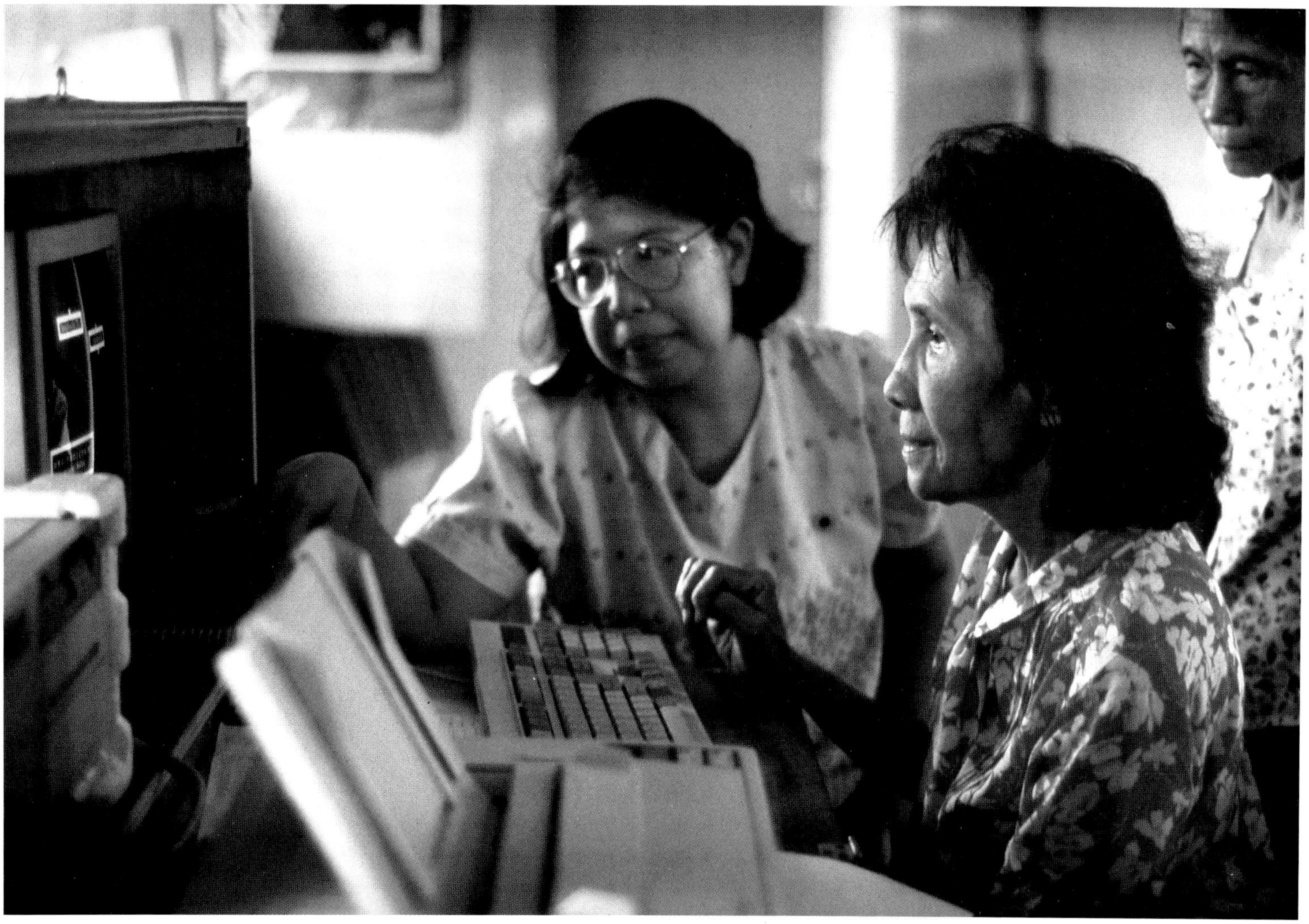

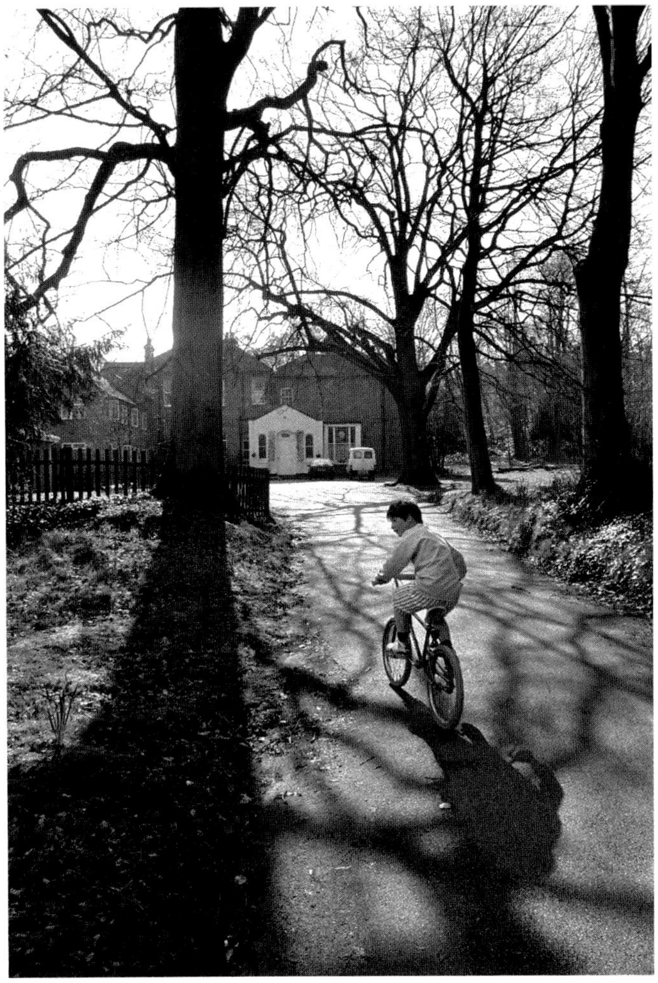

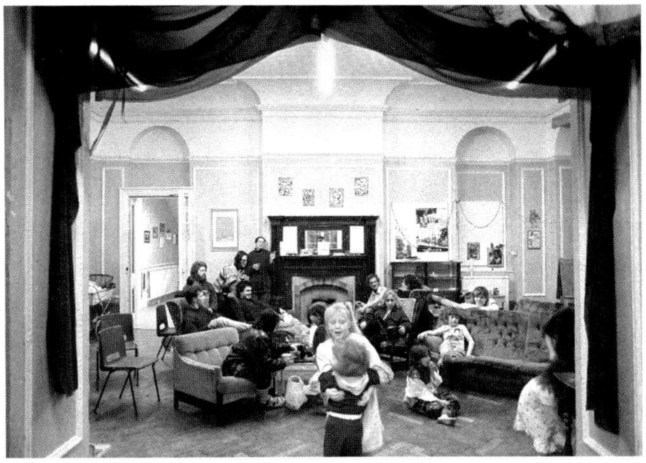

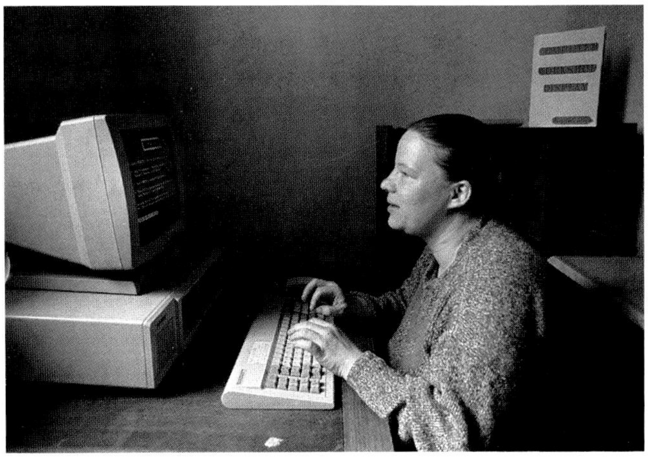

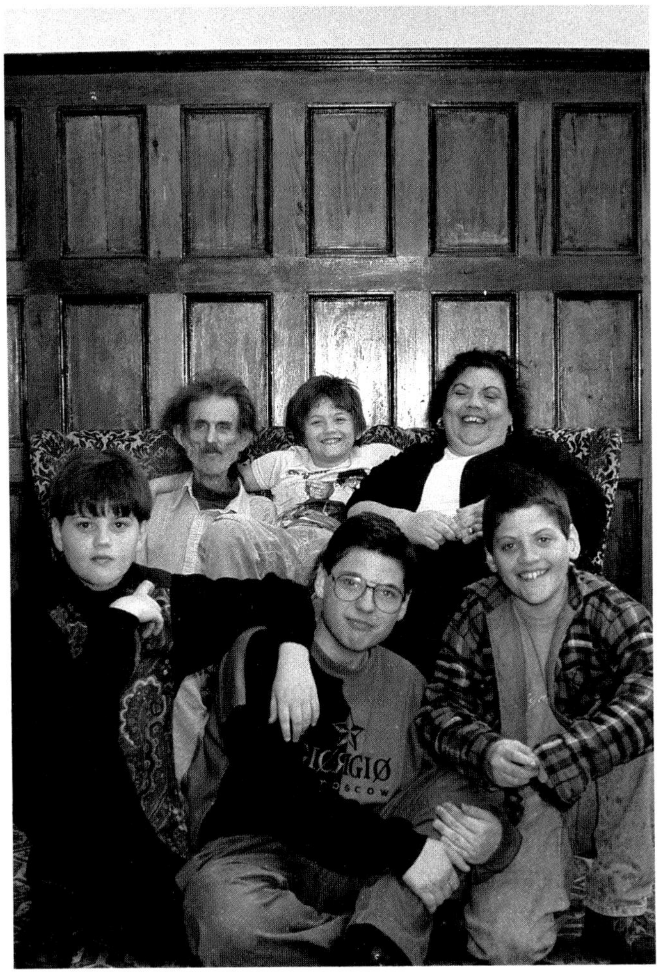

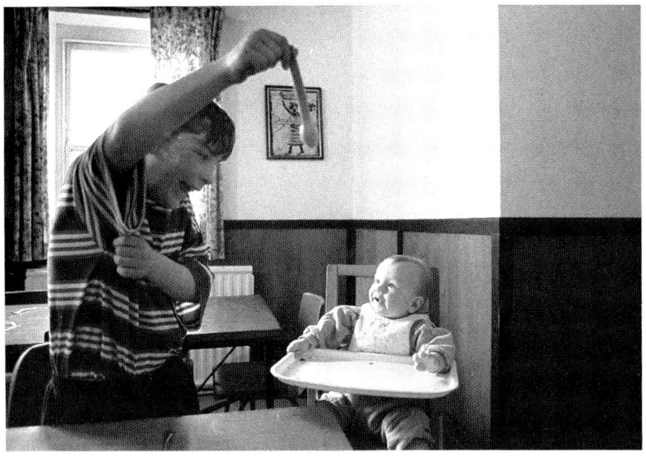

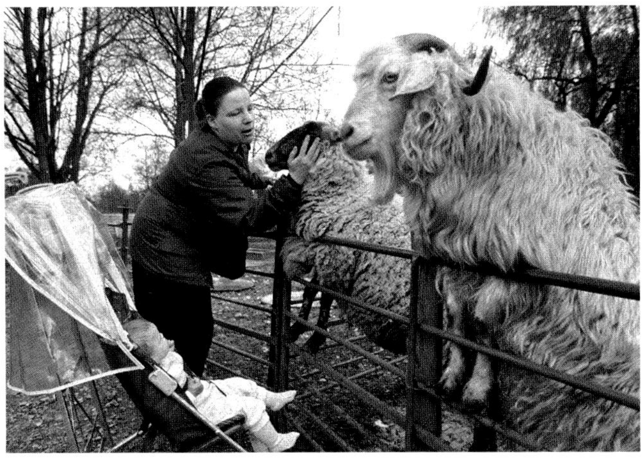

71

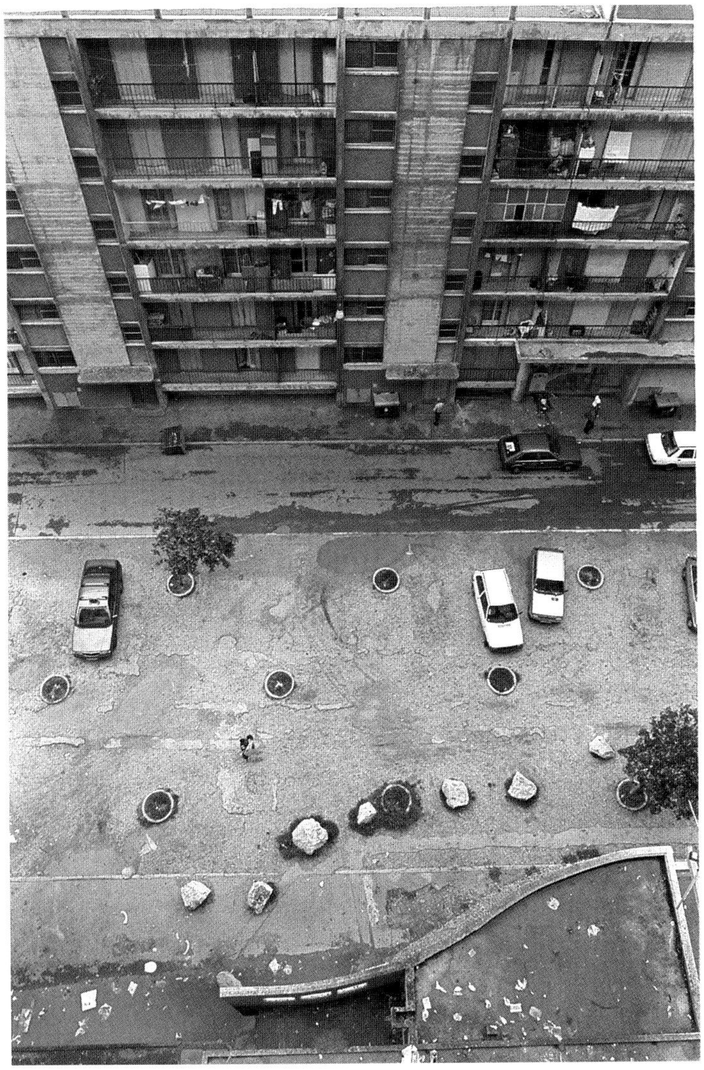

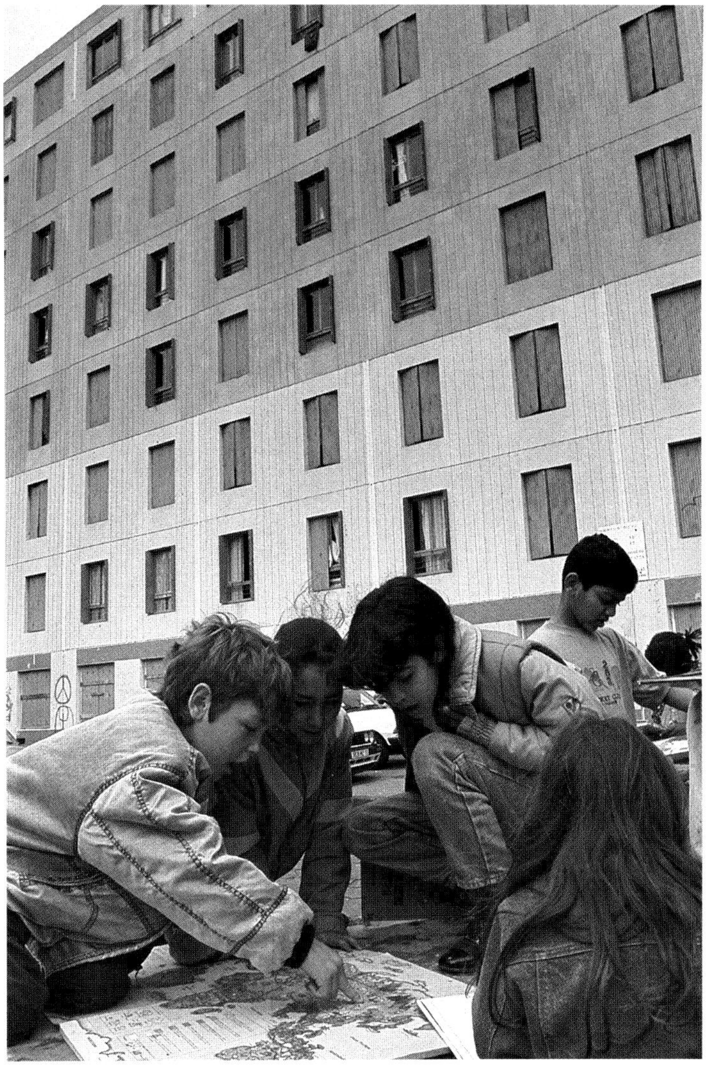

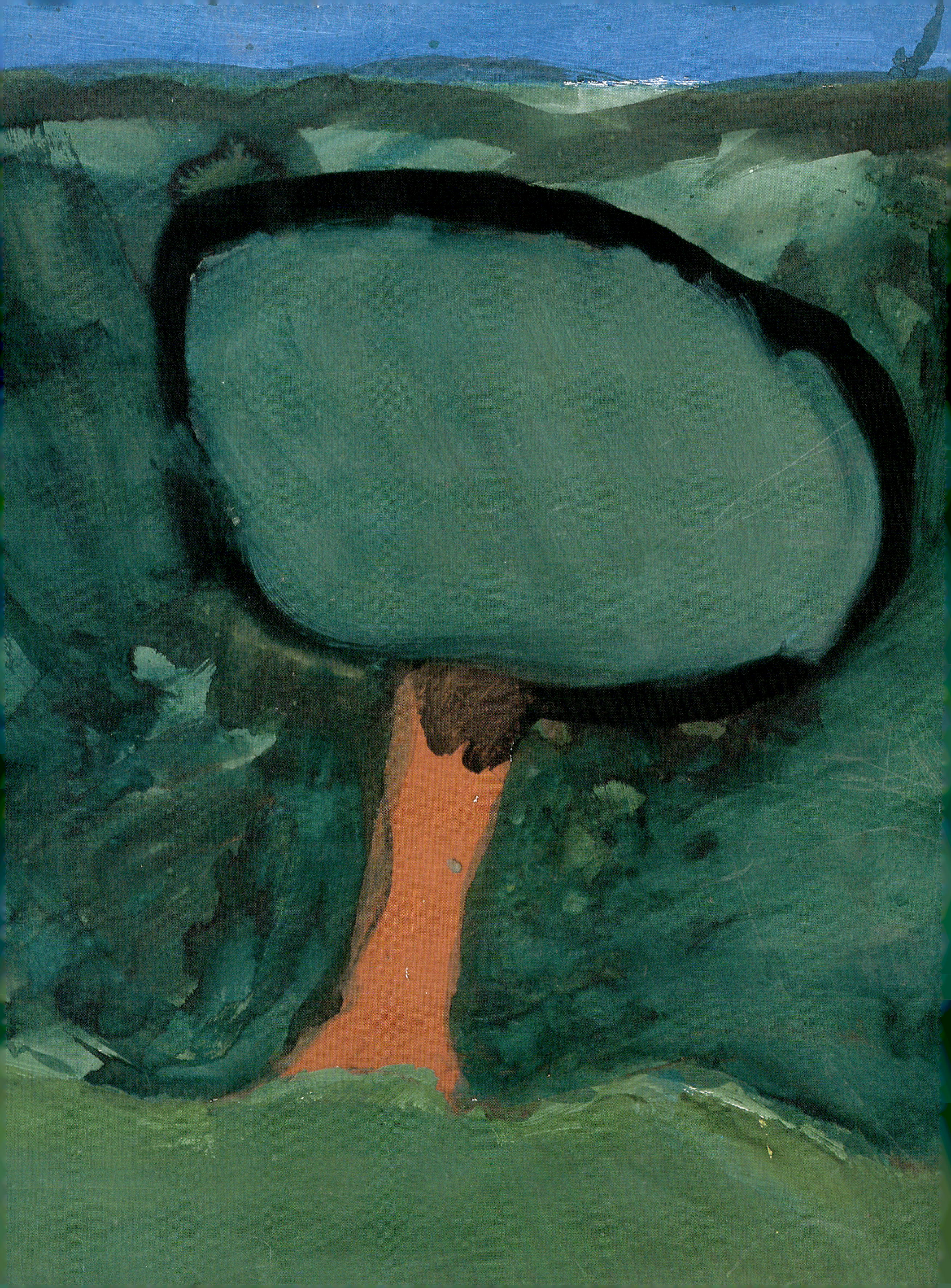

Toda familia es portadora de un mensaje de amor para que lo transmita al mundo. Todo niño, tanto rico como pobre es portador de un mensaje de futuro. Toda familia, todo niño tienen una significación sin precio para su entorno y para toda la humanidad.

Luciano Olazábal
1993
Serigrafía
Cusco, Perú

Matthieu Hermann, Sylvain et Frédéric Annen
Gouache, 90 x 105 cm
Atelier Art et Poésie*, 1993
Genève, Suisse
◁

François Jomini
1993
Linógrabado
Honduras

Sobre una hoja blanca pegada a una pared de hormigón, un niño y un joven empiezan a pintar el boceto que hemos hecho : un puente, un camión, un quetzal. Ahora me apartan para pintar más cómodos, y yo me quedo detrás de ellos.
Estamos al borde de un precipicio que sirve de basurero a la ciudad. Allí viven o trabajan centenares de personas.
Otro hombre se acerca. Está congestionado, con la piel roja. Se apoya en un bastón, es un viejo. Pero su cara me dice súbitamente que es un viejo de apenas veinte años. Titubea, ve los botes de pintura sobre una piedra. No habla, no saluda a nadie, y nadie le saluda. Lentamente, penosamente, se agacha y moja su dedo tumefacto en la pintura. Mira su dedo coloreado. Se ríe. Hace varios trazos de pintura, como signos en la pared, absorbido por su gesto que repite muchas veces. Y se ríe él mismo.
Yo pensé más tarde : « ¿Pero qué es lo que todavía me une a ese hombre? ¿Cuál es el camino para acceder a él? » Vuelvo a ver su dedo herido, manchado de verde, y esa expresión que yo tomé por risa, una expresión de alegría.
En los confines de la miseria y de la muerte, allí donde los hombres se han convertido en seres tan inútiles que se les considera como la basura entre la que viven, algo me ha unido a este hombre, un instante, el tiempo de detenerse, de dejar de pensar y prever. El tiempo de aceptar que ya no sé adonde voy, hasta el punto que este hombre me es necesario, tanto, si no más, como yo creí serle necesario.
Ahí empieza un espacio de creación, es un espacio de libertad entre hombres separados por una especie de vacío milenario.

Op een wit vel papier dat tegen de betonnen muur geplakt is, beginnen een kind en een jonge man te schilderen wat we getekend hebben : een brug, een vrachtwagen en een quetzal : een mythische vogel en het symbool van het Mayas volk. Nu gebaren ze me weg te gaan, om meer op hun gemak te kunnen schilderen, en ik trek me terug. We bevinden ons op de rand van een ravijn, die de stad tot vuilnisbelt dient. Daar leven en werken honderden mensen. Een man komt naderbij. Hij heeft een rode, opgezwollen huid. Hij steunt op een stok, 't is een grijsaard. Maar zijn gezicht zegt me plots dat het een grijsaard van nauwelijks twintig jaar is. Hij wankelt, hij ziet de potten verf op een steen staan. Hij spreekt niet, groet niemand, en niemand groet hem. Langzaam, moeizaam bukt hij zich en steekt een opgezwollen vinger in de verf. Hij kijkt naar zijn vinger met verf. Hij lacht. Verscheidene keren brengt hij dan strepen verf op de muur aan, als tekens, en hij wordt volkomen in beslag genomen door dit vaak herhaalde gebaar. Hij lacht in zichzelf.
Later heb ik gedacht: « Maar wat verbindt me nog met die man ? Hoe kan ik die mens nog bereiken ? » Ik zie nog zijn gewonde vinger vol kloven, en bedekt met groene verf, en die uitdrukking op zijn gezicht die ik voor een lach, een uitdrukking van vreugde heb gehouden.
Op de grens tussen ellende en dood, waar mensen zo nutteloos zijn geworden dat ze beschouwd worden als het afval waartussen ze leven, heeft iets me met deze man verbonden, een fractie van een seconde, de tijd om stil te staan, de tijd om op te houden met denken, vooruitzien en weten. De tijd om te accepteren niet meer te weten waarheen ik ga, zodat ik die man nodig ga hebben, minstens evenveel, zo niet meer, dan ik dacht dat hij mij nodig had.
Daar opent zich dan een ruimte van nieuwe mogelijkheden, een plek van vrijheid tussen mensen die door een soort duizendjarige leegte van elkaar verwijderd waren.

Auf einem weißen Blatt, das an einer Betonwand klebt, beginnen ein Kind und ein junger Mann zu malen. Eine Brücke wird sichtbar, ein Lastwagen, ein Quetzal, der Freiheitsvogel der Maya. Ich habe das Bild mit ihnen zusammen skizziert, dann haben sie mich beiseite geschoben, um genügend Platz zum Malen zu haben.
Wir befinden uns am Rande der städtischen Müllgrube. Hunderte von Menschen leben und arbeiten dort. Ein Mann nähert sich uns, aufgedunsen, rothäutig. Er stützt sich auf einen Stock : ein Greis. Aber sein Gesicht verrät, daß diese taumelnde Gestalt kaum zwanzig Jahre zählt. Er bemerkt die Gläser mit Farbe auf dem Stein. Spricht nichts, grüßt niemanden - wird seinerseits auch nicht gegrüßt - beugt sich vor, langsam und mühselig, taucht seinen geschwollenen Finger in die Farbe, betrachtet den nunmehr farbigen Finger und lacht. Mehrmals und ganz in sein Tun versunken streicht er Farbe an die Wand, wie Zeichen. Und lacht in sich hinein.

Später überlege ich mir, was mich noch mit diesem Menschen verbindet. Auf welchem Weg könnte ich ihn wohl noch erreichen ?

Das Bild seines verletzten, rissigen Fingers, über den langsam die grüne Farbe fließt, und der Ausdruck auf seinem Gesicht, den ich als Lachen und Freude empfand, kommen mir wieder in den Sinn.

An der Grenze zwischen Elend und Tod, da wo Menschen so verbraucht sind, daß sie wie der Abfall, in dem sie leben, behandelt werden, da hat mich etwas mit diesem Mann verbunden : der Raum eines Augenblicks, in dem die Zeit still steht, und mit ihr das Denken, Planen, Wissen. Die Einsicht, daß ich nicht mehr weiß, wohin ich gehe, und daß mir dieser Mann deshalb notwendig ist, viel notwendiger als ich ihm je hätte sein können. Hier öffnet sich ein schöpferischer Freiraum zwischen Menschen, die wie durch eine jahrtausendealte Leere voneinander getrennt sind.

Acrílica en papel
Taller de pintura* en el basurero, 1989
Guatemala Ciudad

On a white sheet of paper stuck to a concrete wall, a child and a young man start to paint a sketch which we have done : a bridge, a truck, a quetzal, bird of freedom and symbol of the Mayan people.

We are on the edge of a ravine which serves as the dumping ground for the town. Hundreds of people live and work there. Another man approaches. His face is bloated ; his skin is red. He is leaning on a stick like an old man. But his face reveals to me that this old man is scarcely 20 years of age. He is staggering. He notices the jars of paint set on a stone. He does not speak ; he does not greet anyone, and no one greets him. Slowly, painfully, he bends down and dips a swollen finger into the paint. He looks at his coloured finger. He laughs. Several times he makes marks on a wall, totally absorbed by his gesture that he repeats many times. He laughs to himself.

I thought later, " But what could possibly connect me with this man ? How can I create a bond with him ? " I see again his maimed and cracked finger, all stained green, and that expression I took for a laugh, an expression of joy.

In the depths of extreme poverty, so near death, where people have become so useless that they are considered like the rubbish in which they live, something connected me with this man in the space of an instant, the time to stop, to stop thinking, to stop planning ahead, to stop insisting on knowing. The time to accept no longer knowing where I am going, to the point that that man becomes important to me, more important to me than I thought I was to him.

Then the possibility opens up of creation, of freedom to recreate a link between two people separated by such a chasm.

Je ne peux pas venir à la bibliothèque, sinon je vais rater les camions qui viennent jeter les ordures.

No puedo venir a la biblioteca porque me voy a perder los camiones que vienen a botar basura.

Jeanpierre Beyeler
Nuevo Amanecer, 1989
Lápiz y tiza gruesa
Guatemala Ciudad

El Sr. Little y la Sra. Bridges se casaron ese mes. Me pidieron que fuese su testigo. Nos reunimos en el ayuntamiento. Me estaban esperando. El Sr. Little había llevado un gran ramo de flores para ella. Los dos se habían puesto sus mejores trajes y tenían muy buena pinta. Después de llenar los papeles y de pagar, les informaron que tenían que esperar al menos un día para casarse. Estaban decepcionados, pero esto no les desanimó. Salimos, y como íbamos a cruzar una calle con mucha circulación, el Sr. Little se puso de rodillas en la calle, parando a todos los coches, y preguntó a la Sra. Bridges si quería casarse con él mañana.

Más tarde, me dijo que se lo había pedido desde hacía muchos años, y aunque no hubiese sido hoy, seguía siendo el hombre más feliz de la ciudad.

Meneer Little en mevrouw Bridges zijn deze maand getrouwd. Ze hebben me gevraagd hun getuige te zijn. Op het stadhuis heb ik ze getroffen. Ze wachtten al op me. Meneer Little had een grote bos bloemen voor haar meegebracht. Beiden hadden hun beste kleren aan en zagen er piekfijn uit. Na de formulieren te hebben ingevuld en te hebben betaald, kregen ze te horen dat ze minstens nog een dag moesten wachten met trouwen. Dat was een teleurstelling, maar ze lieten er zich niet door ontmoedigen. We kwamen buiten en toen we een drukke weg moesten oversteken, ging meneer Little midden op de weg op zijn knieën zitten, liet zo alle auto's stoppen en vroeg mevrouw Bridges of ze hem morgen wilde huwen !

Hij vertelde dat hij het haar al jaren gevraagd had, en zelfs als het vandaag niet ging, hij toch de gelukkigste man van de stad was.

La miseria se vive en la humillación y la vergüenza, pero no destruye la conciencia de los que la sufren.

Grote armoede wordt beleefd in schaamte en vernedering. Maar ze breekt niet het bewustzijn van de mensen die er het slachtoffer van zijn.

Bordado de las mujeres de San Jacinto, 1985
Guatemala

Broderie des femmes de San Jacinto

Jeanpierre Beyeler
Escualita en el basurero, 1989
Lápiz y tiza gruesa
Guatemala Ciudad

Después de su recuperación, las bolsas de plástico son lavadas y secadas.

Après récupération, les sacs de plastique sont lavés et séchés.

Sur une feuille blanche collée au mur de béton, un enfant et un jeune homme commencent à peindre l'esquisse que nous avons faite : un pont, un camion, un quetzal (oiseau de la liberté, symbole des peuples mayas). Maintenant, ils m'écartent d'eux pour peindre plus à l'aise, et je demeure derrière eux.

Nous sommes au bord d'un précipice qui sert de décharge à la ville. Là, vivent et travaillent des centaines de personnes. Un autre homme s'approche. Il est boursouflé, rouge de peau. Il s'appuie sur un bâton, c'est un vieillard. Mais son visage me révèle subitement que c'est un vieillard d'à peine vingt ans. Il titube, il aperçoit les bocaux de peinture disposés sur une pierre. Il ne parle pas, ne salue personne, et personne ne le salue. Lentement, péniblement, il se baisse et trempe un doigt tuméfié dans la peinture. Il regarde son doigt coloré. Il rit. A plusieurs reprises il se met à faire des traces de peinture, comme des signes sur le mur, tout absorbé par son geste longuement répété. Et il rit en lui-même.

J'ai pensé plus tard : « Mais qu'est-ce qui me relie encore à cet homme ? Par quel chemin m'est-il encore possible de le rejoindre ? » Je revois son doigt blessé, gercé, tout maculé de couleur verte, et cette expression que j'ai prise pour un rire, une expression de joie.

Aux confins de la misère et de la mort, là où des hommes sont devenus si inutiles qu'ils sont identifiés aux déchets parmi lesquels ils vivent, quelque chose m'a relié à cet homme, l'espace d'un instant, le temps de s'arrêter de penser et de prévoir. Le temps d'accepter de ne plus savoir où j'allais. Cet homme me devenait nécessaire, autant, si ce n'est plus, que j'avais cru lui être nécessaire.

Là s'ouvre un espace de création, un espace de liberté entre des hommes séparés par une sorte de vide millénaire.

Frieden bedeutet, daß die Familie trotz der Armut zusammenbleibt ; daß unsere Kinder zu essen haben und nicht bei den Nachbarn betteln müssen ; daß ich Medizin für mein krankes Kind kaufen kann ; daß ich mithelfen kann, meine Enkel zur Schule zu bringen ; daß ich grüne Pflanzen vor mein Haus stellen kann ; daß wir keinen Haß und keine Bitterkeit in unseren Herzen haben ; daß ich eine Stelle und einen anständigen Lohn habe ; daß ich einem andern in der Not helfen kann ; daß wir mit unseren Nachbarn und anderen Leuten gut auskommen.

Vrede, dat is wanneer het gezin bijeenblijft, ondanks de armoede, wanneer mijn kinderen te eten hebben en niet bij de buren hoeven te bedelen, wanneer ik de medicijnen voor mijn zieke kind kan betalen, wanneer ik planten kan planten voor het huis, wanneer ik geen haat of bitterheid overhoud in mijn hart, wanneer ik werk heb en een fatsoenlijk inkomen, wanneer ik iemand in moeilijkheden kan helpen, wanneer we het goed met onze buren kunnen vinden.

Auf einem brachliegenden Gelände ist ein Dorf entstanden. Zweiundfünfzig Familien leben dort ohne Wasser und Strom. Ein Tankwagen bringt zweimal monatlich Trinkwasser. Wenn es aufgebraucht ist, kochen die Familien Flußwasser ab. Kürzlich hat ihnen eine Organisation zwei Zisternen geschenkt. Damit diese nicht im Morast verfaulen, haben die Dorfbewohner Zementsockel errichtet. Sie haben auch erreicht, daß ein Arzt einmal wöchentlich ins Dorf kommt, um Kranke und Kinder zu behandeln.

Die meisten Kinder arbeiten mit ihren Eltern als Teepflücker. Manche arbeiten auch in der Stadt auf dem Markt. Der neunjährige Dario hat abends keinen Bus für die Heimkehr. So läuft er in der Dunkelheit eine Strecke von neun Kilometern. Auch die Schule ist in der Stadt. Die Kinder fahren mit dem Bus hin. Wenn kein Geld da ist, bleiben sie daheim. Dabei sind sie voll Lerneifer.

Angesichts dieser Situation hat eine Freundin der Dorfbewohner eine Vorschule eröffnet. Die Eltern sagen ständig : « Die Kleinen sind wirklich intelligent, sie werden es schaffen. » Sie richten gemeinsam einen Spielplatz ein.

So organisieren die Leute nach und nach das Leben in ihrem Dorf, bis eines Tages ein Bauvorhaben all ihre Bemühungen in Frage stellt : Da, wo sie leben, soll ein großes Wasserreservoir entstehen.

18-12-05
Récolte du Frijol
au champ du papa
de Dimas

The family cannot be reduced to a man, a woman and children. The family belongs to a community, to a society, with which it has constant links: links created by ideas, feelings, projects.

Die Familien der Vierten Welt* haben bestimmte Kenntnisse und Ansichten, was die Welt angeht. Aber sie haben diese am Rande der großen Bewegungen, Denkströmungen und Ideen, welche die menschlichen Kulturen prägen, entwickelt. Die Ausgrenzung geht so weit, daß sie an diesen Strömungen, die Gemeinschaft und Geschichte stiften, keinen Anteil haben.

Joël Laurentsaint, 13 ans
1991
Crayon feutre
Port-au-Prince, Haïti

Un des 104 dessins réalisés en novembre, alors que l'école ne fonctionnait pas. Quelques jeunes ont organisé eux-mêmes des ateliers avec les enfants dans les quartiers de Grande Ravine. Deux expositions publiques mirent à l'honneur ces dessins.

◁
Jeanpierre Beyeler
La cosecha de los frijoles, 1989
Acuarela
Lomas - Guatemala

La récolte des haricots, après celle du maïs.

Fifty-two families are squatting in a village called " La Pipe " without water or electricity. A tanker comes twice a month to distribute drinking water. Between visits, the people boil water from the river for drinking and washing. Recently, an organisation gave them two water cisterns and the people of the village built a cement platform for them so that they would not rot in the mud. They also got a doctor to come once a week to visit the sick and the children.
Most of the children work with their parents in the fields, picking tea. Some of them also work in the market in the town. In the evening there are no buses, and to return home, Dario, aged 9, runs for 9 kilometres in the dark. The school that the children go to is also in the town. When there is not enough money for the bus, they stay in the village. Yet, they are eager to learn.
Faced with this situation, a friend started a nursery school. The parents keep saying, " They are intelligent ; they are going to succeed. " The parents also set up a play area. And so, little by little, the people organise their village. However, all their efforts are jeopardized by the project for the construction of a large reservoir just where they live.

Una jóven de 16 años fue internada en un hogar para jóvenes. Su familia no tiene donde vivir, pero ella desea volver junto a los suyos y le dice al juez :
« ¿No ve usted cómo mi madre ha adelgazado, lo mal que está ? Ella sufre por no estar con sus hijos, y yo no quiero verla así. » El juez le responde: « Yo defiendo el interés de los hijos y no el de los padres. » La jóven responde : « Para mí, mi interés es el de mi familia. Es realmente increible que mis padres no cuenten para nada, incluso que ni siquiera puedan dar su opinión sobre sus propios hijos. »

Dans la salle des professeurs d'un collège où j'enseigne est affichée la lettre d'une maman ; quelqu'un a souligné les fautes d'orthographe, et plusieurs se sont moqués.
J'ai arraché cette lettre pour éviter l'humiliation, non seulement de la famille, mais aussi celle des enseignants.

Ein sechzehnjähriges Mädchen wurde in einem Heim untergebracht. Ihre Familie steht auf der Straße, aber sie möchte zu ihr zurückkehren und sagt es dem Richter : « Sehen Sie nicht, wie meine Mutter mager geworden ist und wie schlecht es ihr geht ? Sie leidet darunter, daß ihre Kinder nicht bei ihr sind ; das kann ich nicht mitansehen. » Der Richter antwortet : « Ich verteidige die Interessen der Kinder, nicht diejenigen der Eltern. » Das Mädchen erwidert : « Mein Interesse ist das Interesse meiner Familie. Es ist unglaublich, daß meine Eltern als nichts zählen und nicht einmal dann um ihre Meinung gefragt werden, wenn es um ihre eigenen Kinder geht. »

On parle toujours des arbres avec des racines très profondes. Mais un fraisier, quand il pousse, a ses propres racines, et ensuite il va envoyer une branche un peu plus loin qui va faire d'autres racines. Et même si on coupe derrière lui, ce fraisier-là continue de pousser.
On ne peut pas se considérer comme un chêne avec des racines et un gros tronc. On peut se considérer comme un fraisier : on envoie ses enfants en avant pour qu'à leur tour ils fassent leurs racines.

La paz es cuando la familia se mantiene unida a pesar de la pobreza, cuando mis hijos tienen sus alimentos y no tienen que mendigar en casa del vecino, cuando puedo pagar las medicinas para mi hijo enfermo, cuando puedo ayudar para mandar a mis nietos a la escuela, cuando puedo sembrar plantas delante de mi casa, cuando no guardo rencor ni amargura en mi corazón, cuando tengo un trabajo y un salario decente, cuando puedo ayudar a alguien que tiene dificultades, cuando nos llevamos bien con los vecinos y con los demás.

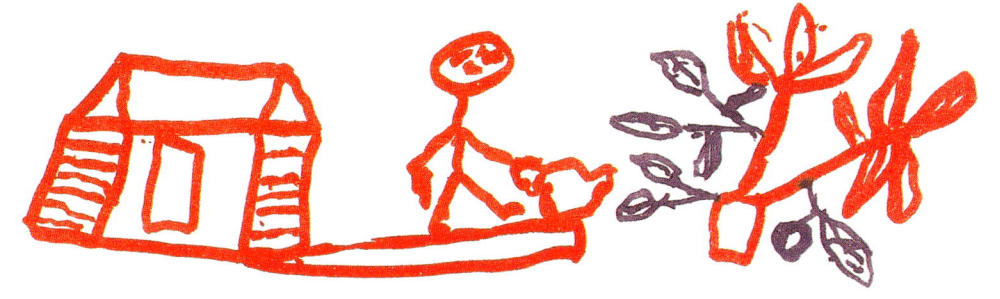

La cultura es creación, encuentro de los hombres, producto de los intercambios entre los hombres. Está inmersa en la historia de los hombres, es la historia misma de todos los hombres forjados en común. La cultura es la negación misma de la fatalidad.

Gesner, 10 ans
1990
Haïti

La paix, c'est quand la famille reste unie malgré la pauvreté ; quand mes enfants ont à manger et n'ont pas à quémander chez le voisin ; quand je peux payer les médicaments pour mon enfant malade ; quand je peux aider à envoyer mes petits-enfants à l'école ; quand je peux planter des plantes devant ma maison ; quand je ne garde pas de haine ou d'amertume dans mon cœur quand j'ai du travail et un salaire honnête ; quand je peux aider quelqu'un en difficulté ; quand on s'entend bien avec nos voisins et les autres aussi.

Peace is when the whole family stays together in spite of poverty. When we have food for our children and they don't have to beg from the neighbours. When I can buy medicine for my sick child. When I can help to send my grandchildren to school. When I can put green plants in front of my house. When we keep no hatred or bitterness in our hearts. When I have a job and a decent salary. When I can help someone else in need. When we get along with our neighbours and other people too.

Carlo Laguerre
Sculpture en bois peint, représentant le père Joseph*
en Haïti, 1989

Le père Joseph était fasciné par la création artistique des Haïtiens. Le sculpteur lui dédia cette œuvre pour l'espoir qu'il suscite.

Se habla siempre de los árboles con raíces muy profundas. Pero una planta de fresas, cuando brota tiene sus propias raíces, y enseguida arroja otras ramas un poco mas lejos, que a su vez, desarrollarán otras raíces. Incluso, si se corta un poquito, seguirá brotando. No podemos considarnos como un roble con sus raíces y tronco gruesos. Podemos considerarnos como una planta de fresas: arrojamos a nuestros hijos hacia adelante para que ellos a su vez hagan sus propias raíces.

Ik werd benoemd tot voogdes van een gezin dat als ernstig gehavend te boek stond, en dat vader, moeder en dertien kinderen omvatte. Bij het eerste bezoek zijn we een enorme, zeer vervuilde keuken binnengekomen. Een koelkast stond open, hij was leeg. Er waren een paar kinderen televisie aan het kijken, een verwaarloosd hondje en enkele verbogen fietswielen. Het was heel rustig. Een zwangere vrouw lag op bed; een baby sliep

Sans famille, l'homme ne peut transmettre ; sans histoire, il ne peut développer sa conscience ; sans travail, il ne peut créer ; sans citoyenneté, il est sans appartenance ; sans spiritualité, il ne peut atteindre la plénitude de l'être.

Haïti, 1993
▷

Toile des absents*, 1989
Dessin de Joëlle Parinski,
Broderie
Haïti

Les femmes qui l'ont réalisée expliquent ainsi leur choix : *Les plus pauvres sont des femmes qui mendient dans la rue avec leurs enfants.*

Tissa David
Le repassage à Haïti, 1990
Mine de Plomb
New York, USA

Cette artiste new-yorkaise collabore depuis 1974 au journal *Tapori**

bloot op de rand van het bed. Een ander klein kind kwam met een glimlach dichterbij. Het droeg alleen een gescheurd hemd .
Ik had nog nooit zo'n afstotende plek gezien, maar wat de meeste indruk op me maakte was de stilte, in zo'n overbevolkt huis. Een andere indruk die ik ervan over gehouden heb, was dat ze mooi waren : ik had in een gezin nog nooit zoveel kinderen gezien die zo mooi waren.
Drie uur per dag kwam ik voortaan in het gezin, vijf dagen per week. Al heel snel werden ze de « mijnen ». Ongeveer drie maanden later kondigde de psycholoog me het bezoek aan van een groep verantwoordelijken van de gemeente. Ik stelde er de leden van het gezin van op de hoogte. De bewuste dag ben ik aangekomen als gewoonlijk, en als gewoonlijk heb ik de tafel in het midden van de kamer vol wanorde getrokken. De kinderen gingen rond de tafel zitten. En toen kwam er een invasie van die vreemde mensen, die vreemdeling waren in onze intimiteit. « Zij » kwamen er aan! De spanning was voelbaar. Nooit tevoren had ik zo ervaren hoe vreemd bezoekers konden zijn, en hoe weerloos het gezin was tegenover hun invasie. Ik voelde me als het ware van binnen verscheurd.

Een mooie voorjaarsdag hebben we besloten in de omgeving een wandeling te maken. Op de terugweg ontmoeten we, niet ver van het huis, een groep jongeren die het gezin gewoonlijk voor de gek houden; ze roepen : « Luizekoppen, luizekoppen ». De kinderen maken rechtsomkeer en er ontstaat een gevecht. De kinderen slaan, spugen, schreeuwen en zitten elkaar achterna. Er was opnieuw dat « wij » en « zij » tussen het uitgestoten gezin en zijn omgeving. Een arme omgeving... Toen opeens, voordat ik zelfs maar besefte wat ik deed, schreeuwde ik : « Luizekoppen ! » De kinderen hieven de ogen verschrikt naar me op en bleven stilstaan. Opnieuw schreeuwde ik : « Luizekoppen ! » en keek naar hen, naar die acht prachtige kinderen. Toen begonnen ze te glimlachen en een van de jongens schreeuwde : « Hoerenzonen ! » We zijn weer gaan lopen en schreeuwden de hele weg lang en om de beurt, ik : « Luizekoppen » en zij : « Hoerenzonen ! ». Het was alsof we eens en voor al de minachting bezworen hadden, die ze altijd hadden moeten verduren.
Tot dan toe was het huis « hun » huis geweest. Die dag heb ik de indruk gehad ook zelf « thuis » te komen.

De kinderen hadden geen speelgoed. Op zekere dag zei een vriendin me dat ze stoffen poppen gemaakt had, die ze in een bazaar verkocht, maar ze had er nog een paar over : ze wilde dat ik ze aan het gezin Yafe gaf. En zo heb ik vijf mooie stoffen poppen naar de kinderen gebracht. Enkele dagen later, verscheen de vader. Het was voor het eerst dat ik meneer Yafe zag, terwijl ik toch al anderhalf jaar bij het gezin kwam. Hij was al jaren werkloos en bleef de meeste tijd bij zijn moeder. De kinderen hadden het over hem met veel angst in hun stem. Hij zei dat hij gekomen was om me te zien; hij had de poppen gezien en wilde me bedanken. Hij vertelde me dat hij graag naaide en dat hij het goed kon : vroeger had hij mooie kleren gemaakt. Zijn vader was kleermaker geweest. Deze ontmoeting was het begin van een echte relatie met de vader. Een groot feest was op handen en ik zei hem dat als hij voor die gelegenheid kleren zou willen maken voor al zijn kinderen, het hem veel tijd zou vragen. Hij antwoordde dat hij best in staat was 13 kostuums te naaien. Ik heb hem in dat idee aangemoedigd.
En zo begon de vader kleren te maken. Hij had een deel van de ingang van het huis aangewezen als zijn werkplaats. Hij riep de kinderen om de kostuums te komen passen, en ze kwamen met een mengsel van respect, angst, trots en nieuwsgierigheid naderbij. Terwijl hij daar naaide, draaiden ze om hem heen, wierpen zo nu en dan een blik en maakten ruzie over wie hem mocht helpen: een glas water halen, of garen of de grote schaar aangeven. Ze wilden helpen en bij hem zijn.
De sfeer was feestelijk in huis. Moeder ging naar de kapper en kocht een jurk, wat ze al in geen jaren meer had gedaan. Ik nam een fototoestel mee en zette moeder met de kinderen op de foto. Ik fotografeerde ook vader terwijl hij aan het werk was. De kostuums waren echt mooi en kleurrijk en de kinderen wonnen er prijzen mee op school. Vader plakte de foto's in het album: dertien jaar geleden waren de laatste erin gestopt...

Tien jaar na mijn eerste bezoek aan het gezin Yafe, zie ik op zekere dag in een tijdschrift een grote foto van mevrouw Yafe voor haar huis. Het artikel beschreef de armoede, het gebrek aan zorg, de ellende. Maar het artikel beschreef de situatie zoals ze werd uitgelegd door de moeder. Het gezin was nog steeds erg arm. En toch wist ik dat er een fundamenteel verschil was. Ik kon alleen maar trots zijn op mevrouw Yafe. Zij had zelf het initiatief genomen om de journalist bij haar thuis uit te nodigen. Zij wilde zich uiten.

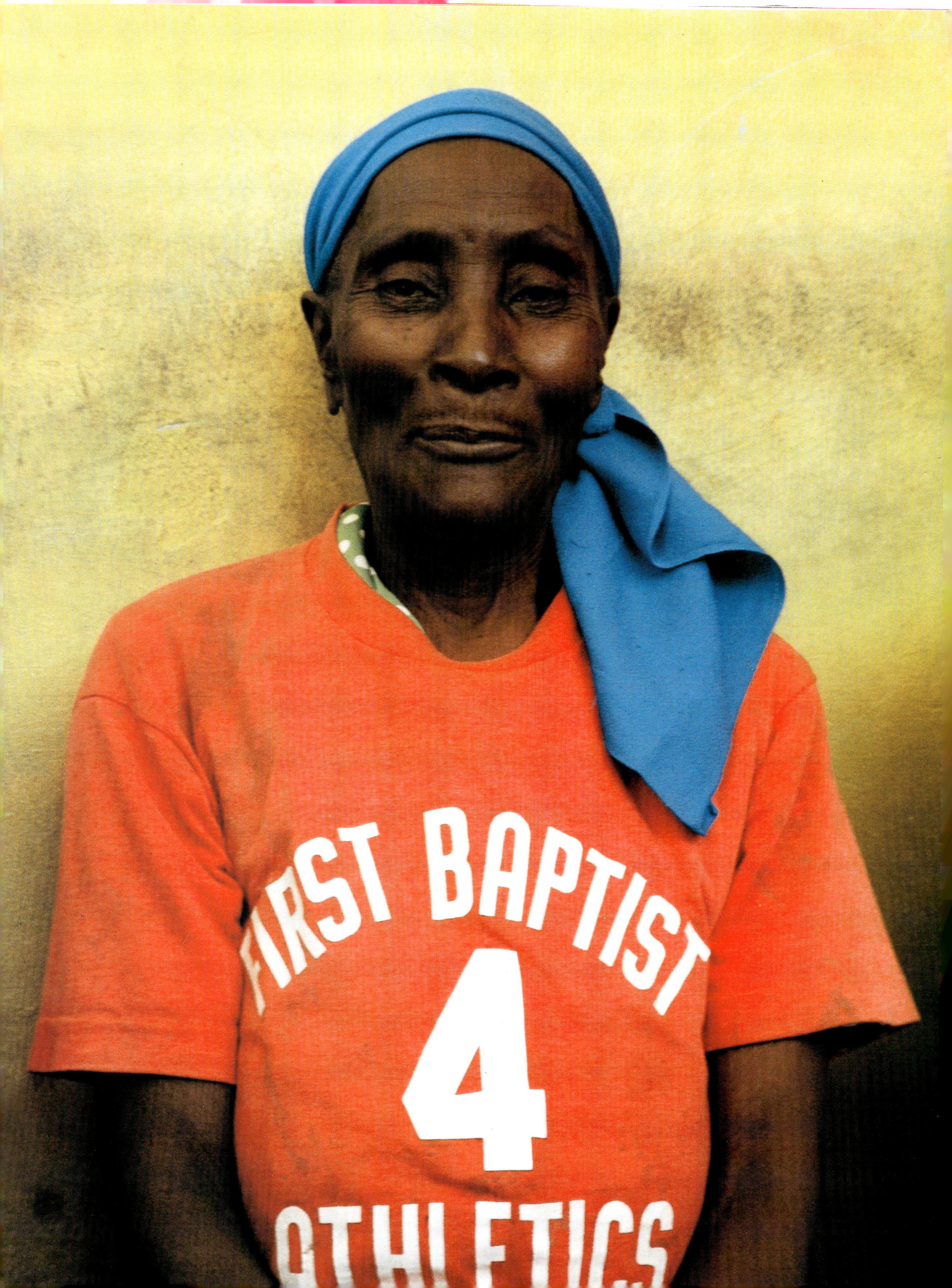
FIRST BAPTIST
4

La culture est création, rencontre des hommes, produit des échanges entre les hommes. Elle est plongée dans l'histoire des hommes, elle est l'histoire même de tous les hommes pétris, forgés ensemble. Elle est la négation même de la fatalité.

Jeanpierre Beyeler
1985
Encre
Ouagadougou, Burkina Faso

Francis Atitsogbui
Patchwork de tissus
Club du Savoir*, 1994
Bouaké, Côte d'Ivoire

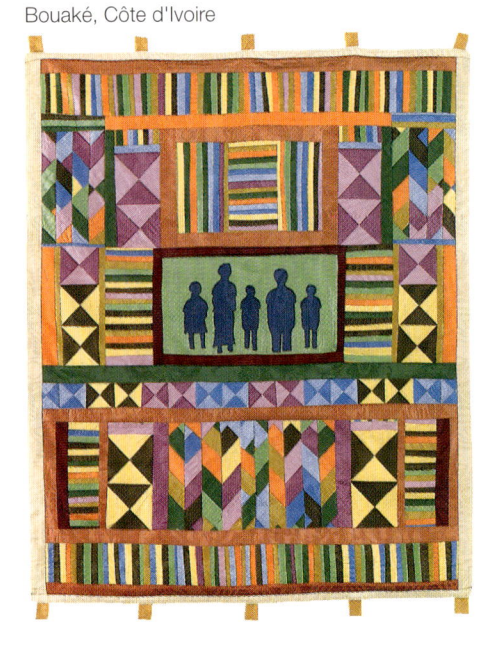

Antes, puedo decir que no veía la importancia de una casa para una persona. Pero desde que vivo en la calle, le doy una gran importancia porque protege a la persona. Actualmente estoy durmiendo en el cobertizo de la mezquita. Di vueltas en todas direcciones, en vano. Al final, mi ropa estaba sucia, e incluso no demostraba que era trabajo lo que yo estaba buscando.
La casa es como una madre y un padre. Si duermes en la calle, si caes enfermo, es como si las personas no te viesen.
Para mí, puedo decir que una casa hace la salud. Hay también el frío que nos muerde, y si llueve, yo y mis compañeros, el agua nos moja ; porque no somos los más fuertes para conseguir, bajo los refugios, los sitios donde el agua no llega. Donde estamos recibimos patadas y amenazas.
Cuando hay redadas, tenemos que quedarnos despiertos toda la noche dando vueltas para que no nos agarren. Y durante el día tienes mucho sueño.
Si no tienes casa, si duermes en la calle, es una vergüenza y las personas te detestan. Un hombre no puede tener una vida de gallina. Si se dice de alguien « El es un hombre », es que tiene una casa.
En el patio de los cien oficios*, pude aprender un poco de albañilería ; por lo menos, podría construir una cocina para ayudar a mi familia. Y si gano algo de dinero, mi madre podría preparar algo de comer, incluso si llueve. De verdad, pido que se rece para que todo el mundo tenga una casa.

When a strawberry plant grows, it has its own roots and then it sends out a branch a little further which will make other roots. And even if you cut the main plant, this new strawberry plant will continue to grow.
We cannot think of ourselves as an oak tree with roots and a large trunk. We can think of ourselves as a strawberry plant: we send our children out so that they in their turn can put down their own roots.

Avant, je peux dire que je ne voyais pas l'importance d'une maison pour une personne. Mais depuis que je vis dans la rue, je lui donne une grande importance car elle protège la personne. Actuellement, je dors sous le hangar de la mosquée. J'ai tourné de gauche à droite ; en vain. Pour finir, mes habits étaient devenus tout sales, et ne montraient même plus que c'est du travail que je cherchais.
La maison est comme une mère et un père. Si tu dors dans le vide, si tu tombes malade, c'est comme si les gens ne te voyaient même pas.
Pour moi, je peux dire qu'une maison fait la santé. Il y a aussi le froid qui nous mord, et puis s'il pleut, moi et mes copains, l'eau nous frappe ; car nous ne sommes pas les plus forts pour pouvoir gagner sous les abris les meilleures places où l'eau ne nous atteindrait pas. Là où on est, nous recevons des coups de pied et des menaces.
Quand il y a des rafles, on doit rester éveillé toute la nuit à tourner pour ne pas se faire prendre. Et dans la journée, tu ne fais qu'avoir sommeil.
Si tu n'as pas de maison, que tu dors dans le vide, c'est une honte et les gens te détestent. Un homme ne peut pas mener la vie d'une poule. Si on dit de quelqu'un : « Il est un homme », c'est qu'il a une maison.
A la Cour aux Cent Métiers*, j'ai pu apprendre un petit peu de la maçonnerie ; du moins, je pourrai construire une cuisine pour aider ma famille. Et si je gagne de quoi acheter des tôles, ma mère pourra préparer à manger même s'il pleut. Vraiment, je demande de prier pour que tout le monde gagne une maison.

Mr. Little and Mrs. Bridges married this month. They asked me to be the witness at the ceremony. I met them at Borough Hall. They were waiting for me as I arrived. Mr. Little had brought a large bunch of flowers for her. They were both dressed in their best clothes and looked really nice. After filling all the forms out and paying their money, they found they would have to wait until the following day at least to get married. They were both disappointed but came out in good spirits. As we were crossing the busy road outside Borough Hall, Mr. Little got down on his knees in the middle of the road, stopping all the traffic and proposed to her again, asking her if she would marry him tomorrow. Mr. Little said he had been asking her for years to marry him and, although things hadn't worked out today, he was still the happiest man in the city.

SENI	DAOUDA
HAMADO	ALFRED
OUSMANE	GREGOIRE
ALOKPO	BOUKARE
KASSOUM	YACOUBA

Jeunes de la Cour aux Cent Métiers*
Mon nom, 1985
Linogravure
Ouagadougou, Burkina Faso
◁

▷
Sly Bah
La Recherche du bonheur, 1994
Huile sur toile, 51 x 70 cm
Club du Savoir*
Bouaké, Côte d'Ivoire

Ma famille, j'en ai perdu jusqu'à son visage, mais quand je pense à ma mère, ça s'éclaire un peu. C'est pour cela que dans mon tableau il y a un soleil vers elle. La végétation autour, c'est aussi l'espoir, la vie.

Nicht einmal an die Gesichtszüge meiner Angehörigen kann ich mich erinnern. Aber wenn ich an meine Mutter denke, hellt es sich in mir ein bißchen auf. Deshalb strahlt auf meinem Bild eine Sonne zu ihr. Die Pflanzen bedeuten Hoffnung und Leben.

I have lost even the faces of my family, but when I think of my mother it clears a little. That's why in my picture there is a sun close to her. The vegetation around is also hope, life.

Van mijn familie weet ik zelfs niet meer hoe ze eruit zag, maar als ik dan aan mijn moeder denk, wordt alles weer een beetje helderder. Daarom belicht in mijn schilderij de zon haar. Het groen erom heen, dat is ook de hoop, het leven.

Mi familia, no me acuerdo ni de su rostro. Pero cuando pienso en mi madre, la imagen se aclara un poco. Por eso en mi cuadro hay un sol que se dirige hacia ella. La vegetación que hay alrededor representa la esperanza, la vida.

Mory Gbane
Soigné, câliné, aimé, 1994
Huile sur toile, 68 x 90 cm
Club du Savoir*
Bouaké, Côte d'Ivoire

Sly Bah
Amour, paix, joie, 1994
Huile sur toile, 68 x 90 cm
Club du Savoir*
Bouaké, Côte d'Ivoire

Früher sah ich nie ein, was jemandem ein Haus bedeuten konnte, aber seit ich auf der Straße wohne, weiß ich um seinen Nutzen : es bietet den Menschen Schutz. Gegenwärtig schlafe ich unter dem Vordach der Moschee. Vergeblich habe ich an unzähligen Orten vorgesprochen. Meine Kleider strotzen vor Schmutz, und so glaubt niemand, daß ich Arbeit suche.
Ein Haus ist wie eine Mutter und ein Vater. Wenn du draußen schläfst, kannst du krank werden, ohne daß die Leute dich wahrnehmen.
Ich kann aus Erfahrung sagen : Ein Haus erhält die Gesundheit. Uns beißt die Kälte, und wenn es regnet, stehen meine Kollegen und ich im Wasser. Denn wir sind nicht die Stärksten und können uns deshalb nicht die besten und sichersten Plätze im Unterschlupf ergattern. Unser Platz liegt da, wo man Fußtritte und Drohungen kriegt.
Gibt es eine Razzia, dann hat man die ganze Nacht auf der Hut zu sein, um sich nicht erwischen zu lassen. Tagsüber plagt einen dann ständig der Schlaf.
Wenn du kein Haus hast und im Freien schläfst, bedeutet das Verachtung und Schande.
Ein Mensch kann nicht das Leben eines Huhnes führen. Sagt man von jemandem « er ist ein Mensch », dann bedeutet dies, daß er ein Haus hat.
Im Hof der hundert Berufe* habe ich ein bißchen das Metier des Maurers gelernt. Mindestens eine Küche könnte ich bauen, um so meiner Familie zu helfen. Und wenn ich irgendwo Blech herkriegte, könnte meine Mutter auch bei Regen kochen. Deshalb bitte ich alle, dafür zu beten, daß jeder Mensch ein Haus hat.

Los miembros de una familia pueden contar los unos con los otros para ayudarse, apoyarse. ¿Pero quién puede ayudar a la familia como entidad completa? Si algunas de las piezas de un puente empiezan a desmoronarse y las quitamos, es muy probable que se caiga el puente entero.

M. Little et Mme Bridges se sont mariés ce mois-ci. Ils m'ont demandé d'être leur témoin. Je les ai rejoints à la mairie. Ils m'attendaient. M. Little avait apporté un gros bouquet de fleurs pour elle. Tous deux avaient mis leurs meilleurs habits et avaient fière allure. Après avoir rempli les papiers et payé, ils apprennent qu'ils devront attendre au moins un jour pour se marier. Ils étaient déçus, mais ça ne les a pas découragés. Nous sortons, et comme nous allions traverser l'avenue à grande circulation, M. Little se met à genoux au milieu de la rue, arrêtant toutes les voitures, et demande à Mme Bridges si elle veut bien l'épouser le lendemain !
Il m'a confié qu'il le lui demandait depuis des années, et même si cela n'avait pas marché aujourd'hui, il n'en était pas moins l'homme le plus heureux de la ville.

Vroeger, kan ik gerust zeggen, dat ik het belang van een huis voor een mens niet zag. Maar sinds ik op straat leef, is het huis erg belangrijk voor mij, want het beschermt de mens. Op het ogenblik slaap ik in de loods van de moskee. Ik heb links en rechts rondgekeken; tevergeefs. Tenslotte waren mijn kleren helemaal vuil geworden en laten niet eens meer zien dat ik werk zoek.
Het huis is als een moeder en een vader. Als je ergens buiten slaapt, als je ziek wordt, is het alsof de mensen je niet eens zien.
Voor mijzelf kan ik zeggen dat een huis de gezondheid bepaalt. Je hebt ook de kou die ons bijt, en als het regent, dan slaat het water ons, mijn vrienden en mij, om de oren ; want we zijn niet sterk genoeg om onder de daken de beste plekken te vinden waar het water ons niet zou kunnen bereiken. Waar wij zijn krijgen we eerder schoppen en bedreigingen.
Wanneer de politie weer eens huiszoekingen doet, dan moet je de hele nacht wakker blijven en rondlopen om je niet te laten pakken. En overdag, kun je je niet permitteren slaap te hebben.
Als je geen huis hebt, als je buiten slaapt, dan schaam je je en de mensen verachten je. Een mens kan toch niet het leven leiden van een kip. Als ze van iemand zeggen dat het een mens is, dan heeft hij dus een huis.
In de Hof van de Honderd Beroepen* heb ik een beetje kunnen leren metselen ; ik zou tenminste een keuken kunnen bouwen om mijn familie te helpen. En als ik aan blikken dekplaten kom, dan kan moeder het eten klaar maken, zelfs als het regent. Ik vraag echt om te bidden dat iedereen een huis krijgt.

Dans un village, appelé la Pipe, 52 familles vivent en squatt, sans eau ni électricité. Un camion-citerne vient deux fois par mois distribuer de l'eau potable. Entre-temps, les gens font bouillir l'eau de la rivière, pour boire et se laver. Récemment, un organisme leur a donné deux citernes d'eau, et les gens du village ont construit un socle en ciment pour ne pas les laisser pourrir dans la boue. Pour faire face aux problèmes de santé, ils ont aussi sollicité un médecin qui vient une fois par semaine visiter les malades et les enfants. La plupart des enfants travaillent avec les parents dans les champs, à la cueillette du thé. Certains travaillent aussi au marché de la ville. Le soir, Dario, 9 ans, n'a plus de bus pour rentrer chez lui : il court dans le noir pendant 9 kilomètres.
C'est à la ville aussi que les enfants vont à l'école en bus. Quand il n'y a pas d'argent, ils restent au village. Pourtant, ils sont avides d'apprendre.
Face à cette situation, une alliée* a ouvert une pré-école, où vont les tout-petits. Les parents disent tout le temps : « Ah, ils sont intelligents, ils vont arriver. » De leur côté, ils ont aménagé une aire de jeux.
Ainsi, petit à petit, les adultes organisent leur village. Malheureusement, tous leurs efforts sont compromis par le projet de construction d'un grand réservoir à l'endroit où ils vivent.

Yves Quétin
Au « Kilomètre Cinq », 1993
Bibliothèque de rue*
Gouache
Bangui, République Centrafricaine

Soro Kolo, Ouedraogo Daogo, Koffi Koffi Clément
Notre Dame de Tout le Monde, 1991
Statue offerte à la basilique de Yamoussoukro, par le Club du Savoir* de Bouaké, Côte d'Ivoire

De schulden zijn opgelopen. De moeder staat voor de keuze : met drie kinderen weer op straat staan of met de kinderen in een opvangcentrum terechtkomen, maar dan zonder haar man. Een onmenselijke keuze.
In de schildergroep staat ze voor een reproduktie van het « Angelus » van Millet, en wanneer iemand opmerkt dat die mensen aan het bidden zijn, zegt ze : « Nee, dat is niet zo. De man vraagt zijn vrouw om vergeving ».

Dans un des foyers, ils nous ont emmenés au théâtre, à un spectacle. C'était super, vraiment fantastique. Je n'avais que 8 ans environ, mais je me rappelle encore des lumières, des costumes et de la musique.

Die Schulden haben sich angehäuft. Die Mutter wird vor die Wahl gestellt : entweder steht sie mit drei Kindern auf der Straße oder sie wird in ein Zentrum aufgenommen, mit den Kindern, aber ohne ihren Mann. Es ist eine unmenschliche Wahl.
Im Malatelier* bemerkt jemand vor einer Reproduktion des *Angelus* von Millet, die Leute auf dem Bild seien am Beten. Da antwortet die Mutter : « Nein, das stimmt nicht. Der Mann bittet seine Frau um Verzeihung. »

Culture is born in the meeting of people and their interaction. It is rooted deep in the history of mankind ; it is the history of all people who have grown and forged themselves together. It is the very negation of fatality.

En un pueblo llamado « La Pipe », 52 familias viven « en squatt » sin agua ni electricidad. Un camión-cisterna viene dos veces por mes a distribuir el agua potable. Mientras tanto la gente hace hervir el agua del rio para beber y lavarse.

Recientemente un organismo les regaló dos cisternas para el agua, y la gente del pueblo construyó un pedestal de cemento para que no se pudrieran en el barro. También solicitaron un médico que viene una vez por semana a visitar a los enfermos y a los niños. La mayoría de los niños trabajan con los padres en el campo en la cosecha del té. Algunos trabajan también en el mercado de la ciudad. En la noche, Dario, 9 años, no tiene bus para regresar a su casa, así es que debe caminar nueve kilómetros. Los niños van a la escuela de la ciudad, en bus. Cuando no hay bastante dinero, se quedan en el pueblo. Sin embargo tienen avidez por aprender.

Frente a esta situación, una amiga ha organizado una escuelita. Los padres dicen : « Ah, son inteligentes, van a aprender ». Ellos por su parte construyen un lugar de juego. Así, poco a poco la gente se organiza en el pueblo. Pero todos sus esfuerzos corren el riesgo de ser en vano porque ahora existe un proyecto de construcción de una reserva de agua en el mismo lugar donde ellos viven.

Moi, je n'ai jamais eu de livre quand j'étais petite. Maintenant je pense que, tout petit, il faut apprendre aux enfants à s'arrêter de bouger pour écouter de belles histoires. Cette année, j'ai commencé une bibliothèque de rue*.

I will not say that I am hungry ; if I ask for money for school, for medicine, for food, you will end up by giving something to me, and I shall give up trying. And my children too, because they see me asking for things all the time.

Ma misère, c'est quand vous me dites de parler et que vous ne m'écoutez pas.
La misère, c'est aussi de ne pas pouvoir dire ce que je suis.

Ablasse Derme
Le Pousseur de barrique, 1985
Bronze
Centre national des Arts
Ouagadougou, Burkina Faso

Cette sculpture a été réalisée à la demande des jeunes qui pratiquent le dur métier de vendeur d'eau. Elle a été présentée lors du rassemblement des jeunes au BIT (Bureau international du Travail) à Genève en 1985.

Ik zou gewoon geboren moeten zijn, maar Kumba, de Schepper, heeft me zo gemaakt. Ik zou als Gbaya of Mbemu geboren kunnen zijn, maar ik ben als Aka geboren. Kumba heeft bovendien vergeten te zeggen dat ik niet alleen geboren, maar ook mens ben. Ik ben geboren als bedelaar.

Bedelaar van woorden, bedelaar van betekenis, bedelaar van relaties. Ik ben geboren als bedelaar van de mens.

Die ziekte, die van generatie op generatie wordt overgedragen, daar heb je veel tijd voor nodig om er vanaf te komen.

Lang, nog heel lang, veel te lang nog lijd ik aan een kwaal zonder uitkomst, aan een kwaal zonder mededogen. Ik lijd aan de kwaal een mens te worden.

Matthieu Nikiema et les enfants de l'atelier jouets
Maquette de la Cour aux Cent Métiers*, 1989
Ouagadougou, Burkina Faso

I can say that before, I did not see what a house can mean for a person. But since I have been living on the street, I give it great importance because it protects people. At the moment, I sleep outside the mosque. I had turned in all directions, but in vain. I ended up with clothes which were completely dirty and made me look as if I was not even looking for work.

The house is like a mother and a father. If you sleep in the open, if you fall ill, people don't even seem to see you. For me, I can say that a house means health.

Durch die Ablehnung ihrer Lage verlangen sie von uns nicht, zu verleugnen, was wir aufgebaut haben, sondern mit ihnen gemeinsam zu suchen, wie sie die Welt in den Griff bekommen und gleichgestellte Partner sein könnten.

Toile des absents*, 1989
Broderie, Club du Savoir*
Bouaké, Côte d'Ivoire

Le bananier est l'espoir de vie qui demande un support.

Outside, the cold bites into you, and then, if it rains, me and my friends get drenched because we are not strong enough to get the best places where we could find shelter ; we get kicked and threatened.

When there are police roundups, we have to stay awake all night and keep moving, so that we won't be taken away. And during the day, we are always sleepy.

If you don't have a house, if you sleep on the street, you are ashamed and people don't like you. A person cannot lead the life of a dog. If you say of someone, " He is a man," it's because he has a house.

At the Courtyard of a Hundred Trades*, I was able to learn a little masonry ; at least I was able to build a kitchen to help my family. I really pray that everyone can have a house.

Femmes du centre de formation de Gounghin
Sécheresse, 1989
Toile des absents*
Ouagadougou, Burkina Faso

Jeanpierre Beyeler
1985
Encre et aquarelle
Ouagadougou, Burkina Faso

Man spricht immer von Bäumen mit tiefen Wurzeln. Eine Erdbeerpflanze wächst mit ihren eigenen kleinen Wurzeln und schickt dann Ableger aus, die wieder andere Wurzeln schlagen. Selbst wenn man die Verbindung durchschneidet, wächst die junge Pflanze weiter. Wir können uns nicht als Eiche mit tiefen Wurzeln und einem dicken Stamm betrachten. Wir können uns aber als Erdbeerpflanzen betrachten. Wir schicken die Kinder aus, damit sie ihrerseits Wurzeln schlagen.

Loretta ne se déplace qu'en fauteuil roulant. Samuel boîte sévèrement de la jambe droite ; néanmoins, il passe son temps à pousser le fauteuil de Loretta, et l'emmène de lieu en lieu. Le travailleur social leur cherche un habitat, mais il n'a réussi qu'à trouver un hébergement pour Loretta avec d'autres handicapés physiques. Loretta a refusé : elle veut un lieu où elle et Samuel puissent vivre ensemble et prendre soin l'un de l'autre. Ils ne l'ont pas encore trouvé, et vivent toujours à la rue.

Ich hätte einfach zur Welt kommen sollen, aber Kumba, der Schöpfer machte mich so. Ich hätte als Gbaya oder Mbemu zur Welt kommen können, aber ich kam als Aka zur Welt.
Als ich zur Welt kam, vergaß Kumba zu sagen, daß ich ein Mensch bin.
Ich kam als Bettler zur Welt.
Ich bettle um Worte, bettle um Sinn, bettle um Kontakte.
Seit ich auf der Welt bin, muß ich ums Menschsein betteln.
Diese Krankheit überträgt sich von einer Generation zur andern ; es braucht lang, sich davon zu erholen.
Seit langem, allzu langem und noch lange leide ich an einer Krankheit ohne Ende, ohne Gnade. Ich leide an der Krankheit, ein Mensch zu werden.

SA ARA...
NG
DAIGDI...
K
ANG

PANINIWA

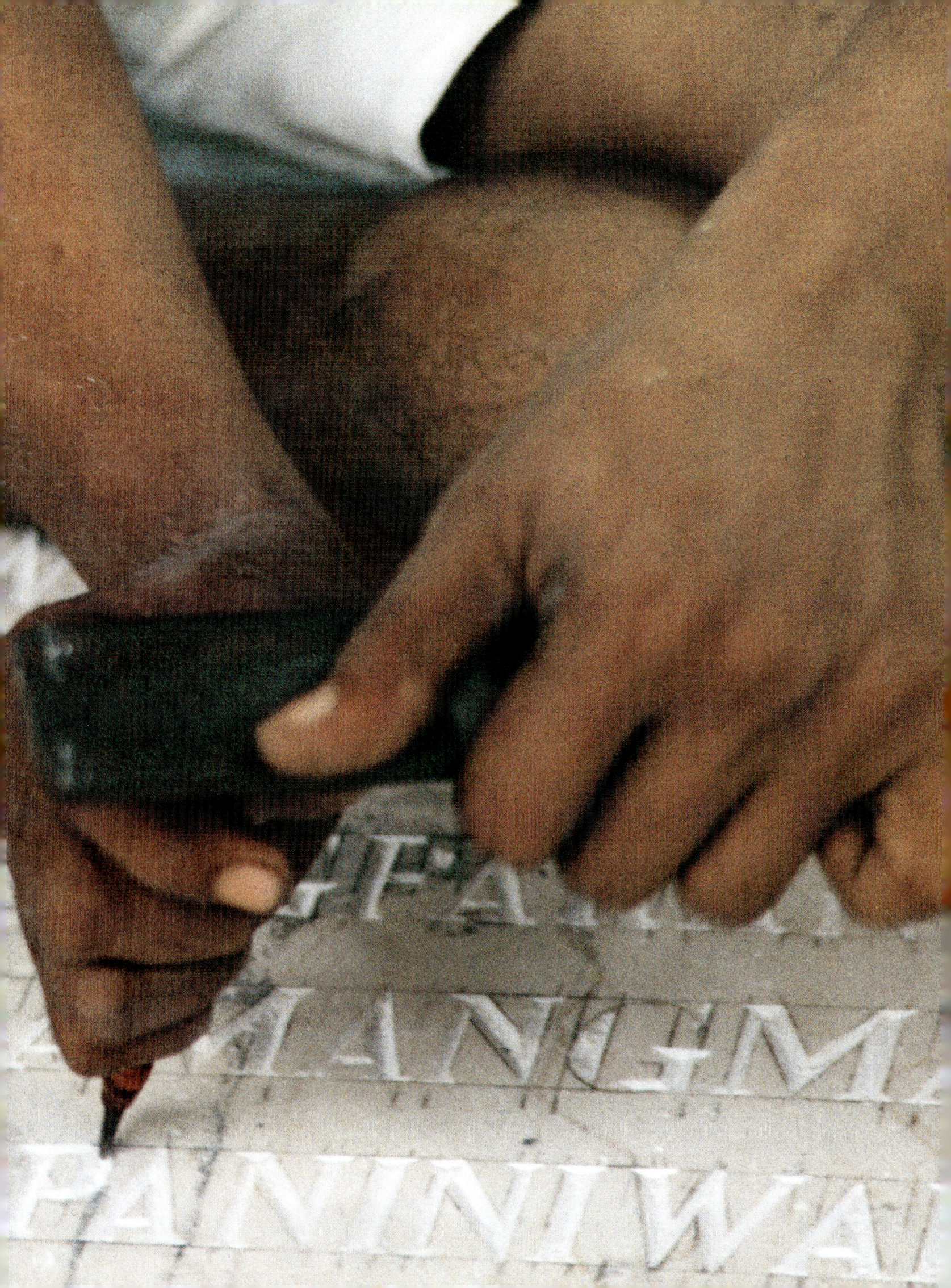

Mario Velasquez engraving the commemorative stone to be placed at Rizal Park, Manila, Philippines
1993

Replica of the original stone in honour of the very poor, dedicated in Paris on October 17, 1987*.
◁

Susan Ibanez
1993
Patchwork
Manila, Philippines

*Minsan, napapayuko kami
sa tindi at bigat ng kahirapan.
Ngunit, tulad ng punong kawayan,
pilit kaming tumatayo.
Para sa akin, ganito rin ang mensahe
ng batong pang-alaala :
Ipamamahagi natin ang pag-asa
upang ang kapwang aping-api
ay makatayong muli !
Rosal Cristobal
October 17, 1993*

*Sometimes we bend
under the heavy burden of poverty.
But like the bamboo tree,
we force ourselves to stand up again.
To me this is also the message
of the commemorative stone :
Let us share our hope
so that our neighbour who is at the bottom
can stand up again.*

« Catherine est venue, on n'avait rien que notre amitié, et elle l'a acceptée. »
C'est ainsi qu'une habitante du *slum* a fait le bilan de mes deux années de présence et de l'action menée à l'atelier de dessin*. J'étais la plus vulnérable, parce qu'étrangère à la culture et à la langue du pays, seule, ayant peu de moyens financiers. C'est le moment où j'ai été le plus dépendante des habitants du *slum* qu'ils m'ont fait confiance et qu'ils m'ont accordé leur amitié.

L'atelier de dessin est une cabane du *slum*, un peu plus spacieuse que les autres. Nous avons refait le toit et avons peint les tôles rouillées : bleu clair à l'intérieur, bleu marine à l'extérieur, avec un grand oiseau blanc. Des adultes qui ont suivi nos aménagements ont dit : « Maintenant, c'est beau comme le ciel. »

Am est un petit garçon de 8 ans. Il vient parfois regarder les livres à la bibliothèque de rue*, et il est facilement repérable avec son visage et son corps couverts des cicatrices de sa vie dure dans la rue. Il vit seul avec sa mère. Souvent je les croise, main dans la main, aux alentours du *slum*. Am va à l'école de manière épisodique.

Il faudra plusieurs mois à Am pour qu'il participe à l'atelier de manière régulière. Puis un jour, il y prend goût et ne manque plus une seule séance. Il dessine avec beaucoup de plaisir.

Un jour qu'il a réalisé un beau dessin, net, précis, inspiré de l'illustration d'un livre russe, il me demande :
- Tu viens avec moi le montrer à ma mère ? Sinon, elle ne voudra pas croire que c'est moi qui l'ai fait.
Il revient plusieurs fois me rappeler ma promesse de l'accompagner.

Peu après, Am met beaucoup de soin à réaliser un dessin représentant une femme avec un enfant dans les bras, que j'admire beaucoup. Il dit que ça représente sa mère, et qu'il va le lui offrir.

A cette époque, nous décorons des foulards, et Am voudrait en décorer un avec son dessin. Il s'y met donc et travaille vite, par à-coups brusques, manquant ainsi de précision. Plusieurs fois, il demande que je lui tienne la main pour guider son trait, surtout vers les bords et dans les détails. La maman vient voir, s'assied à la porte, et interpelle ceux qui passent :
- Venez voir ce qu'a fait mon fils, c'est beau, c'est un artiste !
La maman vient de plus en plus souvent à l'atelier regarder Am. Elle dit qu'elle aussi aimerait bien faire un foulard. Elle tend parfois la main pour saisir un pinceau, mais chaque fois la retire. Elle sourit :
- Moi, je ne sais rien faire !
- C'est l'occasion d'apprendre, dis-je.
Elle secoue la tête et rit.

Quelques semaines plus tard, la mère de Am s'est fait renverser par un taxi. Je lui ai rendu visite à l'hôpital, et elle m'a demandé de quoi dessiner.

« Catherine is gekomen, we hadden enkel onze vriendschap om te delen, en zij heeft die aangenomen ».
Zo maakt een bewoonster van de slum de balans op van de actie die meer dan twee jaar in de tekengroep gehouden is. Ik was in zekere zin de allerarmste, want vreemd aan de cultuur en de taal van het land. Op het moment waarop ik het meest afhankelijk was van de bewoners, hebben ze me vertrouwen geschonken en hun vriendschap gegeven.
De tekengroep komt bijeen in een barak van de slum, die een beetje ruimer is dan de andere. We hebben het dak hersteld en de verroeste ijzeren wandplaten geverfd : van binnen lichtblauw, aan de buitenkant donkerblauw met een grote witte vogel. « Nu is het mooi als de hemel! » zegt iemand.
Am is een jongetje van 8 jaar. Hij komt soms bij de straatbibliotheek*, en hij valt makkelijk op met zijn gezicht en zijn lichaam half bedekt met littekens en brandwonden. Hij leeft alleen met zijn moeder. Vaak kom ik ze tegen, hand in hand. Am gaat af en toe naar school.
Am heeft verscheidene maanden nodig voordat hij regelmatig meedoet aan de tekengroep. Na een tijdje begint het hem te boeien en dan mist hij geen enkele bijeenkomst meer.
Hij heeft een mooie, precieze tekening afgemaakt, die geïnspireerd is door de illustraties van een Russisch boek. Dan vraagt hij me: «Kom je met me mee om het aan mijn moeder te

laten zien? Anders gelooft ze nooit dat ik het gemaakt heb». En hij komt verscheidene keren terug om me te herinneren aan mijn belofte om met hem mee te gaan.
Een paar dagen later is Am ijverig bezig een tekening te maken van een vrouw met een kind in haar armen. Hij zegt dat het zijn moeder is en dat hij haar de tekening wil geven. Op dat moment zijn we sjaals aan het versieren en Am wil zijn tekening als model nemen. Hij werkt snel, met horten en stoten, zonder precisie. Herhaaldelijk vraagt hij me zijn hand te willen vasthouden om de lijnen trefzeker te laten zijn, vooral in de details. De moeder komt kijken, gaat zitten bij de deur en vraagt aan de voorbijgangers :
« Kom kijken wat mijn zoon gemaakt heeft, 't is mooi, hij is een kunstenaar! ».
De moeder komt steeds vaker in onze werkplaats. Ze zegt dat zij ook wel een sjaal zou willen versieren. Soms heft ze de hand op om een penseel te pakken, maar trekt ze steeds weer terug. Glimlachend zegt ze : « Ik kan toch niets ! ».
« U hebt nu de kans om het te leren » is mijn antwoord. Ze schudt haar hoofd en lacht. In mei wordt Am's moeder aangereden door een taxi. Ik bezoek haar in het ziekenhuis en ze vraagt me spullen om te kunnen tekenen.

Cuando yo estaba internado en uno de los hogares, un día nos llevaron al teatro a ver un espectáculo. Era maravilloso, realmente fantástico. Yo solamente tenía más o menos 8 años, pero todavía recuerdo las luces, los trajes y la música.

In einem der Heime haben sie uns in eine Theatervorstellung geführt. Es war großartig und wirklich toll. Ich war erst ungefähr acht Jahre alt, aber ich erinnere mich noch an die Lichter, die Kostüme und die Musik.

" My parents died when I was still little. It was my grandmother who brought me up. My parents did not know how to read or write. Me neither. If I had gone to school, I would not have had anything to eat. I had to sell odds and ends to earn a living.
Ching-Chu is my child even if she does not bear my name, for her mother and I did not register our marriage. I brought my daughter up by myself because her mother was sick.

You need to have lots of energy to bring up a child. You sleep less at night. When Ching-Chu was little, I would take her with me when I went to sell sugared peanuts, fruit or vegetables. When she got older, she would run around everywhere and I wasn't able to catch her. She is very mischievous, my daughter! "
There is hardly any furniture in Mr. Chen's house. Yet, in the corner of this shed which has no electricity or water, stands a rusty wardrobe. It is Ching-Chu's treasure. There are a

Les familias del Cuarto Mundo* tienen un conocimiento y una reflexión sobre el mundo, pero éstos se han ido formando al margen de los grandes movimientos, de las corrientes de pensamiento y de las ideas que han forjado las culturas humanas.

Zonder familie kan de mens niets doorgeven ; zonder geschiedenis kan hij zijn bewustzijn niet ontwikkelen ; zonder werk kan hij niets scheppen; zonder burgerrechten hoort hij nergens bij ; zonder geestelijk leven kan hij de volheid van het bestaan niet bereiken.

Méo, 8 ans
Ink
Art workshop*, 1991
Bangkok, Thailand

Child from Senden Home
1989
pastel
Manila, Philippines

few dresses, neatly arranged, and objects found in the street: necklaces, earrings, rag dolls and two or three pieces of soap. Near the door, in a child's handwriting, in large, well-drawn characters, one can read, " YU Ching-Chu, the daughter - CHEN Fa-Shui, the father. "

Translation of page 93.

« Mes parents sont morts quand j'étais encore petit. C'est ma grand-mère qui m'a élevé. Mes parents ne savaient ni lire, ni écrire. Moi non plus. Car si j'étais allé à l'école, je n'aurais pas eu de quoi manger. Il me fallait vendre de petites choses pour gagner ma vie. YU Ching-Chu est mon enfant, même si elle ne porte pas mon nom. Car sa mère et moi, nous n'avons pas enregistré notre mariage.
J'ai élevé ma fille tout seul car sa mère était malade. Elever un enfant demande beaucoup d'énergie. On dort moins la nuit. Quand Ching-Chu était petite, je l'emmenais avec moi quand j'allais vendre des sucreries aux cacahuètes, des fruits ou des légumes. Quand elle est devenue plus grande, elle courait partout et je ne pouvais plus l'attraper. Elle est très coquine, ma fille ! »
Chez Monsieur CHEN, il n'y a presque pas de meubles. Pourtant, dans le coin de cette baraque sans électricité ni eau, se trouve une armoire rouillée. C'est le trésor de Ching-Chu. Il y a quelques rares robes bien rangées et de petits objets ramassés dans la rue : des colliers, des boucles d'oreille, des poupées de chiffon et deux ou trois savons. Près de la porte, écrit de la main de l'enfant, en grands caractères bien tracés, on lit : YU Ching-Chu, la fille - CHEN Fa-Shui, le père.

Traduction de la page 93.

I should simply have been born, but Kumba the Creator made me like this.
I could have been born Gbaya or Mbébu, but I was born Aka.
As well as being born, Kumba forgot to say that I was a man.
I was born a beggar :
Beggar of words, beggar of meaning, beggar of relationships.
I was born a beggar of man.
You need a long time to recover from this sickness which passes itself from one generation to the next.
For a long time, far too long, I have been suffering from a pain which has no end, a pain without mercy. I suffer from the desire to become a man.

« Mis padres murieron cuando yo todavía era pequeño. Fue mi abuela quien me crió. Mis padres no sabían ni leer ni escribir. Yo tampoco. Porque si hubiese ido al colegio, no hubiese tenido de que comer. Tenía que vender cosas pequeñas para ganarme la vida. YU Ching-Chu es mi hija, aunque no lleve mi nombre. Porque su madre y yo no registramos nuestro matrimonio.
He educado a mi hija solo porque su madre estaba enferma. Criar a un niño requiere mucha energía. Se duerme menos por la noche. Cuando Ching-Chu era pequeña, la llevaba conmigo cuando vendía dulces de cacahuetes, frutas o verduras. Cuando creció, corría por todos lados y no podía alcanzarla. ¡Es muy despierta, mi niña! ».
En casa del señor CHEN, casi no hay muebles. Sin embargo, en un rincón de esta barraca sin electricidad ni agua, hay un armario oxidado. Es el tesoro de Ching-Chun. Hay algunos trajes bien ordenados, y pequeños objetos recogidos en la calle: collares, pendientes, muñecas de trapo y dos o tres jabones. Cerca de la puerta, escrito por la niña, con unas letras grandes y claras, se lee: « YU Ching-Chun, la hija - CHEN Fa-Shui, el padre ».

Traducción de la página 93.

« Meine Eltern sind gestorben, als ich noch klein war. Ich bin bei meiner Großmutter aufgewachsen. Meine Eltern konnten weder lesen noch schreiben. Ich kann es auch nicht. Wäre ich zur Schule gegangen, hätte ich nichts zu essen gehabt. Um meinen Lebensunterhalt zu verdienen, mußte ich kleine Dinge verkaufen.
Ching-Chu ist meine Tochter, auch wenn sie nicht meinen Namen trägt, weil ihre Mutter und ich nicht verheiratet sind. Ich habe meine Tochter allein erzogen, denn ihre Mutter war krank. Es braucht viel Energie, ein Kind großzuziehen. Nachts schläft man weniger.

Alain Genin
Aka, 1993
Aquarelle
République de Centrafrique

Je suis né mendiant,
mendiant de mots,
mendiant de sens,
mendiant de relations.
Je suis né mendiant de l'homme.
(Traduit de l'aka)

CHEN Fa-Shui
Ma vie, témoignage, 1994
Calligraphie
Taïwan
▷

Géraldine, Séverine C., Séverine M.
La Pêche, 1993
Gouache sur papier
Atelier de peinture*, animé par Marie-Claude Auré
Ile de la Réunion, France

金珠是我的孩子，即使她沒跟我姓，因為當初我和她媽媽沒辦結婚登記，所以戶口報錯。我祖父只有我父親一個兒子，祖父早逝，所以祖母獨自把我父親養大，後來又養我，因為我跟小父父就過世了。父女過世六十年，故鄉已經沒親人了，可是香火要繼續傳！我女親不識字，不識字，因為去讀書就會沒飯吃，為了生活必需去賣東西掙錢。我一個人把金珠帶大，養孩子要花很多精神，晚上少睡很多。金珠小時候，我做生意總是把她帶在身邊，我賣過花生糖、麥牙糖、水果和菜。後來金珠大一點會跑了，我就抓不住她了，我這孩子很調皮的，

Die Vierte Welt* weiß genau, daß sie nichts Beständiges und Zukunftsträchtiges für ihre Angehörigen aufbauen kann, solange diese von den Grundrechten ausgeschlossen bleiben. Das Recht ermöglicht nämlich, was der Mensch seit langem anstrebt : in Gemeinschaft leben zu können, ohne vom andern abhängig zu sein.

Expulsion, errance, vie en foyer, 1989
Broderie
Toile des Absents*
Lyon, France

Nach der Ausweisung das Umherirren, die Trennung und das Leben in Heim.

Webarbeit
Kunst und Ausdrucksatelier*, 1992
Luxemburg

Wenn ich ganz unten bin, verspüre ich in mir eine Kraft, die macht, daß ich wieder nach oben komme.

Quand je suis en bas, je sens en moi une force qui me fait remonter.

Als Ching-Chu klein war, nahm ich sie mit, wenn ich Erdnußkonfekt, Obst oder Gemüse verkaufen ging. Als sie größer wurde, rannte sie überall hin, und ich konnte sie nicht mehr einfangen. Sie ist ein Schlingel, meine Tochter ! »

Soweit die Worte von Herrn CHEN. In seiner Hütte gibt es weder Strom noch Wasser und fast keine Möbel. Nur in einer Ecke steht ein verrosteter Schrank. Das ist die Schatzkammer von Ching-Chu. Einige wenige Kleider sind darin sorgfältig aufgehängt. Außerdem gibt es da kleine, auf der Straße gefundene Kostbarkeiten : Halsketten, Ohrringe, Stoffpuppen und zwei, drei Seifen. Neben die Tür hat das Mädchen in großen, deutlichen Buchstaben geschrieben : « YU Ching-Chu, die Tochter - CHEN Ta-Shui, der Vater ».

Übersetzung der Seite 93.

Tendría que haber nacido simplemente, pero Kumba, el Creador, me hizo así. Podría haber nacido Gbaya, Mbému, pero nací Aka.
Además de haber nacido, a Kumba se le olvidó decir que yo era hombre.
Nací mendigo.
Mendigando palabras, mendigando sentimientos, mendigando relaciones.
Nací mendigo del hombre.
Es un enfermedad que se transmite de una generación a otra, y necesita mucho tiempo para curarse.
Durante mucho tiempo, demasiado tiempo, he sufrido una enfermedad sin salida, una enfermedad sin perdón.
El mal del que sufro es de volverme un hombre.

« Mijn ouders zijn gestorven toen ik nog heel klein was. Mijn grootmoeder heeft mij opgevoed. Mijn ouders konden niet lezen of schrijven, ik ook niet. Want als ik naar school was gegaan, had ik niet te eten gehad. Ik moest spulletjes verkopen om in leven te blijven.

Ching-Chu is mijn kind, ook al draagt ze mijn naam niet. Want haar moeder en ik hebben ons huwelijk niet laten inschrijven. Ik heb mijn dochter helemaal alleen grootgebracht, want haar moeder was ziek. Een kind opvoeden vraagt veel energie. 's Nachts slaap je minder. Toen Ching-Chu klein was, nam ik haar met me mee wanneer ik lekkernijen met pinda's, fruit of groentes ging verkopen. Toen ze groter werd, rende ze overal heen, en kon ik haar niet meer vastpakken. Ze is erg ondeugend, die dochter van me !»

Bij meneer CHEN zijn bijna geen meubels. Toch staat er in een hoek van deze barak zonder water of electriciteit een verroeste kast. Dat is de schat van Ching-Chu. Er liggen daar enkele jurken op stapeltjes netjes opgeruimd, en kleine dingen, van straat opgeraapt : halssnoeren, oorbellen, lappen poppen en twee of drie stukken zeep. Bij de deur, in kinderhandschrift geschreven, kun je in duidelijke karakters lezen: « YU Ching-Chu, de dochter - CHEN Fa-Shui, de vader. »

Vertaling van bladzijde 93.

I knew Moussa twenty years ago. He was one of a group of teenagers in a housing estate on the outskirts of Paris where extreme poverty and violence had a terrible hold on daily life. At the age of 15, Moussa was bursting with energy, and every time there was trouble, he was not far away.

Today, I went to see him in a hospital where he is nearing the end of his battle against AIDS. He recognised me despite all the years. He talked with sadness about all his friends who had met their deaths through drugs, knives or car accidents.

He asked me about my life, and I told him that I was married with six children. Then Moussa, his eyes shining, asked me, " And what do your children want to become? " He wanted to know for each of them, even for the youngest one, aged four.

" Me, " he said, " I have been married twice, but I don't have any children. "

So I asked him, " If you had a son, what would you have liked him to know, after everything you have been through? " Moussa looked at me and caught his breath.

" Goodness, " he said, " above all, the importance of being a good person. "

Había contratado a Jacques como carpintero. Desde el primer momento me dijo que vivía en una caravana, sin calefacción, sin agua, sin electricidad. Se le consideraba sin

domicilio y el ayuntamiento se negaba a inscribirle en el censo electoral.
Un día que él estaba desanimado, le hablé del movimiento Atd Cuarto Mundo*, y por el azar de un viaje de trabajo, el 17 de ese mes, fuimos juntos a ver el Trocadero*. Allí se asombró de que hubiese personas que se comprometían con los más pobres.
Algún tiempo después, Jacques desapareció. La relación laboral quedó rota. Yo no busqué ponerme en contacto con él nuevamente. Fue él quien un día volvió: había ido un 17 al Trocadero para encontrarme, y yo no estaba. Sigue sin casa, y duerme en la calle con su compañera, Monique.
Como jefe de empresa, no puedo pretender tener todas las soluciones; pero no puedo quedarme sin hacer nada. Hablé con el resto de los trabajadores, y le volví a contratar. Juntos, conseguimos un alojamiento para él y Monique.
Poco después, me enteré que tenía desde hace tiempo problemas de salud. Cada vez tomaba más calmantes para aguantar en el trabajo.
Murió dos meses más tarde, de un cáncer. En el taller, todo el mundo dice que vamos a echar mucho en falta a Jacques.

Knowledge is one of the keys to freedom, but not just any outmoded or old-fashioned knowledge which leads nowhere. The more deprived people are, the more they need to be ahead of their time, the more they need to master the means of access to the modern world and to the new culture which it is creating amongst people.

Ik had Jacques aangenomen als timmerman. Al de eerste dag vertelde hij me dat hij in een caravan woonde, zonder verwarming, zonder water en electriciteit. Omdat hij beschouwd werd als dakloze, wilde de gemeente hem geen stemrecht geven.
Op zekere dag, toen hij ontmoedigd was, heb ik hem over de beweging Atd Vierde Wereld* gesproken en zijn we op de 17e van de maand naar de gedenksteen in Parijs gegaan. Het verbaasde hem dat hij daar mensen tegenkwam die zich met de allerarmsten inzetten.
Enige tijd later verdwijnt Jacques. Een verbreking van het arbeidscontract. Ik probeer niet onmiddellijk weer contact met hem te krijgen. Hijzelf komt plotseling weer opduiken: hij is een 17e naar Parijs gegaan om me te ontmoeten, maar ik was er niet. Hij is nog steeds dakloos en slaapt buiten met zijn vriendin Monique.
Als hoofd van een onderneming kan ik niet beweren dat ik overal een oplossing voor heb, maar ik kan moeilijk besluiten om helemaal niets te doen. Ik sprak erover met de werknemers en nam hem weer aan. Samen kregen we een woning voor Monique en hem.
Spoedig hoor ik dat hij al enige tijd problemen heeft met zijn gezondheid. Hij neemt steeds meer kalmeringsmiddelen om te kunnen blijven werken. Hij houdt zelfs de bedrijfsarts voor de gek.
Twee maanden later is hij gestorven aan kanker. Op de werkplaats zegt iedereen dat hij Jacques zal missen.

Nico Bernardi
1993
Wachskreide
Luxemburg

« Catherine ist gekommen. Wir hatten nichts als unsere Freundschaft zu geben, und sie hat sie angenommen. »
So kommentiert eine Slumbewohnerin meine zweijährige Tätigkeit im Zeichenatelier. Ich war die wohl Mitteloseste von allen, da mir die Kultur und die Sprache fremd waren. Als ich am meisten auf die Bewohner angewiesen war, da haben sie mir ihr Vertrauen und ihre Freundschaft geschenkt.
Das Atelier* ist eine Hütte in dem Slum, etwas geräumiger als die anderen. Wir haben das Dach erneuert und das rostige Blech angestrichen : innen hellblau und außen dunkelblau mit einem großen weißen Vogel. « Jetzt ist es schön wie der Himmel », sagt ein Erwachsener.
Am ist ein achtjähriger Junge. Er kommt manchmal zur Straßenbibliothek* und fällt auf mit seinem von Brandnarben übersäten Gesicht und Körper. Er lebt allein mit seiner Mutter. Oft, wenn ich ihnen begegne, gehen sie Hand in Hand. Am geht sehr unregelmäßig zur Schule.
Es dauert einige Monate bis Am regelmäßig ins Atelier kommt. Durch seine Zeichnungen gibt man den anderen etwas von sich selber preis und wird dadurch auch verwundbar. Langsam beginnt es ihm zu gefallen, und er fehlt kein einziges Mal mehr.
Eines Tages läßt er sich von der Illustration eines russischen Buches zu einer schönen Zeichnung inspirieren. Er arbeitet sauber und präzis. Als er fertig ist, fragt er mich : « Kommst du mit mir, um die Zeichnung meiner Mutter zu zeigen? Sonst glaubt sie nicht, daß ich das gemacht habe. »
Mehrmals mahnt er mich an mein Versprechen, ihn zu begleiten.
Kurz darauf zeichnet er eine Frau mit einem Kind auf den Armen. Er erklärt, daß das seine Mutter sei und daß er ihr das Bild schenken wolle.

Nelly Schenker
1990
Guasch auf Papier
Basel, Schweiz

Durch das Malen beruhige ich mich manchmal von meiner Wut.

Avec la peinture, parfois je vide ma colère.

Der Arme entwickelt sein Bewußtsein in der Ablehnung der Ausgrenzung, in der er lebt. Diese Ablehnung ist Zeichen seines Willens, sein Leben und seine Umwelt zu verstehen. Es ist auch der Wille, sich nie ganz von der Häßlichkeit der Siedlung ersticken zu lassen, der ständig neu erwachende Wille, einen Raum zu finden und zu schaffen, den man vor dem Grau der Umgebung zu schützen versucht.

In dieser Zeit sind wir gerade dabei, Kopftücher zu dekorieren. Am möchte seine Zeichnung als Vorlage benutzen. Er arbeitet schnell, ruckartig und ungenau. Einige Male bittet er mich, seine Hand zu führen, besonders bei den Details. Die Mutter kommt und schaut ihm zu. Sie setzt sich an die Tür und ruft den Vorübergehenden zu : « Kommt, schaut, was mein Sohn Schönes gemacht hat. Er ist ein Künstler. »

Die Mutter kommt immer öfter zum Zeichenatelier. Sie sagt, sie würde auch gern ein Kopftuch machen. Manchmal greift sie nach einem Pinsel, hält wieder inne und sagt lächelnd : « Ich kann das nicht. »

« Dann können Sie es jetzt lernen », antworte ich. Sie aber schüttelt lachend den Kopf. Einige Wochen später wird Ams Mutter von einem Taxi angefahren. Als ich sie im Spital besuche, bittet sie mich um Zeichenmaterial.

Bibliothèque de rue*, 1984
Caen, France

Loretta zit in een rolstoel. Samuel loopt rond met een fikse pijn in zijn rechterbeen. Hij duwt altijd Loretta's rolstoel, en loopt met haar van hier naar daar. De maatschappelijk werkers probeerden een woning voor hen te vinden, maar slaagden er slechts in behuizing te vinden voor Loretta samen met andere lichamelijk gehandicapten. Loretta weigerde. Zij wilde een plek waar zij en Samuel samen konden leven, en voor elkaar konden zorgen. Ze hebben die nooit gevonden. Ze leven nog steeds op straat.

Een wandkleed van 't Zwervel,
1987
Nederland

Volwassenen maakten met de kunstenares Joke Hendriks een wandkleed. Op het wandkleed staat de gezinsvakantieboerderij* 't Zwervel, symbool voor bevrijding van de allerarmsten in Nederland, centraal. Een vrouw vertelt : « Toen ik elf jaar was ging ik niet meer naar school, want ik moest strijken voor het internaat. Ik maakte voor het wandkleed een pop met een strijkbout. Die pop ben ik. »

Erwachsene machten mit der Künstlerin Joke Hendriks einen Wandteppich. Darauf ist das Familienferienhaus* « 't Zwervel » als zentrales Symbol der Befreiung der Allerärmsten in den Niederlanden zu sehen. Eine Frau erzählt : « Als ich elf Jahre alt war, ging ich nicht mehr in die Schule, weil ich für das Heim bügeln mußte. Für diesen Wandteppich wählte ich als Motiv eine Puppe mit Bügeleisen, die mich darstellen soll. »

« *Mi sueño era ser bailarina.* » Fueron las últimas palabras de Sonia antes de morir del sida en el hospital de una cárcel, muy lejos de sus seres queridos. Palabras inesperadas en la boca de esta mujer de unos treinta años, cuyo cuerpo lívido reflejaba la miseria que ella había conocido toda su vida.

Cuando Steven vino por la primera vez a la Casa Cuarto Mundo*, estaba muy orgulloso de presentarla : « Les presento a Sonia, mi mujer. Su hijo, Anthony, es como mi hijo. » Sentíamos muchísimo cariño y ternura entre ellos. Durante años se mantuvieron muy unidos aunque la vida los haya separado a menudo.

Steven nunca pudo encontrar un trabajo fijo. Cuando se conocieron, los dos se drogaban. Sonia no ha dejado de luchar sin cesar para liberarse de esta dependencia, para vivir con Steven y su hijo. Han podido vivir algunos momentos de descanso, como aquellos días pasados en el campo en compañía de otras familias. Allí relajados proyectan casarse legalmente. A veces también Sonia acompaña Anthony a la Casa Cuarto Mundo donde participa en algunas actividades. Un día estaba maravillada de ver los dibujos de su hijo aparecer en el computador. La madre y el hijo se sentían muy cerca uno del otro y hubiera querido hacer durar ese momento.

Cuando se entera que es seropositiva, corta el contacto con todos y se va a vivir a la calle. Se la busca en vano. « Los he visto, pero no quería que ustedes me vieran en este estado. » Al final se decide y va a la Casa Cuarto Mundo, irreconocible, con una fiebre altísima, con neumonía. Steven le suplica de volver a vivir con él; él busca trabajo. Poco tiempo después, ella es detenida, en posesión de droga y condenada a dos años de cárcel. En un penitenciario situado a ocho horas en coche de Nueva York, se le declara el sida. Lo único que le queda son las cartas y los regalos de Steven y Anthony. No come y se debilita cada vez más. Anthony puede ir a visitarla finalmente. Ver a su madre en ese estado y saber que va a morir lo afecta muchísimo. Ella le dice entonces, como un último consejo : « Sobre todo, quédate al lado de tu amiga, ella te ayudará, como Steven me ha ayudado."

Sonia fallece el 9 de septiembre de 1992. Durante esa época, se había colocado un inmenso tapiz en « patchwork » delante de la Casa Blanca, compuesto de miles de cuadrados hechos por las familias y los amigos de personas muertas a causa del sida. Este « memorial » circula por todo el mundo actualmente.

¿Quién hará un « patchwork » para Sonia? Un pequeño grupo se constituye en la Casa Cuarto Mundo para elaborar y realizar el « patchwork ». Los componentes de este grupo explican : « Queremos que él evoque a Sonia, su alegría, su calor humano. Ella misma decía que no había que caer en la droga. Su nombre está escrito con azul porque está vestida en azul en la única foto que tenemos de ella. Los cuadros de color amarillo y azul simbolizan los altos y bajos en su vida, la cárcel y también la gente que sufre la soledad. Hemos incluido el logotipo del Movimiento* Cuarto Mundo donde ella participaba y también el poema que Steven escribió para ella. »

« *Mon rêve, c'était d'être danseuse.* » Ce furent les derniers mots de Sonia avant de mourir du Sida dans l'hôpital d'une prison, très loin de ceux qu'elle aimait. Des mots inattendus dans la bouche de cette femme d'une trentaine d'années dont le corps exsangue reflétait la misère qu'elle avait connue toute sa vie.

Lorsque Steven vint nous voir pour la première fois avec elle, il était tout fier de la présenter : « C'est Sonia, ma femme. Son fils, Anthony, c'est comme mon fils. » On sentait énormément d'affection, de tendresse entre eux. Au cours des années, ils restèrent très attachés l'un à l'autre, bien que la vie les ait souvent séparés.

Steven n'a jamais pu trouver de travail fixe. Lorsqu'ils se sont rencontrés, Sonia et lui vivaient sous la dépendance de la drogue. Depuis, Sonia n'a cessé de lutter pour s'en sortir, pour vivre avec Steven et élever son fils. Ils connaissent quelques moments de répit, comme ces journées à la campagne avec d'autres. Ils y sont détendus et font alors le projet de se marier légalement. Parfois Sonia accompagne aussi Anthony pour des activités à la Maison Quart Monde*. Un jour, elle s'émerveille de voir ses dessins s'inscrire sur l'ordinateur. Mère et fils sont alors très proches et voudraient faire durer ce moment. La plupart du temps cependant, Sonia ne connaît que le tourbillon de démarches qui n'aboutissent pas : marcher, courir du tribunal au centre social, du dispensaire aux visites à la prison ou au foyer d'accueil. Mais le tourbillon est surtout dans sa tête. « Mes sœurs et moi avons toujours été placées; je n'ai pas eu d'enfance. » Elle veut une autre vie pour Anthony. Faut-il toutefois le laisser dans un foyer d'accueil, pour qu'il puisse terminer son année scolaire, ou le reprendre ? Ira-t-elle le voir pour son anniversaire, ou se privera-t-elle de cette visite ? « Je n'aurai pas la force de le laisser au foyer, et ils m'accuseront encore de kidnapping. » Elle trouve un travail et est heureuse à la pensée de pouvoir acheter des cadeaux pour Noël ; mais de ce fait, elle n'a plus droit au traitement gratuit qu'elle suit régulièrement contre la drogue. Entre-temps, Steven a été incarcéré, à cause de la drogue ; pourra-t-elle vivre de nouveau avec lui à sa sortie ?

Quand elle apprend qu'elle est séropositive, elle coupe avec tous et va vivre à la rue. On l'y cherche en vain. « Je vous ai vue, mais je ne voulais pas que vous me voyiez comme ça. » Elle finit par frapper à notre porte, méconnaissable, brûlante de fièvre, avec une pneumonie. Steven la supplie de retourner vivre avec lui ; il cherche un travail. Peu de temps après, c'est elle qui est arrêtée, en possession de drogue et condamnée à deux ans de prison. Dans un pénitencier, à huit heures de voiture de New York, elle devient malade du Sida. Il ne lui reste plus que les lettres et cadeaux de Steven et Anthony et quelques appels téléphoniques qu'elle peut encore donner. Elle ne s'alimente plus et s'affaiblit de plus en plus. Anthony peut enfin aller la voir. Il est bouleversé de voir sa mère dans cet état, et d'apprendre qu'elle va mourir. Elle lui dit alors, comme un dernier conseil : « Surtout, reste avec ton amie. Elle t'aidera, comme Steven m'a aidée. »

Sonia est morte le 9 septembre 1992. A cette époque, un immense tapis en patchwork était déployé devant la Maison-Blanche, composé de milliers de carrés fabriqués par les familles et les amis de personnes mortes du Sida. Ce « mémorial » circule dans le monde. Qui fera un patchwork pour Sonia ? La question est posée et, aussitôt, un petit groupe se constitue à la Maison Quart Monde dans ce but. Le patchwork achevé, quelqu'un explique ainsi le choix des couleurs : « Nous voulions que cela évoque Sonia, sa chaleur et sa gaieté. Elle-même disait qu'il ne fallait pas être dans la drogue. Son nom est en bleu parce qu'elle est en bleu sur la seule photo que nous avons d'elle. Il y a son chat, Ombre. Les carreaux jaune et bleu rappellent les hauts et bas de sa vie, la prison et les gens qui souffrent dans la solitude. On a inclus le logo du Quart Monde* auquel elle appartenait et le poème écrit par Steven pour elle. »

Hay una imágen que se me ha quedado grabada para siempre : son las famillias muy pobres de este país siempre en movimiento, en diligencias, en trámites. Son personas que siempre están afuera caminando, tomando el bus para ir a buscar trabajo, un documento, para buscar una habitación, un lugar donde dormir, para ir a buscar comida al « banco alimenticio », para ir a la iglesia. Es increible, el tiempo que pasan caminando a pie, en un país donde el automóvil es rey.

La famille, c'est la vie, c'est le monde. C'est ce qui fait tourner le monde. C'est la *perpétude*.

Ieder gezin is drager van een boodschap van liefde die aan de wereld moet worden meegedeeld. Ieder kind, rijk of arm, is drager van een boodschap voor de toekomst. Ieder gezin, ieder kind hebben een onschatbare betekenis voor hun milieu en voor alle mensen.

Martine Hosselet
La Première Communion, 1991
Gouache
Bruxelles, Belgique

Henri Venobberghen
Gouache
Atelier de la Maison des Savoirs*, 1992
Bruxelles, Belgique

Une cinquantaine de personnes adultes ont été initiées à la peinture par des artistes à la Maison des Savoirs de Bruxelles entre 1988 et 1994. Huit d'entre elles ont rejoint une académie de Beaux-Arts ou un atelier à l'extérieur.

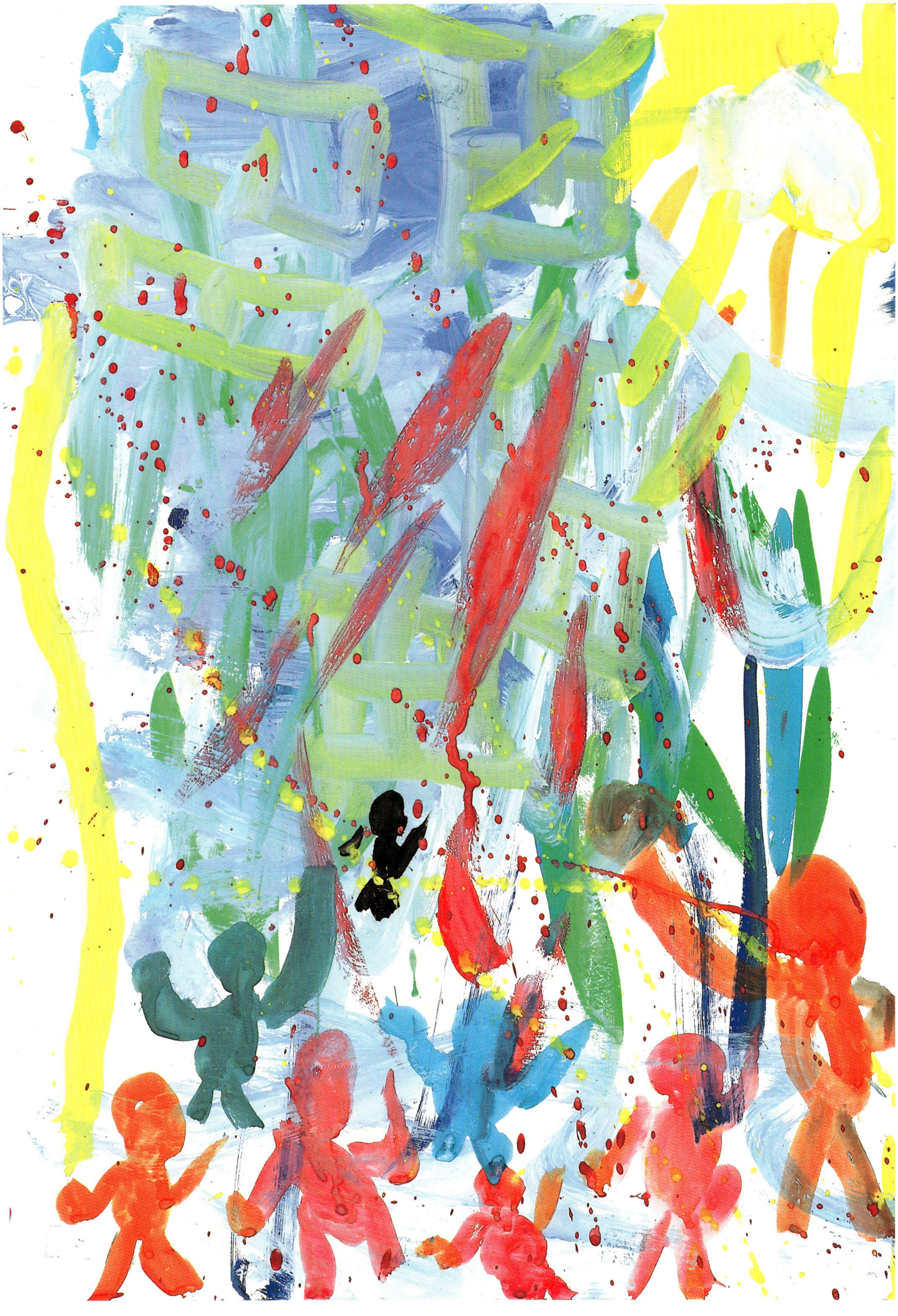

When you are poor, you have nothing to hold on to as it is ; if in addition you don't know who your parents are, you feel lost, that you count for nothing on this earth.

On ne peut pas penser le bonheur et l'avenir des enfants sans chercher tous les moyens pour que la famille reste unie.

Was mein Vater für mich getan hat? Er hat sich um meine Mutter gekümmert.

En la casa de mi madre, cuando no había nada que comer, hacíamos hervir agua, para no mostrar a los vecinos que éramos pobres, y así mantener nuestra dignidad.

Als arme heb je sowieso geen vaste steunpunten; als je bovendien niet weet wie je ouders zijn, dan heb je de indruk een losse flodder te zijn en helemaal niets te betekenen op aarde.

The family is really the heart of society. Only the family can remind society that it has a heart.

Déjà quand on est pauvre, on n'a pas de point d'attache ; si en plus on ne sait pas qui sont nos parents, on a l'impression d'être comme une balle perdue, de n'être rien sur la terre.

Die kurze Zeit, die wir zusammen sind, verbringen wir nicht mit Putzen und Aufräumen, wir verbringen sie mit Zusammensein.

Nadie escoge la miseria para sus hijos.

Wat mijn vader voor mij gedaan heeft: hij heeft voor mijn moeder gezorgd.

L'amour et la tendresse, ça me fait plus grandir que mes tartines.

I never had a book when I was little. Now I think that we should teach all children to keep still to listen to beautiful stories.

Liebe und Zärtlichkeit, davon wachse ich mehr als von Butterbroten.

Lo que mi padre ha hecho por mí : se ha ocupado de mi madre.

Wij zijn arm maar niet van binnen.

Ce que mon père a fait pour moi : il a pris soin de ma mère.

We may be poor, but our hearts are not poor.

Man kann nicht an das Glück und die Zukunft der Kinder denken, ohne alle möglichen Mittel zu suchen, um die Familie zusammenzuhalten.

Uno no se puede imaginar la felicidad y el futuro de sus hijos sin buscar todos los medios para que la familia se mantenga unida.

In een van de tehuizen hebben ze ons meegenomen naar een voorstelling. Het was echt fantastisch. Ik was pas acht jaar, maar ik herinner me nog al die lampen, die kostuums en de muziek.

Every family carries a message of love to pass on to the world. Every child, whether rich or poor, carries a message for the future. Every family, every child, has a priceless meaning for their community and for all humanity.

Los más pobres nos repiten sin cesar que toda acción cultural que no esté fundada en la unidad entre todos los hombres está destinada al fracaso.

◁
Fabio, 8 ans
Tout le monde en fête, 1987
Gouache

1987, Atd Quart Monde a 30 ans. *Tapori** propose un concours de dessins aux enfants d'Europe. Une exposition « J'ai faim dans ma tête » a lieu à la Mairie de Paris en octobre, puis circule dans différentes villes d'Europe.

Catherine Pupin
1993
Gouache
Bibliothèque de rue*
Genève, Suisse

Cultuur is schepping, ontmoeting van mensen, produkt van de uitwisseling tussen mensen. Haar wortels reiken in de geschiedenis van mensen, ze is die geschiedenis zelf van alle mensen die samengebracht en met elkaar vergroeid zijn. Ze is de ontkenning van het noodlot.

Holzschnitte von Erwachsenen
Atelier* unter der Leitung von François Jomini und Arnold Christen, 1989-1991
Treyvaux, Schweiz

1- *Sie mußten ihre Nachbarn um Wasser bitten, damit sie waschen und kochen konnten.*

2- *Mein Sohn wollte zu Fuss zur Schule gehen, weil die anderen Kinder im Bus ihn ausgelacht hatten. Da hat ihn sein älterer Bruder mehrere Tage lang im Bus begleitet.*

3- *Frieden*

4- *Ich weinte jeden Sonntagabend, als ich mein Kind wieder gehen sah.*

5- *Bei uns ist immer ein Bett bereit, um jemanden zu beherbergen.*

6- *Wie finden wir die Kraft zum Leben, wenn man uns die Kinder wegnimmt ?*

1- *Ils devaient quémander l'eau à leurs voisins pour pouvoir se laver et faire la cuisine.*

2- *Mon fils voulait faire le chemin de l'école à pied car il s'était fait moquer de lui dans le bus. Son frère aîné l'a alors accompagné plusieurs jours dans le bus.*

3- *Paix*

4- *Chaque dimanche soir je pleurais de voir mon enfant repartir dans la maison où il était placé.*

5- *Chez nous, il y a toujours un lit de prêt pour héberger quelqu'un.*

6- *Comment trouver la force de vivre quand on nous retire les enfants ?*

« *Ich habe immer davon geträumt, Tänzerin zu sein.* » Das waren Sonjas letzte Worte, bevor sie in einem Gefängnisspital, weit weg von denen, die sie liebte, an Aids verstarb. Unerwartete Worte aus dem Munde dieser etwa dreißigjährigen Frau, deren blutleerer Körper das Elend widerspiegelte, das sie während ihres ganzen Lebens verfolgt hatte. Als Steven zum ersten Mal mit ihr zum Vierte-Welt-Haus* kam, stellte er sie mit sichtlichem Stolz vor : « Das ist Sonja, meine Frau. Ihr Sohn Anthony ist für mich wie mein eigener Sohn. » Man spürte unendlich viel Zuneigung und Zärtlichkeit zwischen den beiden. Im Laufe der Jahre blieben sie sich sehr verbunden, auch wenn das Leben sie des öfteren auseinanderriß.

Steven konnte nie eine feste Arbeit finden. Als sie sich kennenlernten, waren beide drogenabhängig. Seither hat Sonja nie aufgehört zu kämpfen, um davon loszukommen, um mit Steven zu leben und ihren Sohn zu erziehen. Sie erlebten einige glückliche Momente wie jene Tage auf dem Lande, wo sie sich zusammen mit anderen Familien erholten. Damals beschlossen sie zu heiraten. Manchmal begleitet Sonja ihren Sohn Anthony zu Aktivitäten ins Vierte-Welt-Haus. Als dieser eines Tages seine Zeichnungen auf dem Bildschirm des Computers erscheinen läßt, ist sie begeistert. Mutter und Sohn fühlen sich einander sehr nahe. Jetzt müßte die Zeit still stehen.

Meistens aber steckt Sonja in einem Wirbel von Unternehmungen, die letztendlich zu nichts führen: Sie läuft vom Gericht zum Sozialamt, von der Klinik zum Gefängnis oder zum Kinderheim. Und der größte Wirbel ist in ihrem Kopf : « Meine Schwestern und ich haben immer in Heimen gelebt; ich habe keine Kindheit gehabt. » Sie will ein besseres Leben für Anthony. Soll sie ihn nun im Kinderheim lassen, damit er sein Schuljahr beenden kann, oder soll sie ihn wieder zu sich nehmen ? Soll sie ihn zu seinem Geburtstag besuchen, oder sich diese Freude versagen ? « Ich werde nicht die Kraft haben, ihn dort zu lassen, und dann werden sie mich wieder der Entführung beschuldigen. » Sie findet Arbeit, und der Gedanke, Weihnachtsgeschenke kaufen zu können, macht sie glücklich; aber jetzt hat sie keinen Anspruch mehr auf eine kostenlose Behandlung ihrer Drogenabhängigkeit und kann dieser nicht mehr regelmäßig nachkommen. Kann sie wohl wieder mit Steven leben, wenn er aus dem Gefängnis entlassen wird ?

Als sie erfährt, daß sie HIV-positiv ist, bricht sie alle Kontakte ab und lebt fortan auf der Straße. Ihre Freunde von der Vierten Welt* suchen sie, aber ohne Erfolg. « Ich habe euch gesehen, aber ich wollte nicht, daß ihr mich in diesem Zustand seht. » Schließlich klopft sie mit hohem Fieber und einer Lungenentzündung beim Vierte-Welt-Haus an. Sie ist kaum mehr wiederzuerkennen. Steven fleht sie an, zu ihm zurückzukehren. Er sucht Arbeit. Kurz darauf wird sie verhaftet und wegen Drogenbesitz zu zwei Jahren Gefängnis verurteilt. In einer Strafanstalt, acht Autostunden von New York, wird sie aidskrank. Sie hat nur noch die Briefe und Geschenke von Steven und Anthony, und ab und zu ruft sie ihre Freunde von der Bewegung in New York an. Sie nimmt keine Nahrung mehr zu sich und wird immer schwächer. Endlich kann Anthony sie besuchen. Er ist erschüttert, seine Mutter in diesem Zustand zu sehen und zu erfahren, daß sie bald sterben wird. Sie gibt ihm wie ein Vermächtnis den folgenden Rat : « Vor allem, bleibe mit deiner Freundin zusammen. Sie wird dir helfen, wie Steven mir geholfen hat. »

Sonja ist am 9. September 1992 gestorben. In jenen Tagen wurde ein riesiges Patchwork aus Tausenden von Vierecken, die Angehörige und Freunde von Aids-Verstorbenen hergestellt hatten, vor dem Weißen Haus ausgebreitet. Dieses « Memorial » geht um die ganze Welt.

Wer wird ein Patchwork für Sonja machen ? Eine kleine Gruppe im Vierte-Welt-Haus tut sich zusammen, um ein solches zu gestalten. Sie meint zu ihrem Werk : « Wir wollten, daß es an Sonja erinnert, an ihre Wärme und ihre Fröhlichkeit. Sie hat selber gesagt, daß man von Drogen die Hände lassen sollte. Ihr Name ist in blau gearbeitet, weil sie auf dem einzigen Foto, das wir von ihr besitzen, blau angezogen ist. Ihre Katze Shadow ist zu sehen. Die gelben und blauen Karos erinnern an die Höhen und Tiefen in ihrem Leben; sie erinnern an das Gefängnis und die Menschen, die in Einsamkeit leiden. Wir haben auch das Signet der Vierte-Welt-Bewegung*, der sie angehörte, und ein Gedicht, das Steven für sie geschrieben hat, miteinbezogen. »

En la sala de los profesores de un colegio en el cual trabajo colgaron la carta enviada por una madre. Alguien ha subrayado las faltas de ortografía, y muchos se han burlado. Yo he arrancado esta carta, para evitar la humillación, no solamente de la familia sino también de los profesores.

For two years, Rosa has not had the right to see her children, but she continues to knit pullovers for them.
One day, she invited me into her flat. She showed me the tiny room, all prepared for their return. There were two clean beds with teddy bears everywhere, as if the children were going to come back that very evening.
Sometimes she goes to see the foster mother when her children are not there. On those days, she dresses up. She takes a bunch of flowers for the foster mother and presents for the children. This week, I saw her choosing the wrapping paper for each of the presents like mothers do all over the world.

« *Ik droomde ervan danseres te worden.* » Dat waren de laatste woorden van Sonia voor ze stierf aan Aids in het ziekenhuis van een gevangenis, ver van de mensen die ze liefhad. Onverwachte woorden uit de mond van deze vrouw van zo'n dertig jaar. Haar uitgeteerde lichaam sprak boekdelen over de ellende die ze haar leven lang gekend had. Toen Steven voor het eerst met haar in New York kwam, stelde hij haar heel trots voor : « Dit is Sonia, mijn vrouw. Haar zoon Anthony is praktisch mijn zoon. » Je voelde geweldig veel genegenheid en tederheid tussen hen. In de loop van de jaren bleven ze erg aan elkaar gehecht, ook al heeft het leven ze vaak van elkaar gescheiden.
Steven heeft nooit vast werk kunnen vinden. Toen ze elkaar voor het eerst ontmoetten, leefden Sonia en hij beiden onder de drugs. Sindsdien heeft Sonia voortdurend gevochten om eruit te komen, om samen met Steven te kunnen leven en zelf haar zoon op te kunnen voeden. Ze kennen een paar momenten rust, zoals die dagen buiten met andere gezinnen. Ze zijn er ontspannen, en maken dan het plan om voor de wet te trouwen. Soms vergezelt Sonia Anthony voor activiteiten in het Vierde Wereld Huis*. Zo ziet ze vol verwondering dat zijn tekeningen op het computerscherm verschijnen. Moeder en zoon zijn elkaar dan zeer nabij en zouden willen dat dit moment lang duurt.
« Mijn zussen en ik zijn altijd uithuis geplaatst, ik heb geen echte jeugd gehad ». Voor Anthony wil ze een ander leven. Maar moet ze hem dan in een pleeggezin laten « om hem zijn school te laten afmaken », of moet ze hem weer mee naar huis nemen? Moet ze hem gaan bezoeken voor zijn verjaardag, of daar maar van af zien? « Ik heb vast de kracht niet om hem in dat gezin te laten, en ze zullen me er nog van beschuldigen hem te willen kidnappen». Ze vindt werk en verheugt er zich op cadeaus te kunnen kopen met Kerstmis, maar vanwege haar nieuwe situatie heeft ze geen recht meer op een gratis anti-drugsbehandeling, die ze dus niet meer regelmatig krijgt. Zal ze weer met Steven kunnen leven, als hij uit de gevangenis komt ?
Wanneer ze hoort dat ze seropositief is, breekt ze met iedereen en gaat op straat leven. Ze zoeken haar daar tevergeefs. «Ik heb U wel gezien, maar ik wilde niet dat U me zo zag». Tenslotte klopt ze aan bij het Vierde Wereld Huis, onherkenbaar, met hoge koorts en een longontsteking. Steven smeekt haar om weer bij hem te gaan wonen, hij zoekt werk. Niet lang daarna wordt zijzelf aangehouden, in het bezit van drugs en wordt dan veroordeeld tot twee jaar gevangenisstraf.
In een gevangenis, op acht uur rijden van New York, wordt ze ziek van de Aids. Ze heeft enkel nog de brieven en cadeautjes van Steven en Anthony en soms belt ze met haar vrienden van de beweging in New York. Ze neemt geen voedsel meer op, en wordt steeds zwakker. Anthony mag haar tenslotte komen opzoeken. Hij is diep geschokt zijn moeder in deze situatie aan te treffen en te horen dat ze binnenkort gaat sterven. Ze zegt hem dan als een laatste raad: «Blijf vooral bij je vriendin. Zij zal je helpen, zoals Steven mij heeft geholpen».

Sonia is gestorven op 9 september 1992. Op dat moment werd een geweldig groot kleed van patchwork voor het Witte Huis uitgesteld, met duizenden vierkantjes die gemaakt zijn door de familieleden en vrienden van mensen die gestorven zijn aan de Aids. Dat « gedenkteken » gaat nu de wereld rond.
Wie zal er nu een vierkant maken voor Sonia? In het Vierde Wereld Huis vormt zich een groepje om het op te zetten en uit te voeren. Ze zeggen er zelf dit van: « We willen dat het aan Sonia doet denken, aan haar warmte en vrolijkheid. Zijzelf zei dat je niet aan de drugs moest zitten. Haar naam is in het blauw, want op de enige foto die we van haar hebben is ze in het blauw. Haar poes staat er ook op. De gele en blauwe ruiten verwijzen naar de ups en downs in haar leven, de gevangenis en de mensen die in alle eenzaamheid lijden. We hebben ook het logo van de Vierde Wereld verwerkt, want daar hoorde ze bij, en het gedicht dat Steven voor haar schreef. »

In refusing to accept their condition, the poor do not ask us to renounce what we have built, but simply to consider with them how they can take their place in the world and be partners in it, everyone's equal.

In ihrem Innersten lehnen alle Menschen die Ausgrenzung ab. Und genau diese Ablehnung macht die Menschen zu Subjekten einer Gemeinschaft, einer Kultur.

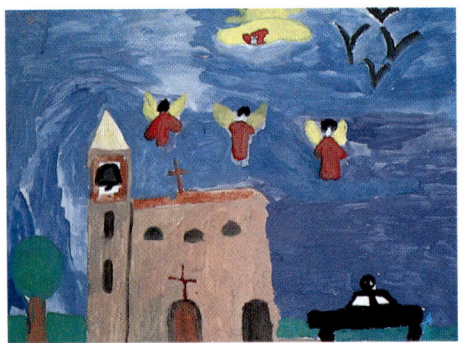

Antonio Italiano, 8 ans
Ce n'est pas la peine de pleurer quand il y a quelqu'un qui meurt, parce qu'il va au paradis et devient un ange, 1987
Gouache
Prix de la Mairie de Paris à l'exposition « J'ai faim dans ma tête ».

Mireille De Wilde
Jean Gostanian, 1993
Paris, France

Cela fait deux ans que Rosa n'a plus le droit de revoir ses enfants, mais elle continue de leur tricoter des pulls. Un jour, elle m'a fait entrer dans son appartement. Elle m'a fait visiter la petite chambre, préparée pour leur retour. Il y avait deux lits bien propres, avec des peluches partout, comme si les enfants allaient rentrer le soir même.
Parfois, elle se rend chez la nourrice quand les enfants sont absents. Ce jour-là, elle se fait très belle. Elle apporte un bouquet pour la nourrice et des cadeaux pour les enfants. Cette semaine, je l'ai vue choisir le papier d'emballage pour chacun des cadeaux, comme le font toutes les mamans de la terre.

Mario en Francesca zijn beiden zonder ouders grootgebracht. Wie kon hen leren hoe ze het kind moesten opvoeden dat ze kregen ? Hoe kunnen ze leren ervan te houden, terwijl ze zelf de liefde van hun ouders niet ervaren hebben?
Midden in de winter brandt hun woning af. Sindsdien slapen ze in hun auto, met het kind en niemand bekommert zich om hen. Tenslotte wordt de maatschappelijk werkster gewaarschuwd. De rechtbank gebiedt de ouders niet meer te drinken, een nieuwe woning en werk te vinden en ook een nieuwe levensstijl. Het kind, dat dan twee jaar oud is, wordt uit huis geplaatst met het oog op adoptie.
In die tijd hebben mijn man en ik hen leren kennen. Wat was het hard ze te horen zeggen : « Ons lot is een leven vol leed ».
Samen hebben we een oud huis gevonden. Twee of drie keer in de week zijn we met hen naar een groepsbijeenkomst gegaan zodat ze van de alcohol konden afkomen. Uit die tijd zou ik vooral willen getuigen van hun wil om te veranderen, en van hun liefde voor hun kind.
Er is nu een jaar verlopen. We hebben samen gelachen en gehuild. Ze hebben een nieuw leven... maar niet hun kind. Niemand heeft ze tot een dergelijke verandering in staat geacht. Niemand, behalve wij : we zijn dus met z'n vieren om in de toekomst te geloven. Niemand is veroordeeld tot een definitief einde.

Now, we have written it all down on paper. If we die before our children have grown up, the children will rummage through the suitcase, they will find this paper, and they will know what their parents endured. It must not be forgotten.

Caminando por la ciudad, nos encontramos con familias que viven al lado del río. Estas familias habían sido expulsadas de todas partes.
Decidimos empezar una biblioteca de calle*. En mi primera visita un hombre me dice : « Nadie viene aquí por nuestros niños. Ustedes son los primeros ». Otro exclama: « ¡No queremos libros aquí! Aquí hay que luchar para comer. Aquí los niños se mueren de hambre. ¡Si enseñas los libros a los niños, los vas a fundir ! »
Pero al salir de la biblioteca, el hombre sacó de su bolsillo unas monedas para dármelas, diciendo: « Es para el viaje de vuelta ». Yo no lo quería aceptar, pero él insistió añadiendo: « No sólo de pan vive el hombre, sino del saber ».

Mario and Francesca both grew up without their parents. Who could have taught them to bring up their own child?
One winter's day, their home burnt down. After that, they lived in their car with the child, and no one did anything about it. Finally, the social worker was alerted. The court ruled that the parents were not to drink any more, and that they were to find themselves a house, a job and a new style of life. The child, aged two, was put into pre-adoptive care. It was at this stage that my husband and I got to know them. It was hard to listen to them say, " Our fate is a life of suffering. "
Together, we found an old house. Two or three times a week, we attended group sessions with them to help them give up drinking. Of this period, I want to remember above all their willingness to change and their love for their child.
A year has now passed. We have laughed and cried together. They have a new life... but not their child. No one believes them capable of such a change. But there are four of us who believe in the future.

Toen we in de stad rondliepen, zijn we gezinnen tegengekomen die langs de rivier wonen. Deze gezinnen zijn overal weggejaagd.
We besloten er een straatbibliotheek* te beginnen. Bij mijn eerste bezoek zegt een man me : « Er komt hier nooit iemand voor onze kinderen. U bent de eerste. »
Een ander houdt me aan : « We willen hier geen boeken! Hier moet je vechten om te eten te krijgen. Als je de kinderen boeken laat zien, laat je ze smelten ! »
Maar na afloop van de bibliotheek heeft hij een geldstuk uit zijn zak genomen en me die gegeven met de woorden : « Dit is voor je terugreis. » Ik wilde het niet aannemen, maar hij stond erop en zei : « De mens leeft niet alleen van brood, maar ook van kennis. »

I cannot remember the last time my mother had enough money to buy us new shoes.

Ich hatte Jacques als Schreiner eingestellt. Bei der Anstellung sagte er mir, daß er in einem Wohnwagen lebe, ohne Heizung, Wasser und Strom. Da er keine offizielle Adresse hatte, weigerte sich die Gemeinde, ihn in die Wählerlisten aufzunehmen.
Als er einmal sehr niedergeschlagen war, erzählte ich ihm von der Bewegung Atd Vierte Welt*. Wenig später hatten wir am siebzehnten des Monats beruflich in der Nähe des Trocadero* zu tun. So gingen wir zusammen zur Gedenkplatte. Er war erstaunt, dort Menschen anzutreffen, die sich mit den Ärmsten engagieren.

Einige Zeit danach verschwindet Jacques : ein klarer Bruch des Arbeitsvertrags. Ich bemühe mich nicht, Kontakt mit ihm aufzunehmen. Er kommt selber eines Tages zurück. Er hat mich an einem siebzehnten am Trocadero gesucht, aber ich war nicht da. Er ist immer noch ohne Wohnung und übernachtet mit seiner Gefährtin Monique im Freien.
Als Betriebsleiter kann ich mir nicht herausnehmen, für alles eine Lösung zu finden ; aber hier muß ich etwas unternehmen. Ich spreche mit den Angestellten und stelle ihn wieder ein. Gemeinsam finden wir eine Wohnung für Monique und ihn.
Wenig später erfahre ich, daß er seit einiger Zeit gesundheitliche Probleme hat. Er nimmt mehr und mehr Beruhigungsmittel, um die Arbeit auszuhalten. Er kümmert sich nicht um die arbeitsmedizinischen Vorschriften.
Zwei Monate später stirbt er an Krebs. In der Werkstatt sagen alle, daß Jacques ihnen fehlen wird.

La famille, ça marche en avant, pas en arrière.
Ce qui est dur, c'est qu'il faut toujours redire les mêmes choses, toujours déballer notre vie. On ne tient compte que de notre passé, et on ne voit pas les efforts que nous faisons.

Le Quart Monde* sait bien qu'il ne peut rien bâtir de stable ni de prometteur pour les siens tant qu'il sera tenu à l'écart des droits essentiels : le droit crée en effet cette situation vers laquelle l'homme aspire depuis longtemps, celle de pouvoir vivre en communauté sans être dépendant de l'autre.

Barbara Fuhrmann, 11 Jahre
1990
Wachskreide
Geispolsheim, France

Mireille De Wilde
Eisenindustrie, 1993
Esch-Belval, Luxemburg

Heute ist alles vorbei, die Fabrik wird abgerissen, die Arbeit war schwer.

Maintenant c'est fini, l'usine on va l'arracher, le travail était dur.

Mireille De Wilde
1993
Crayon, encre
Paris, France

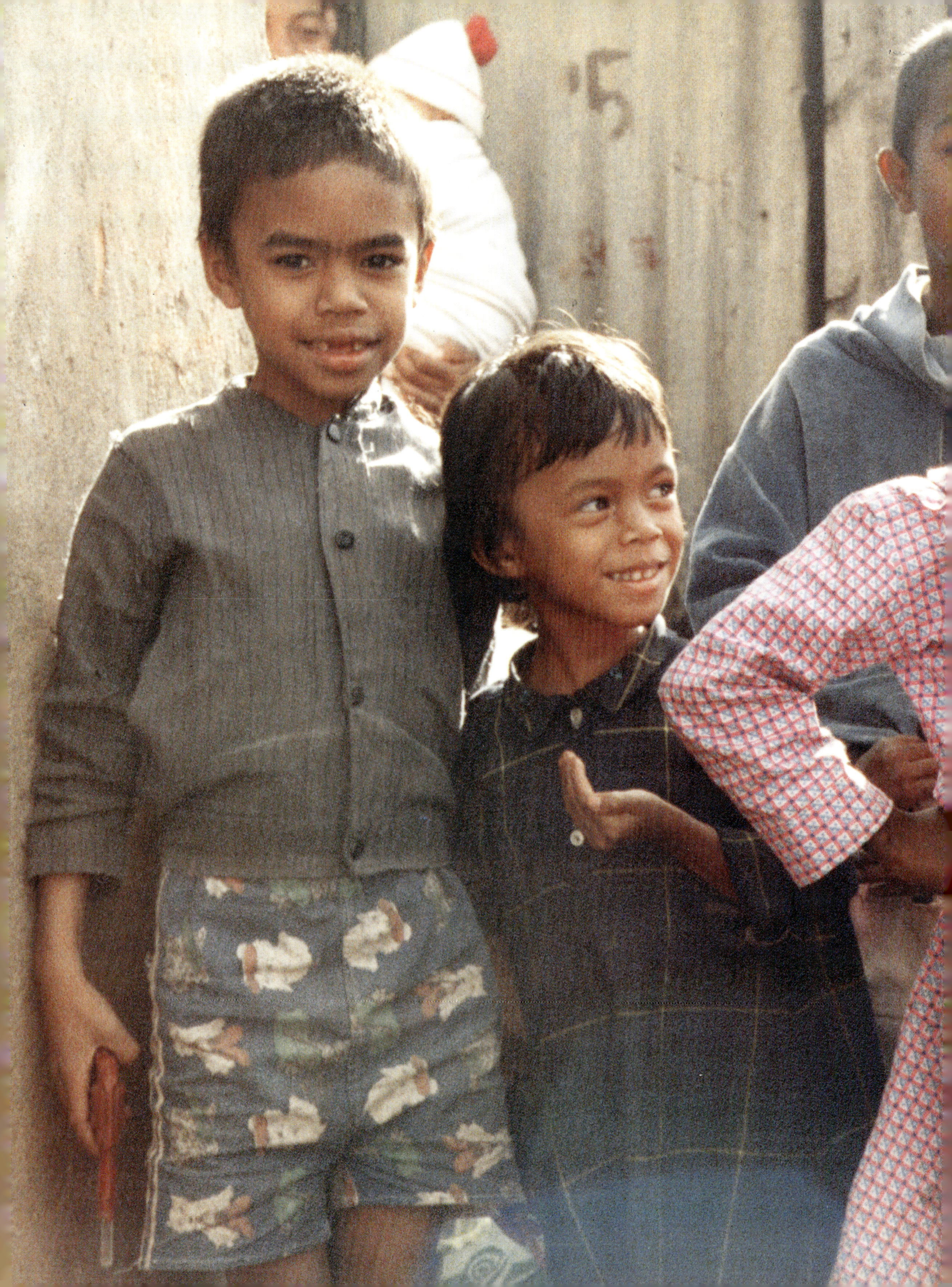

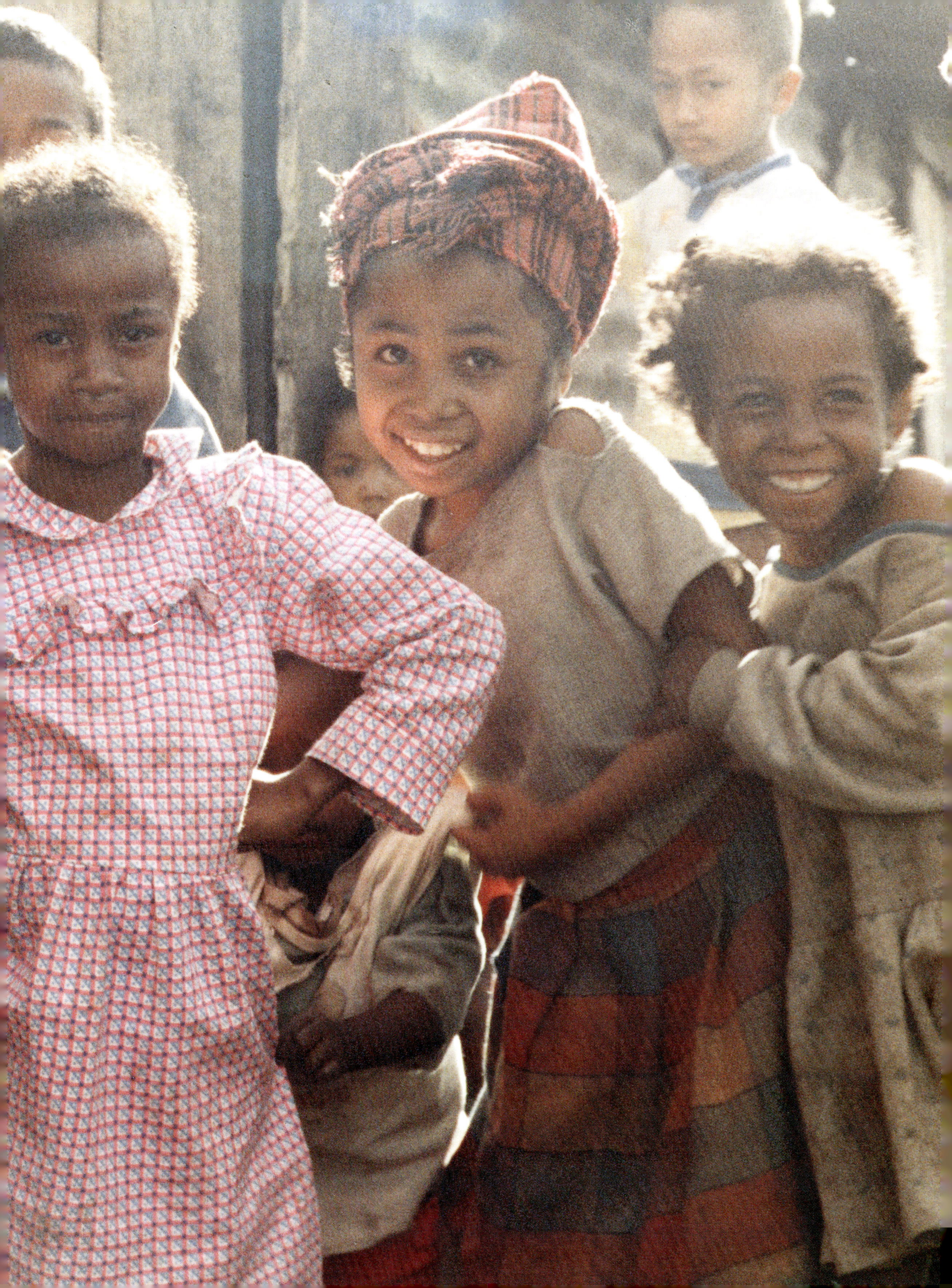

Madagascar, 1993
◁

Nadie puede impedirnos mirar una puesta de sol.

Niemand kann uns verbieten, einen Sonnenuntergang zu betrachten.

Niemand kan ons verbieden naar een zonsondergang te kijken.

Personne ne peut nous empêcher de regarder le soleil qui se couche.

No one can prevent us from watching the sunset.

Frau Brigitte Schweiberger
1993
Tinte
München, Deutschland

Catherine Bonamy Theurillat
1991
Colour drawing pencil
Bangkok, Thailand

Durante una visita con un grupo de familias al museo, estaba con una pareja y me quedé sorprendido al ver como a través del contacto con la pintura se liberaba un lenguaje. Personas, que habitualmente no se expresan, podían hablar partiendo de los cuadros que les habían impresionado. Se volvían charlatanes. Y eso les hacía descubrir en sí mismos muchas cosas sobre su concepción de la vida, del mundo, y de la solidaridad.

I had hired Jacques as a carpenter. When I took him on, he told me that he was living in a caravan, without heating, without water, without electricity. Since he was considered as someone with no fixed address, the local authorities refused to enter him on the electoral roll.
One day when he was feeling discouraged, I talked to him about the Fourth World Movement and, due to a trip that I had to make for work, we went together on the 17th of that month to see the commemorative stone at the Trocadero*. He was astonished to meet people there who had committed themselves to the very poor.
Some time later, Jacques disappeared. He broke his contract. I did not try to get in touch with him again. It was he who came back one day; he had gone to the Trocadero on the 17th of another month to meet me, and I had not been there. He was still homeless and was sleeping on the streets with his friend, Monique.
As company manager, I could not pretend to have all the answers, but I could not sit back and do nothing. I spoke about it to the staff, and took him on again. Together, we found accommodation for Monique and him.
A little later, I learned that he had been having problems with his health for some time. He was taking more and more tranquilisers to keep on working. He was even able to conceal his illness from health inspectors in order to hold on to his job.
He died two months later of cancer. At the firm, everyone said that Jacques would be missed.

Lors d'une visite avec un groupe de familles au musée d'Orsay à Paris, je fus stupéfaite de voir comment à travers le contact avec la peinture se libérait un langage. Des gens, qui habituellement ne s'exprimaient guère, pouvaient parler à partir de tableaux qui les avaient frappés. Cela les faisait devenir bavards. Et cela leur faisait découvrir des tas de choses sur leur conception de la vie, du monde, et de la solidarité.

During a visit with a group of families to the Musée d'Orsay in Paris, I was astonished to see how coming in contact with art liberated their speech. People who would normally hardly ever express themselves were able to talk about paintings that had struck them. They became quite talkative. And it made them discover in themselves a lot of things about their views on life, on the world and on solidarity.

Raphaël is viereneenhalf jaar oud. Hij woont met zijn familie in een woonwagenkamp op de Butte-Pinson, in een afgezonderde buurt niet ver van Parijs. Iedere ochtend ziet hij de andere kinderen naar school gaan. Een regelmatige straatbibliotheek* in zijn buurt heeft de kinderen zin gegeven om te leren en de ouders meer vertrouwen geschonken. In september vragen Raphaël's ouders aan de volontairs* : « Kan Raphaël niet naar school ? » Die vraag is erg belangrijk, niet enkel voor hem, maar voor alle kinderen, want er is in de omgeving geen kleuterschool.
Enige tijd later besluit de directeur van een nabije school naar het terrein te komen voor een ontmoeting met de ouders. Het is de eerste keer dat een vertegenwoordiger van de leerkrachten zo'n stap onderneemt. De moeder van Raphaël herhaalt haar verzoek bij deze ontmoeting : « Kan mijn kind bij u op school ? » De directeur ziet het gewicht in van de vraag : « Deze gezinnen hebben nu, en niet over twee jaar, een school nodig. » Na zijn bezoek besluit hij een delegatie te organiseren van ouders van leerlingen om de inspectrice van het onderwijs te ontmoeten.
In maart komt de directeur het nieuws zelf brengen : de inspectrice gaat akkoord. Raphaël wordt op de school toegelaten. De week daarop is de directeur opnieuw present op het terrein van de caravans, samen met zijn echtgenote. Hij wil haar de gezinnen leren kennen.

Raphaël tiene cuatro años y medio. Su familia vive en una caravana habitable en la Motte-Pinson. Todas las mañanas mira los otros niños que se van a la escuela. La participación de manera seguida en la biblioteca de calle* ha despertado en los niños el deseo de aprender y en los padres la confianza. En septiembre, los padres de Raphaël solicitan a los voluntarios* : « ¿Podría Raphaël ir a la escuela? » Esta pregunta es muy importante, no solamente para él, sino también para todos los niños, puesto que no hay una escuelita cerca.
Poco tiempo después, el director de una escuela vecina decide venir para conversar con los padres. Es la primera vez que un representante de los profesores da ese paso. La madre de Raphaël le repite su pregunta : « ¿Mi hijo puede ir a su escuela? »
El director comprende lo que está en juego : « No dentro de dos años, es hoy cuando estas familias necesitan una escuela. » Después de su visita, el director decide organizar una delegación de padres para ir al encuentro de la inspectora de la Academia. En marzo, el director viene en persona a anunciar la noticia : la inspectora está de acuerdo. Raphaël podrá ir a la escuela. La semana siguiente, el director vuelve con su esposa ; quiere presentarle las familias.

De armsten zeggen ons telkens weer dat iedere culturele activiteit die niet gebaseerd is op de eenheid en het samenbrengen van alle mensen, gedoemd is te mislukken.

Au fond d'eux-mêmes, tous les hommes refusent l'exclusion. Et c'est ce même refus qui, en principe, fait des hommes les sujets d'une communauté, d'une culture.

La familia es la primera comunidad de destino en la que se hace el aprendizaje del amor. Es el lugar donde se vive la voluntad de amar, la voluntad de edificar seres, hombres y mujeres capaces de amar a su vez.

La famille, c'est vraiment le cœur de la société. Il n'y a que la famille qui rappelle à la société qu'elle a un cœur.

Rosa heeft al twee jaar het recht niet meer om haar kinderen te ontvangen, maar ze breidt nog steeds truien voor ze. Op zekere dag heeft ze me bij haar thuis uitgenodigd. Ze heeft me het kamertje laten zien, dat al helemaal klaar was voor hun terugkeer. Er stonden twee schone bedden, met een heleboel teddyberen, alsof de kinderen die avond nog zouden terugkomen.
Soms gaat ze naar de pleegouders, wanneer de kinderen er niet zijn. Die dag maakt ze zich heel mooi. Dan neemt ze een bosje bloemen mee voor de pleegouders en cadeaus voor de kinderen. Deze week zag ik haar het pakpapier kiezen voor elk cadeau, zoals alle moeders van de wereld het doen.

J'avais engagé Jacques comme menuisier. Dès l'embauche, il m'apprit qu'il habitait en caravane, sans chauffage, sans eau, sans électricité. Considéré comme sans adresse, la mairie refusait de l'inscrire sur les listes électorales, ce dont il souffrait beaucoup. Un jour où il était découragé, je lui parle du Mouvement Atd Quart Monde*, et au hasard d'un déplacement professionnel, le 17 du mois, nous sommes allés ensemble voir la dalle au Trocadéro*. Il fut étonné de rencontrer là des personnes qui s'engageaient avec les plus pauvres.
Quelque temps plus tard, Jacques, dont les conditions de vie sont toujours très difficiles, disparaît. Il y a rupture de contrat de travail. Je ne cherche pas à reprendre contact avec lui. C'est lui qui un jour revient : il est allé un 17 au Trocadéro pour me rencontrer, et je n'y étais pas. Il est toujours sans travail et sans domicile ; il dort dehors avec sa compagne, Monique. Comme chef d'entreprise, je ne peux prétendre avoir toutes les solutions. Mais, même sans grands moyens, je ne puis me résoudre à ne rien faire. J'en parle aux salariés, et l'engage à nouveau. Ensemble, nous obtenons un logement pour Monique et lui.
Peu après, j'apprends qu'il a depuis quelque temps de graves problèmes de santé. Il prend de plus en plus de calmants pour tenir au travail. Il déjouera même la médecine du travail.
Il est mort deux mois plus tard, d'un cancer. A l'atelier, chacun dit que Jacques va manquer.

Catherine Pupin
Gouache
Bibliothèque de rue*, 1993
Genève, Suisse

Ya cuando uno es pobre no tiene muchos vínculos. Si además no sabemos quienes son nuestros padres, nos sentimos como una pelota perdida, siendo nada en la tierra.

Wer arm ist, hat ohnehin keine Heimat. Wenn man aber nicht einmal seine Eltern kennt, fühlt man sich wie eine Kugel, die ins Leere geht, ein Nichts auf dieser Welt.

J'ai oublié son nom, elle a 9 ans, et ne va pas à l'école, elle a pris mon crayon...

Lomas, 20-12-89 JPB.

« Catherine ha venido, teníamos solamente nuestra amistad y ella la ha aceptado ». Así es como una habitante de un barrio muy pobre hace el balance de la acción llevada a cabo durante dos años en el taller*. Yo era la más vulnerable, como extranjera a la cultura y a la lengua del país. Fue el momento en que me sentí más en deuda con la gente que había confiado en mí y que me había dado su amistad.

El taller es una cabaña un poco más espaciosa que las otras. Nosotros reconstruimos el techo y pintamos las chapas de hierro oxidadas: celeste en el interior, azul marino con un pajaro blanco en el exterior. « ¡Ahora, es hermoso como el cielo! » exclamó un adulto.

Am es un niñito de 8 años. A veces viene a la biblioteca de calle* ; se le distingue facilmente a causa de las cicatrices de quemadura que cubren la mitad de su cara y de su cuerpo. Vive solo con su madre. A veces los encuentro, van de la mano. Am va a la escuela de manera esporádica.

Fueron necesarios bastantes meses para que Am participara en el taller regularmente. Un día, al terminar un bonito dibujo, limpio, preciso, inspirado de la ilustración de un libro ruso, me pregunta: « ¿Vienes conmigo para mostrárselo a mi mamá? Si no, ella no va a creer que fui yo que lo hice. » Vino varias veces para recordarme la promesa de acompañarlo.

Poco después, Am se empeña en la realización de un dibujo que representa una mujer con un niño en sus brazos. Dice que representa su madre, y que es un regalo para ella. En esa época nosotros estábamos decorando pañuelos de seda y Am quiso tomar su dibujo como modelo. Trabaja rápido, a veces un poco brusco sin mucha precisión. Varias veces me pide sujetarle la mano y guiarle el trazado, sobre todo en los detalles. Su madre viene a mirar, se sienta en la puerta y les dice a los que pasan : « Venga a ver lo que ha hecho mi hijo, es precioso. ¡Es un artista! »

La madre viene cada vez más seguido al taller. Dice que ella también quisiera pintar un pañuelo. A veces tiende la mano para tomar un pincel, pero cada vez la retira, y sonríe diciendo :

« ¡Yo no sé hacer nada! »

« Es la oportunidad de aprender » le respondo. Ella agita la cabeza y sonríe.

En mayo, un taxi atropelló la madre de Am. Fui a visitarla al hospital ; en esa ocasión me pidió que le llevara lo necesario para dibujar.

Ze praten altijd over bomen met heel diepe wortels. Maar een kerseboom die groeit, heeft zijn eigen wortels. Hij laat een tak wat verder weggroeien en die krijgt dan ook weer wortels. En zelfs als je alles achter hem afsnijdt, gaat die boom toch door met groeien. We kunnen ons niet echt vergelijken met een eik, zijn wortels en dikke stam. We zijn eerder te vergelijken met een kers: we sturen onze kinderen vooruit zodat zij op hun beurt wortel schieten.

Es war während der Besichtigung des Museums von Orsay in Paris. Ich war mit einer Gruppe von Familien dort. Die meiste Zeit verbrachte ich mit einem Paar. Wie war ich überrascht festzustellen, daß der Kontakt mit Werken großer Maler die Fesseln der Sprache löste. Sonst kaum gesprächige Leute begannen über Bilder, die sie beeindruckten, zu reden. Dabei äußerten sie eine ganze Menge über ihre Einstellung zum Leben, zur Welt und zur Solidarität.

Je ne peux pas me souvenir de la dernière fois où ma mère a eu assez d'argent pour nous acheter de nouvelles chaussures.

Tijdens een bezoek aan het Orsay-museum in Parijs, was ik met een echtpaar en ik was stomverbaasd, te zien hoe dankzij het contact met de schilderkunst, woorden naar boven kwamen. Mensen, die zich gewoonlijk nauwelijks uitten, konden spreken naar aanleiding van schilderijen die hen getroffen hadden. Dat maakte hen zelfs spraakzaam, deed hen een heleboel zaken in henzelf ontdekken over hun ideeën, het leven, de wereld en solidariteit.

A people is recognised when it can pass on its history with pride.

Endlich sein Bestes zu teilen, ist die Antwort auf die Menschheitsfrage der Ausgrenzung.

Compartir lo mejor de sí mismo, es la respuesta al problema humano de la exclusión.

Dibujo de un niño
1989
Lomas, Guatemala
◁

Jeanpierre Beyeler
1989
Tinta
Lomas, Guatemala

Diciembre, después de la cosecha, los campesinos seleccionan los granos de fríjol y de maíz que servirán para la siembra próxima.

Décembre, après la récolte des haricots et du maïs, les paysans font le tri des graines qui seront mises de côté pour les prochaines semailles.

Chapelle construite par Bernard Jahrling, tailleur de pierre, achevée en 1986
Luminaire en fer forgé de François Hureau
Hameau de Vaux, Méry-sur-Oise, France

Lieu où repose le père Joseph Wresinski*.

La famille, c'est ce qu'il y a de plus merveilleux au monde, parce que c'est là où on donne de la force, du courage, de la joie de vivre, à des enfants et à des jeunes. Après, ce sera à eux d'apporter une *rénovation,* de faire des choses qu'on n'aurait pas imaginées nous-mêmes.
Mais parfois, on peut être en famille, avoir un foyer, et être quand-même seul, se retrouver sans espoir, sans pouvoir croire que quelque chose est possible, sans oser espérer..
A force d'être obligé d'aller toujours demander, à force de se sentir toujours regardé, vous vous enfermez sur vous-même. Vous avez peur.
Encore aujourd'hui beaucoup ont peur :
peur qu'on casse leur famille, peur qu'on prenne les enfants ;
vous ne voulez pas être jugé, c'est la honte qui vous enferme.
Les enfants aussi connaissent cela : de voir des bancs dehors sur lesquels les autres vont s'asseoir, se reposer, parler, et se dire que ce n'est pas pour nous.
Le fait d'attendre qu'il n'y ait plus personne dehors pour oser sortir étendre notre linge...

Ce trou noir qu'est la misère peut même empêcher de vivre vraiment notre amour, parce qu'il y a trop de fatigue, parce qu'on ne ressent pas d'espoir.
Au début, quand on a des enfants, on est heureux de les voir grandir, sourire, parler, marcher. Ils nous rendent heureux.
Et puis parfois, on ne ressent plus cela. Quand le désespoir est trop fort, on regarde notre famille, et c'est tout. On est comme moins attaché. Il n'y a plus de dialogue, plus rien entre nous.
Des fois on n'a plus la force, plus de courage, on a envie de partir, de tout laisser tomber, foyer, enfants, tout. On peut aussi avoir envie de mourir.
Aujourd'hui, les pauvres sont encore à la merci des autres. Je veux dire qu'ils ne se font pas une juste idée de ce qu'ils sont. Dans notre société, quelqu'un de pauvre, c'est un peu comme une dégradation de la société.

Pour qu'une famille puisse vivre, pour qu'elle ait tout son éclat, il faut qu'elle soit ouverte, il faut qu'elle ait un nouvel air, quelque chose qui se rénove, quelque chose de frais. Pour moi, c'est le Mouvement*, et c'est le père Joseph* qui m'a apporté cette force. Quand j'ai pu lire le livre qui raconte la vie du père Joseph, je me suis trouvée *retracée* à travers sa mémoire. Je me suis reconnue à travers ce qu'il avait vécu, et à travers les familles qu'il rencontrait.
Il a eu une vie difficile. Il a souffert, il a travaillé très jeune, mais cela ne l'a pas empêché de grandir...
Sa vie, il s'en est servi pour rejoindre les gens qui sont dans le malheur. Il a réussi à faire en sorte que ces gens retrouvent la dignité, retrouvent une croyance.
Ce que je retiens surtout de sa vie, c'est d'avoir peu mais pouvoir quand même partager avec les plus démunis.
Il a donné pratiquement tout de lui.
Ce qui m'impressionne beaucoup, c'est de voir qu'un homme comme lui, un enfant du peuple, on ait pu le suivre sur son chemin, qu'il ait pu percer le monde entier.
Moi je me suis revue. A 7 ans, ma mère était malade, il fallait bien faire le ménage, la lessive, s'occuper des petits frères et sœurs. Je n'ai pas beaucoup été à l'école, je ne me suis pas beaucoup amusée.
Mais j'ai grandi quand même, j'ai appris quand même, par moi-même.
Avec le père Joseph, j'ai retrouvé une dignité, un honneur. Quand j'ai vu sa vie, j'ai dit : « C'est ma vie. » Et il faut que je continue sa lutte. Il faut que j'apporte mon savoir à toutes les familles qui sont en détresse.

Tu peux tomber, mais tu dois te relever si tu aimes les tiens.
On ne peut pas vivre toujours dans le passé, mais le passé doit servir pour l'avenir.
Quand on a mordu dans la misère, on peut mieux comprendre les autres.
Avoir une famille, c'est aussi avoir beaucoup d'ambition.
Garder un foyer et une famille, c'est une lutte de tous les jours. Et ce qui compte, ce n'est pas seulement de voir les vôtres, c'est de voir vivre d'autres aussi.
Pour aider nos enfants, il faut être forts. Si on veut qu'ils soient forts, il faut qu'ils aient un exemple. Et le père Joseph nous donne la force de nous dire : il ne faut pas abandonner.
Avec lui, on voit qu'il y a des choses qu'on n'osait pas espérer et qui se concrétisent. On comprend que même étant pauvre, on peut arriver à quelque chose. J'espère qu'il va passer dans toutes les générations.

▷
Taller de pintura*, 1983
San Jacinto, Guatemala

Een meisje van 16 wordt in een tehuis geplaatst. Haar familie is dakloos, maar ze wil naar hen terug en zegt het aan de rechter : « Ziet U niet hoe mager moeder geworden is, en hoe slecht ze eruit ziet ? Ze lijdt eronder dat haar kinderen niet bij haar zijn, en ik wil dat niet ». De rechter antwoordt : « Ik verdedig het belang van het kind, niet van de ouders ». Het meisje : « Mijn belang, dat is het belang van mijn familie. Ongelofelijk, dat mijn ouders helemaal niet meetellen, zelfs niet om hun mening te geven over hun eigen kinderen. »

Le meilleur de soi-même, enfin partagé, est bien la réponse à la question humaine de l'exclusion.

Het beste van jezelf, eindelijk met anderen gedeeld, is wel degelijk het antwoord op het probleem van uitsluiting van mensen.

Ich hatte nie Bücher, als ich klein war. Heute denke ich, daß man die Kinder von ganz klein auf lehren muß, sich still zu halten, um schöne Geschichten zu hören. Dieses Jahr habe ich eine Straßenbibliothek* begonnen.

A young girl of 16 was put in a children's home. Her family lived on the street, but she wanted to return to them and said so to the judge : " Don't you see how thin my mother has become, how unwell she is ? She is suffering because her children are not with her, and I don't want to see that." The judge replied, " I defend the interests of the children, not the parents. " The young girl replied, " My own interests are the interests of my family. It is really incredible that my parents count for nothing, not even for giving their opinion on their own children. "

Une jeune fille de 16 ans a été placée dans un foyer. Sa famille est à la rue, mais elle veut retourner chez les siens et le dit au juge : « Ne voyez-vous pas comme ma mère a maigri, comment elle va mal ? Elle souffre que les enfants ne soient pas avec elle, et moi, je ne veux pas voir cela. » Le juge répond : « Moi, je défends l'intérêt des enfants, pas des parents. » La jeune fille répond : « Mon intérêt à moi, c'est l'intérêt de ma famille. C'est vraiment incroyable que mes parents ne comptent pour rien, même pas pour donner leur avis sur leurs propres enfants. »

Elend ist für mich, wenn Sie mich zum Reden auffordern und mir dann nicht zuhören. Elend ist auch, daß ich nicht sagen kann, wer ich bin.

Nosotros somos pobres, pero nuestro corazón no es pobre.

Vouloir comprendre les pauvres exige que nous acceptions d'être, au moins pour un temps, livrés à leur mode de pensée, afin d'en être transformés.

If we want to understand the poor, it means that we have to accept to enter for a time into their way of thinking, and emerge changed by the process.

Si queremos comprender a los pobres, ésto exige aceptar dejarnos impregnar por su manera de pensar, y así transformarnos.

While walking in the town, we met some families who live along the riverbank. These families were chased from everywhere they went.
We decided to start a street library* there. During my first visit, a man said to me, " No one ever comes here for our children. You are the first. "
Another man said sharply, " We do not want books here! Here, we have to fight to feed ourselves. Here the children die of hunger. If you show books to the children, you will make them soft. "
But after the library, the man took a coin out of his pocket and gave it to me, saying, " It's for your next journey. " I did not want to accept it, but he insisted, adding, " Man does not live by bread alone, but also by knowledge. "

Seit zwei Jahren hat Rosa nicht mehr das Recht, ihre Kinder zu sehen. Sie hält nicht inne, ihnen Pullover zu stricken.
Eines Tages lud sie mich in ihre Wohnung ein. Sie zeigte mir das kleine Zimmer, das für die Rückkehr ihrer Kinder bereitsteht. Auf zwei sauber bezogenen Betten lagen zahlreiche Teddybären, als kämen die Kinder noch am selben Abend heim.
Manchmal, wenn die Kinder abwesend sind, besucht Rosa die Pflegemutter. An diesem Tag macht sie sich schön. Sie bringt einen Blumenstrauß mit für die Pflegemutter und Geschenke für die Kinder. Ich habe gesehen, wie sie für jedes Geschenk das passende Papier auswählte. Nichts unterschied sie dabei von irgendeiner Mutter auf dieser Welt.

I feel poor when you tell me to speak and then you don't listen to me.
I feel miserable when I can't say who I am.

En marchant dans la ville, nous avons rencontré des familles très démunies qui vivent le long de la rivière. Ces familles ont été chassées de partout.
Nous avons décidé d'y commencer une bibliothèque de rue*. Lors de ma première visite, un homme me dit : « Il n'y a jamais personne qui vienne ici pour nos enfants. Vous êtes les premiers. »
Un autre homme m'apostrophe : « On ne veut pas de livres ici ! Ici, on doit se battre pour se nourrir. Ici, les enfants meurent de faim. Si tu montres des livres aux enfants, tu vas les faire fondre ! »
Mais après la bibliothèque, l'homme a pris de sa poche un lempiras (un sou) pour me le donner, me disant : « C'est pour ton trajet de retour. » Je ne voulais pas accepter, mais il insista en ajoutant : « L'homme ne vit pas seulement de pain, mais aussi de savoir. »

Hace dos años que Rosa no tiene el derecho de ver a sus hijos, pero ella continua haciéndoles jerseys.
Un día, me hizo entrar en su casa. Me hizo visitar la habitación, lista para el regresso de sus hijos. Había dos camas bien hechas, con muñecos por todos sitios, como si los niños fuesen a volver esa misma noche.
Algunas veces ella va a casa de la ama de cría cuando los niños no están. Ese día, se pone guapa. Lleva un ramo de flores para la ama de cría y regalos para los niños. Esa semana, la veía escoger el papel de regalo para cada regalo, como lo hacen todas las madres de la tierra.

Jeanpierre Beyeler
Amparo, 1989
Guatemala Ciudad

Auf unseren Erkundungsgängen in der Stadt sind wir Familien begegnet, die am Flußufer leben, weil sie überall vertrieben worden sind. Wir beschlossen, dort eine Straßenbibliothek* aufzubauen. Bei meinem ersten Besuch sagte mir ein Mann : « Nie kommt jemand für unsere Kinder hierher, ihr seid die ersten. »
Ein anderer Mann schnauzte mich an : « Wir brauchen hier keine Bücher. Wir müssen kämpfen, damit wir zu essen haben. Die Kinder verhungern hier. Wenn du ihnen Bücher zeigst, setzt du ihnen bloß Illusionen in den Kopf. »
Aber nach der Bücherstunde angelte der Mann eine Münze aus seiner Tasche und reichte sie mir : « Das ist für die Rückfahrt.» Ich wollte sie nicht annehmen, aber er beharrte darauf.
Seine Begründung : « Der Mensch lebt nicht von Brot allein, sondern auch von Wissen. »

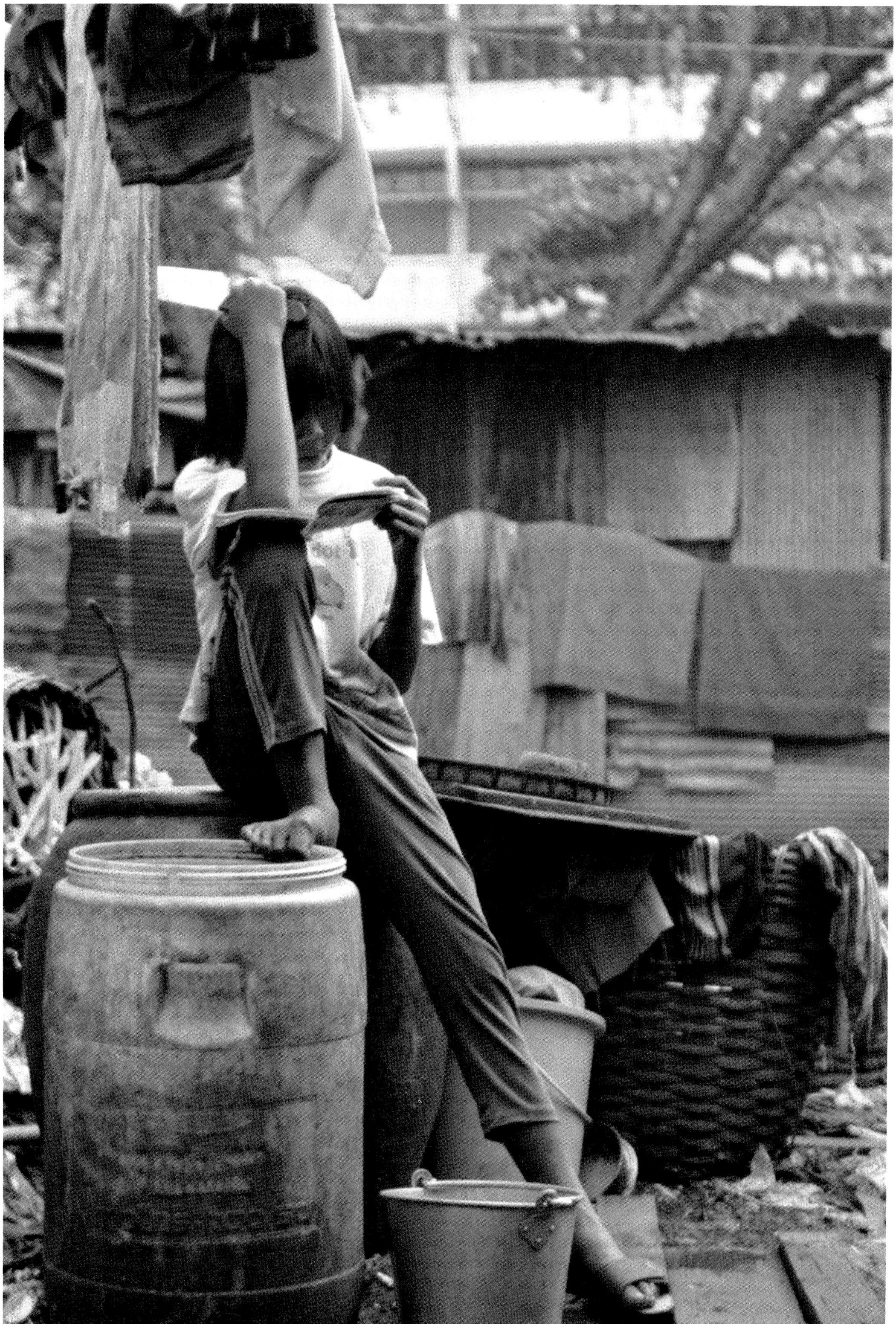

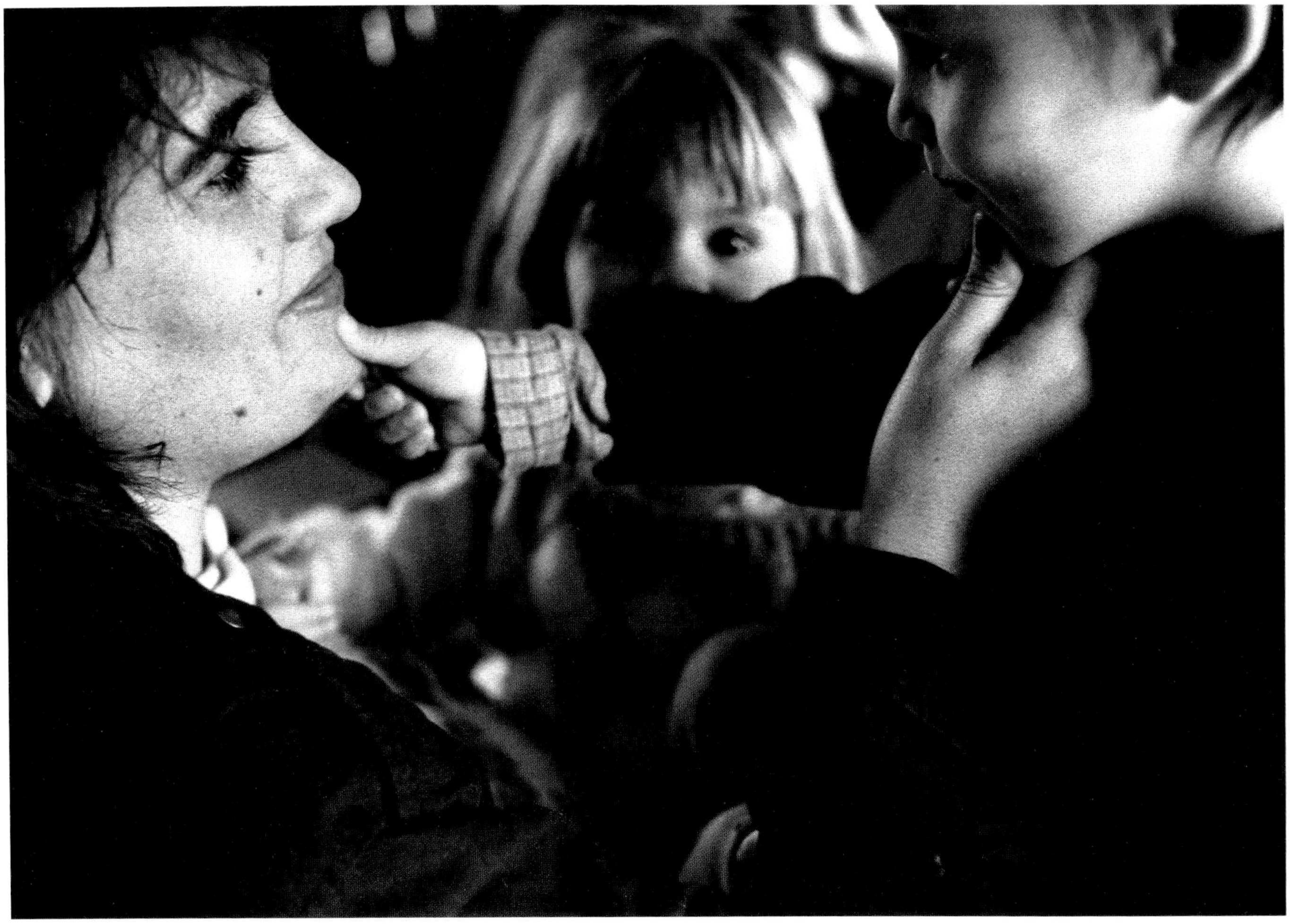

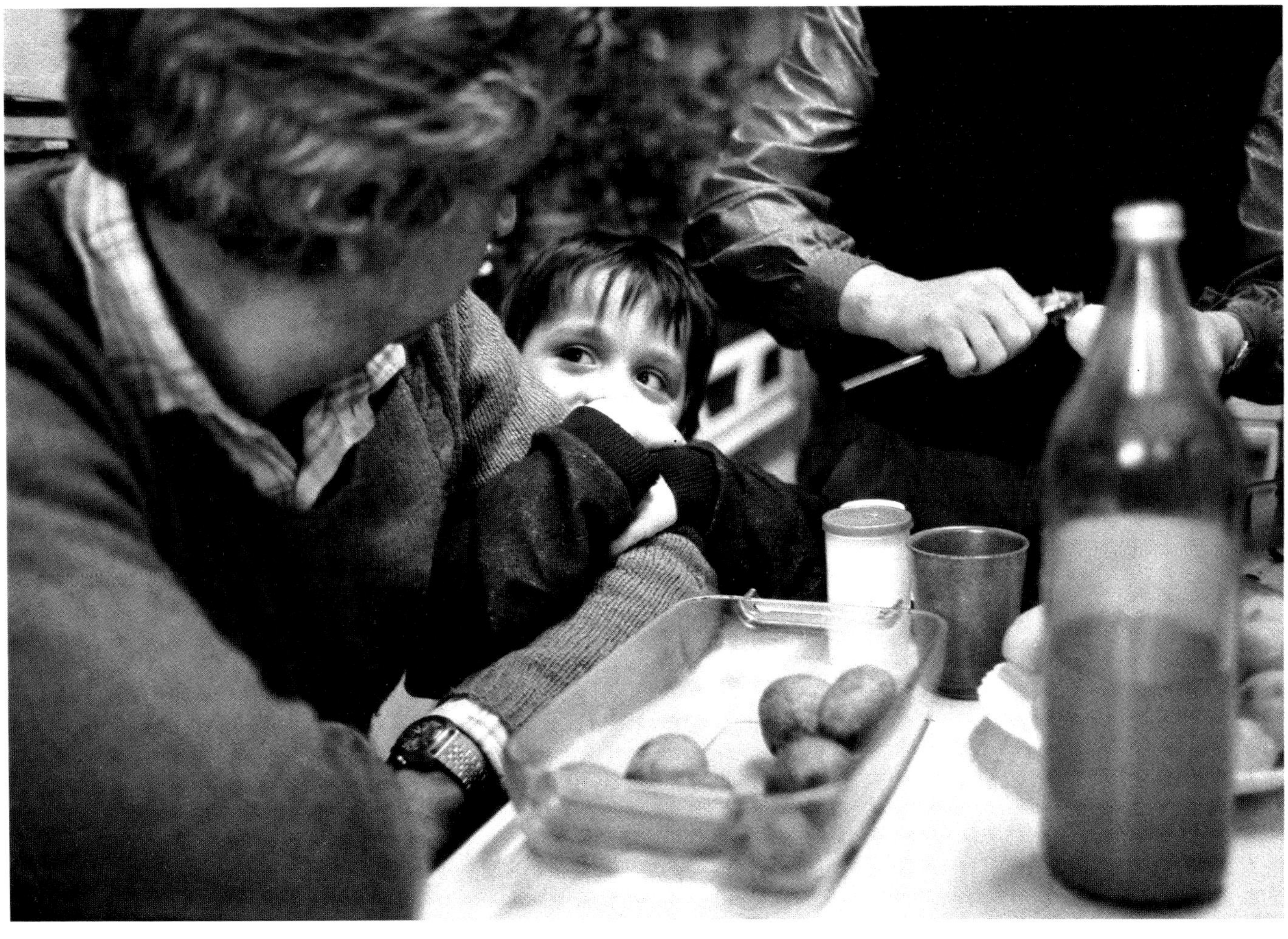

115

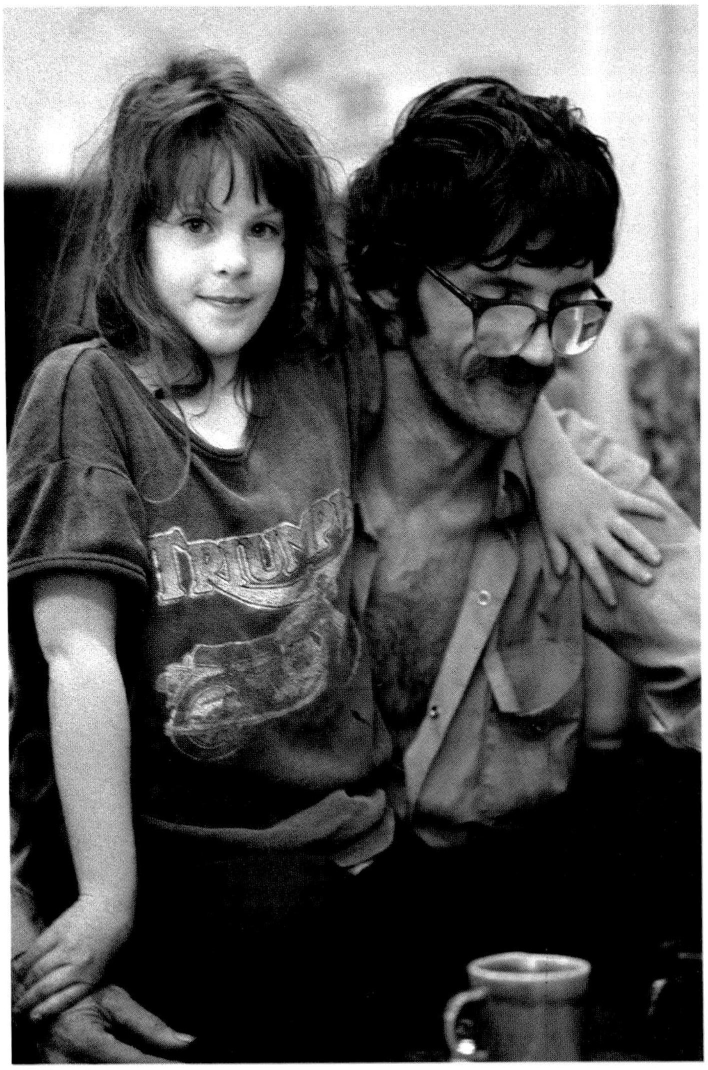

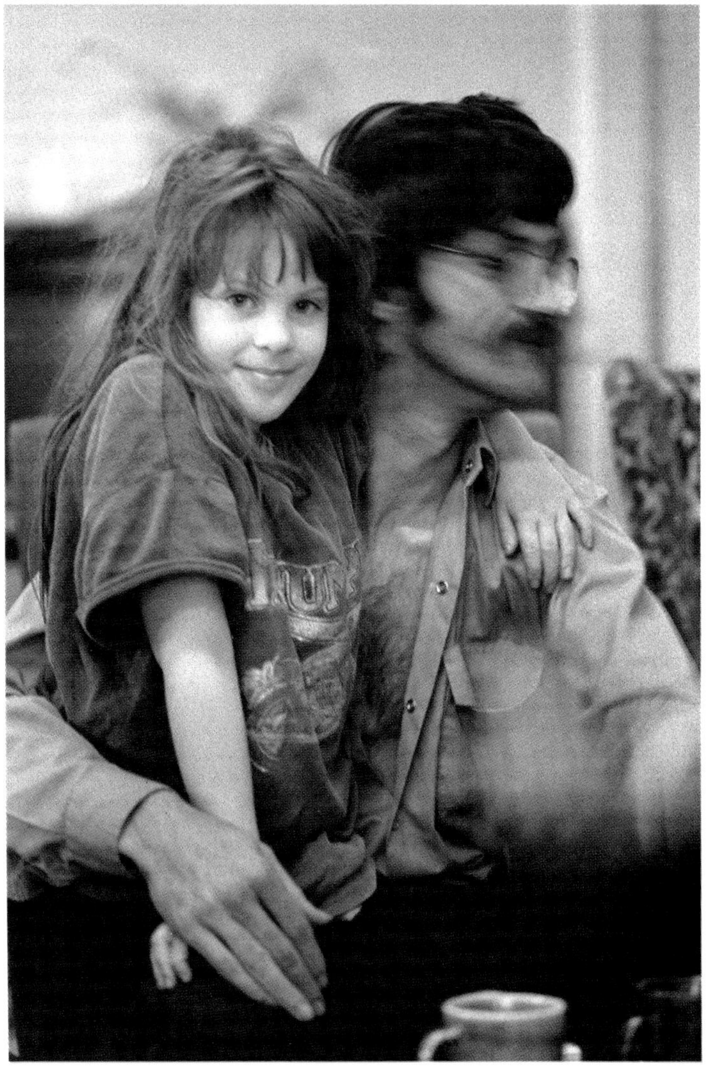

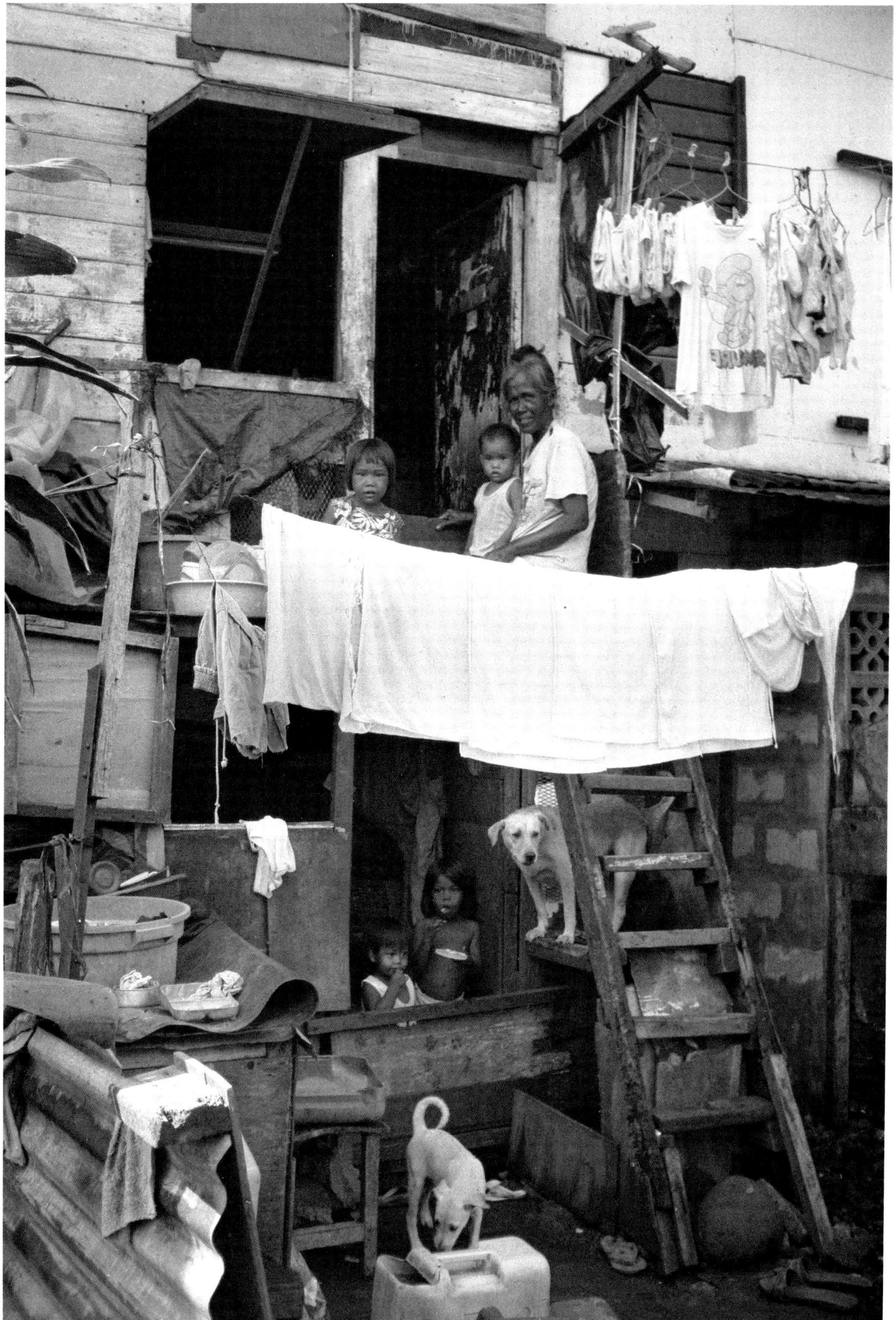

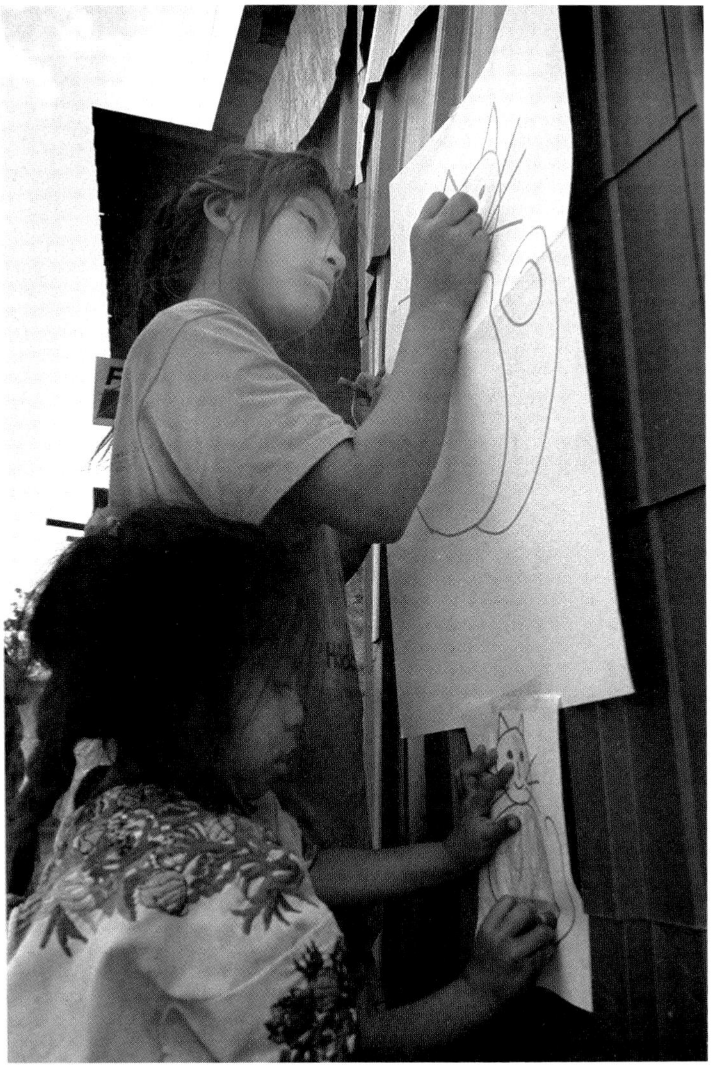

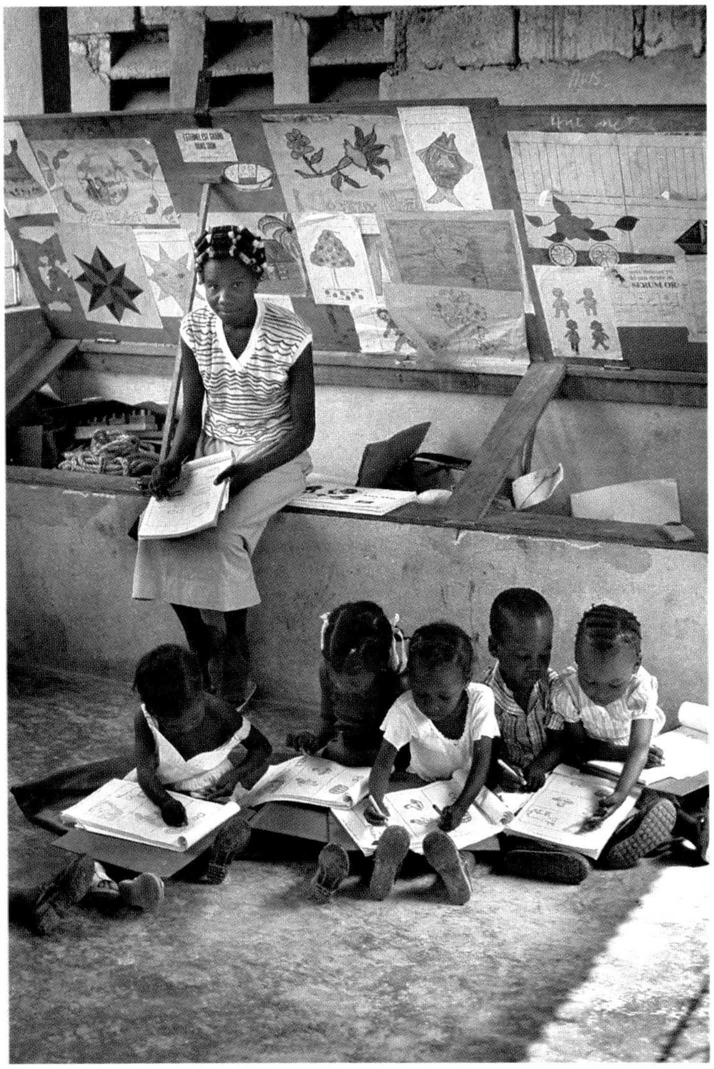

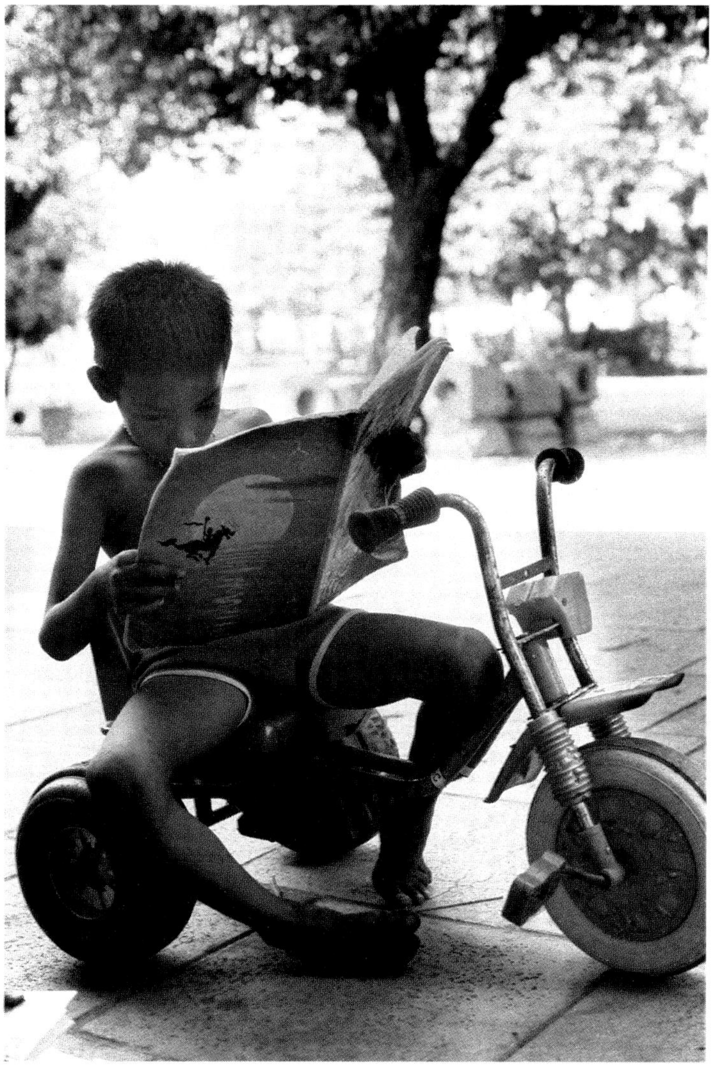

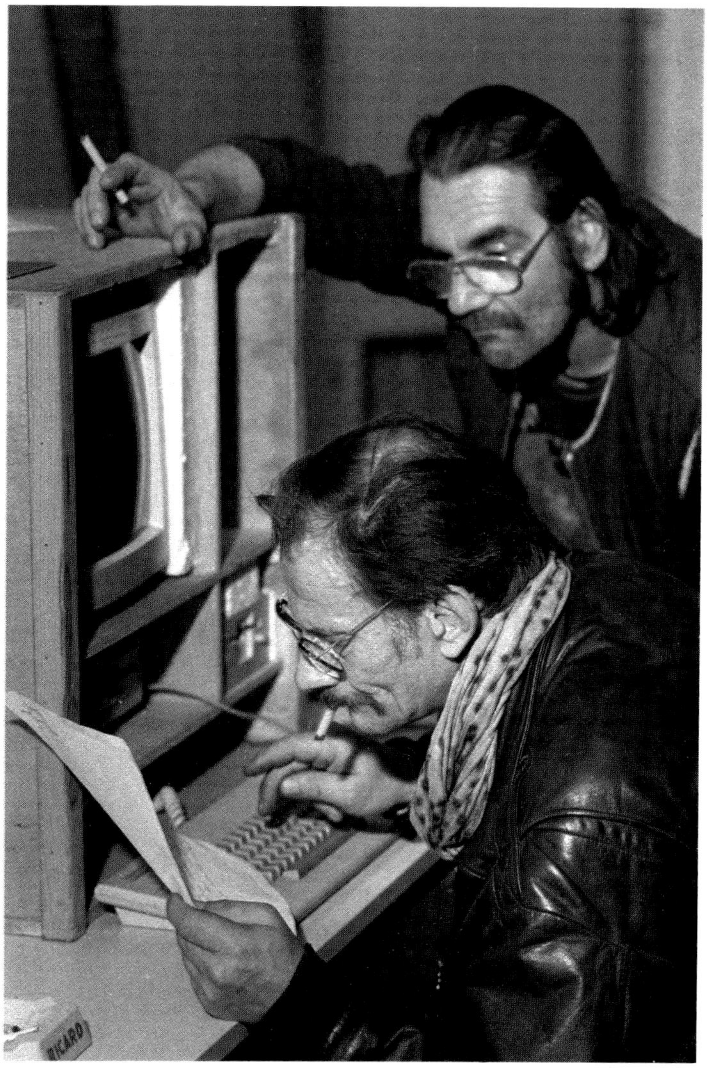

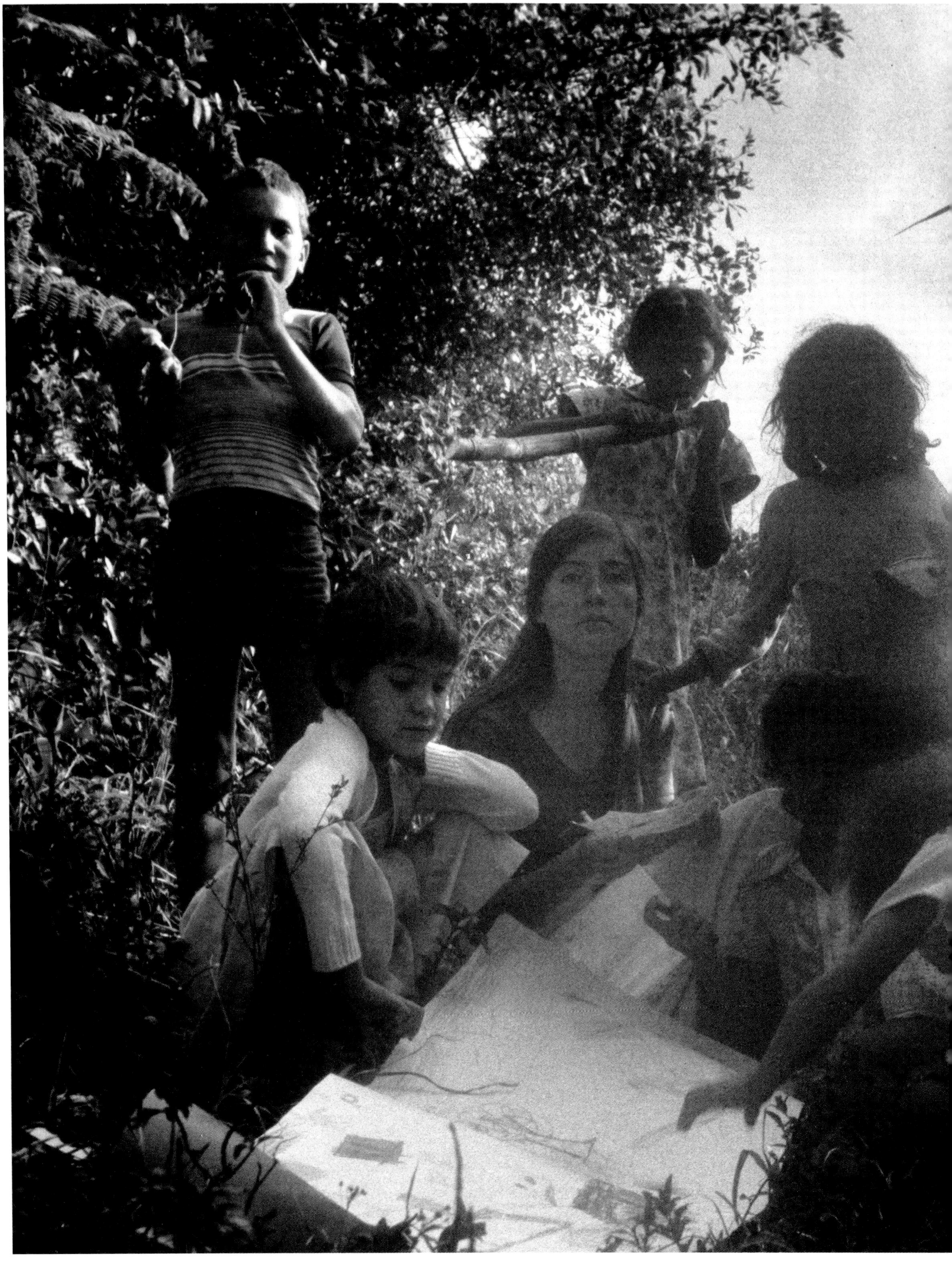

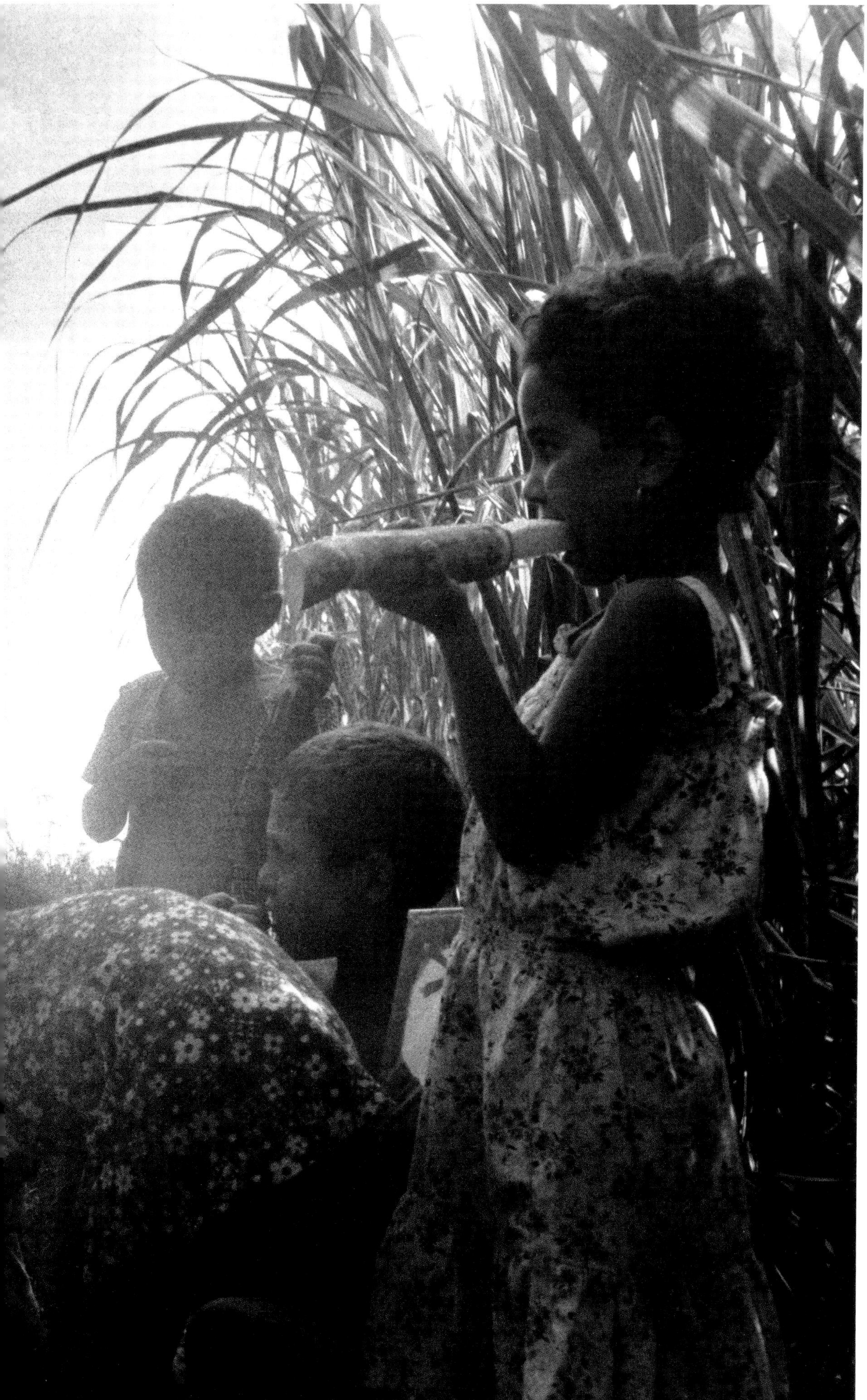

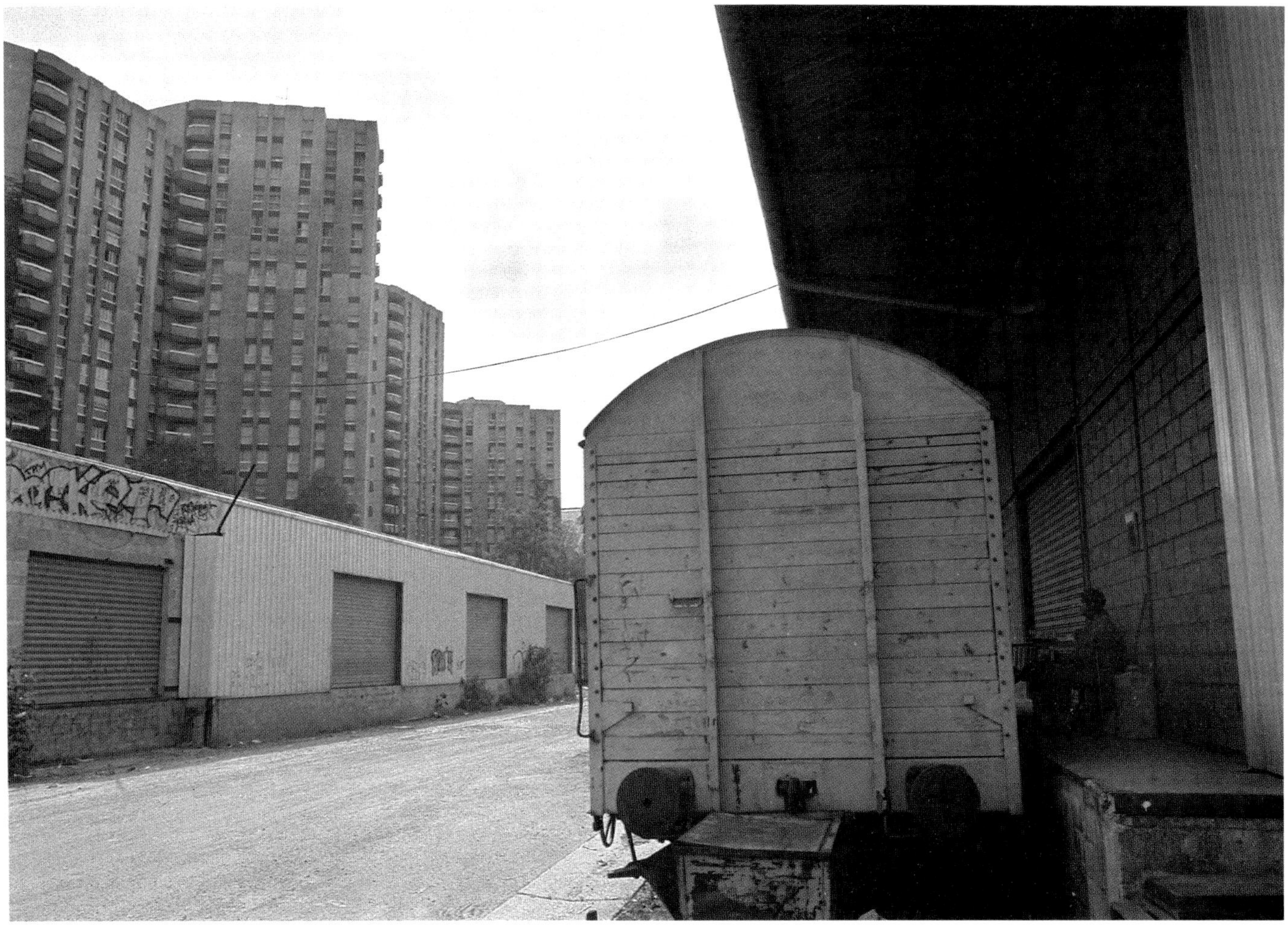

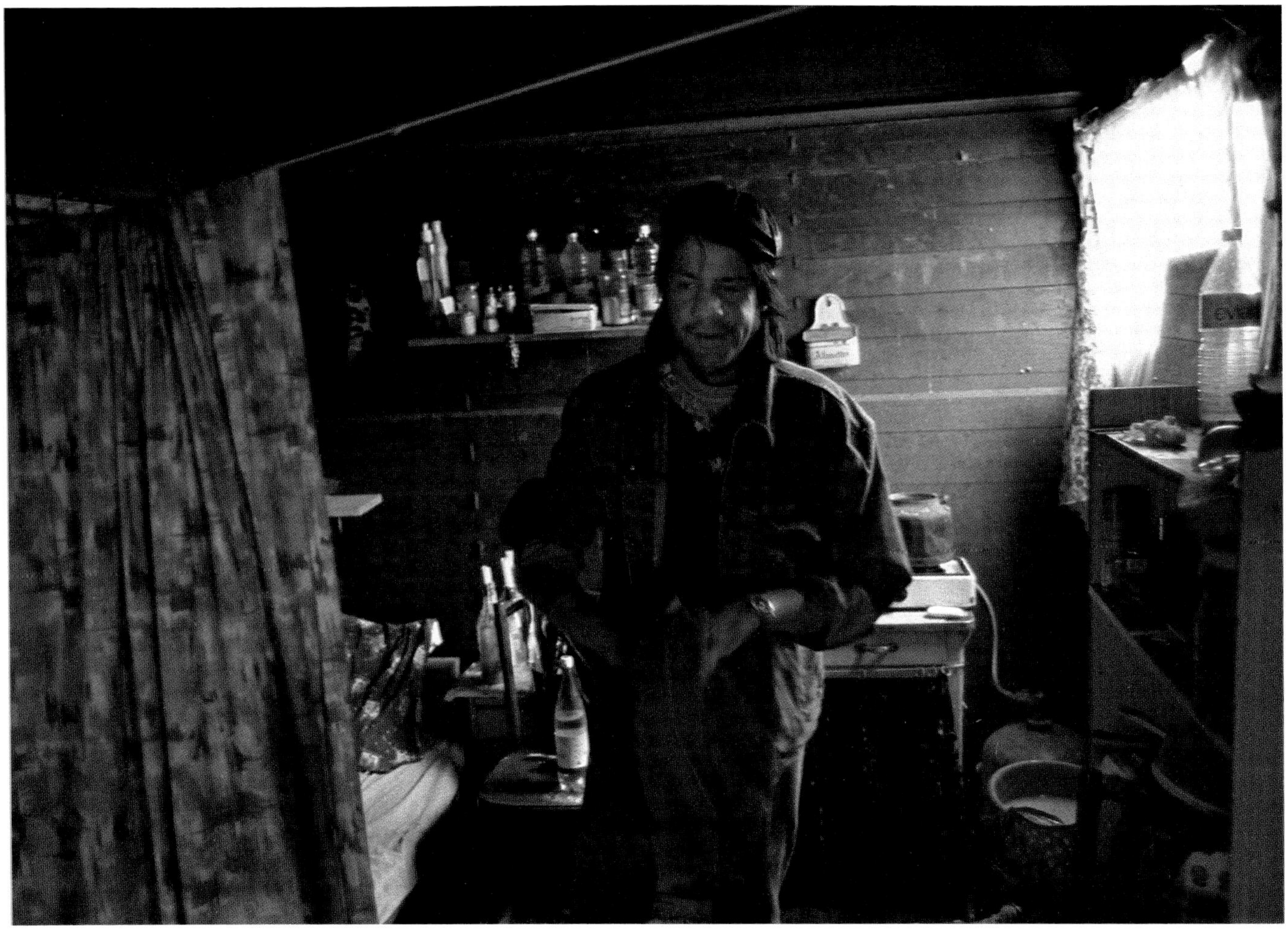

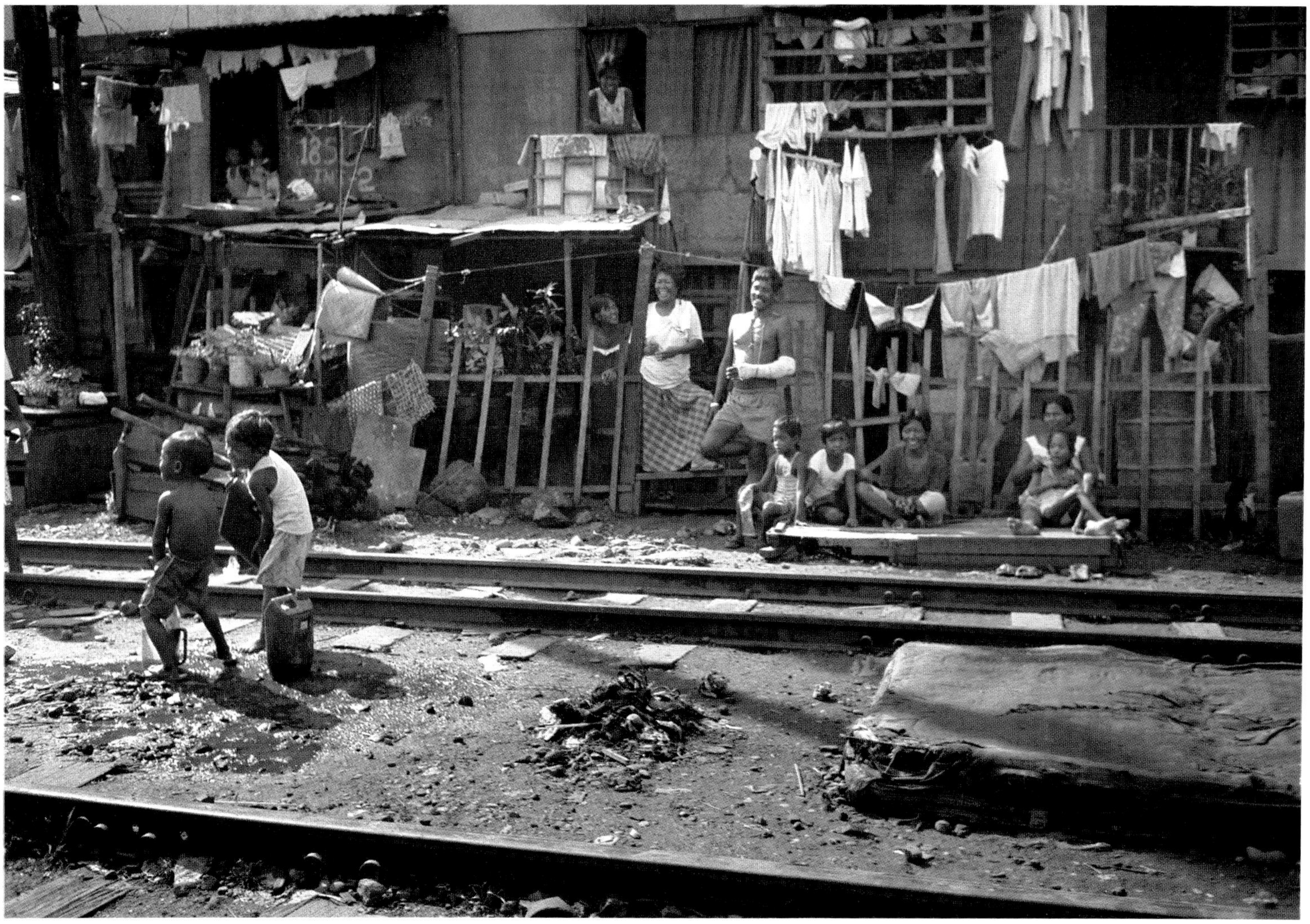

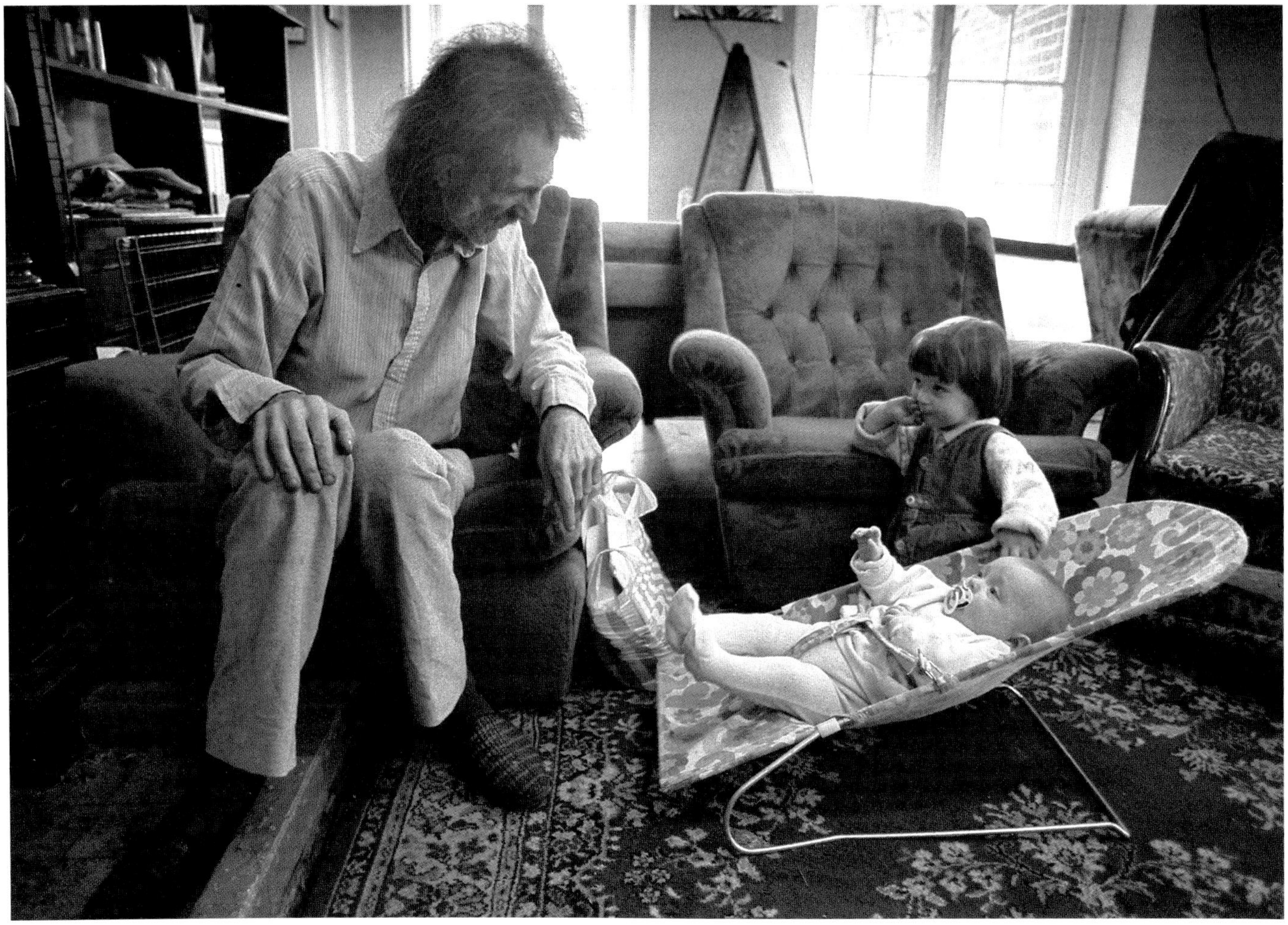

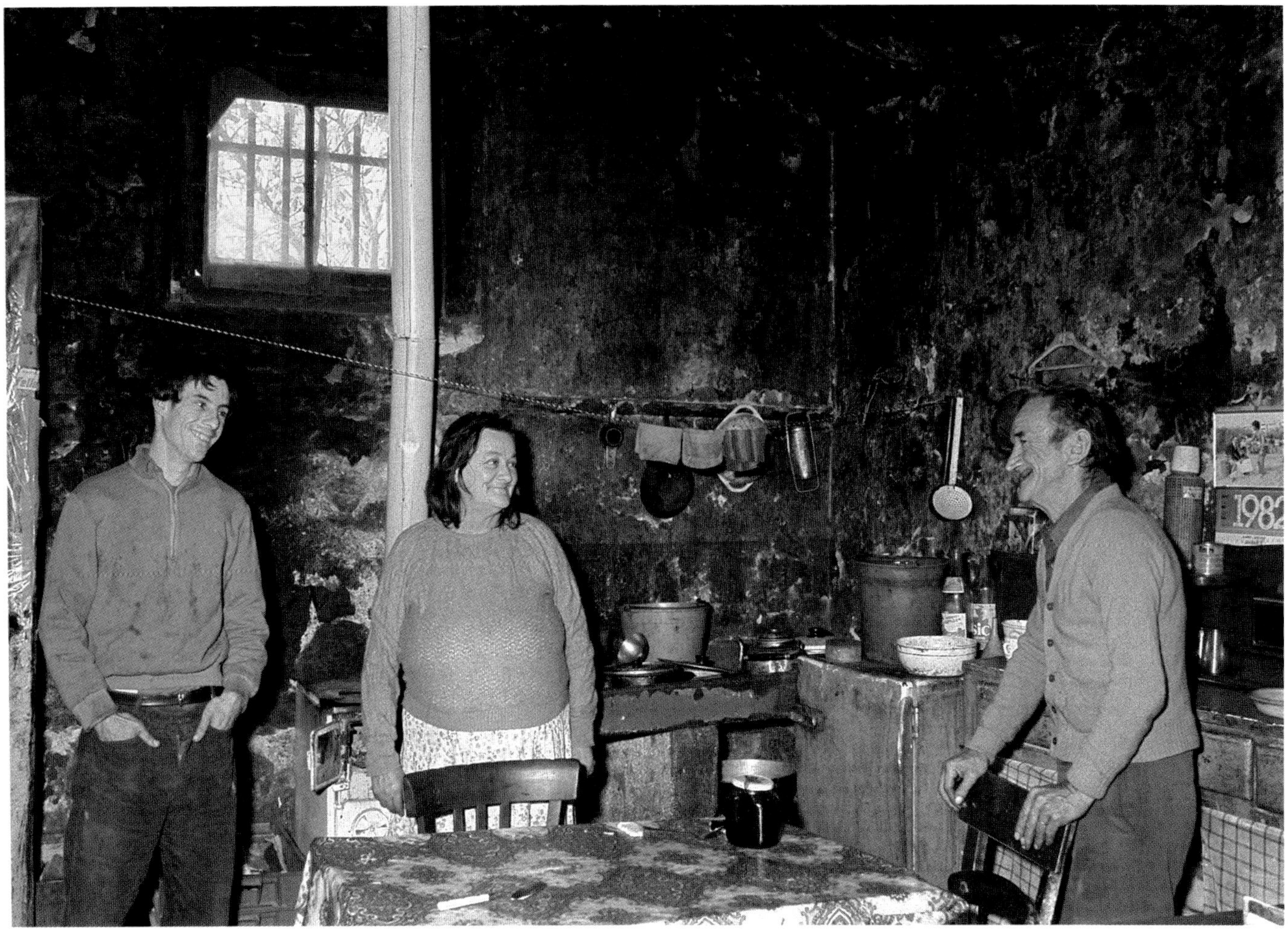
1982

125

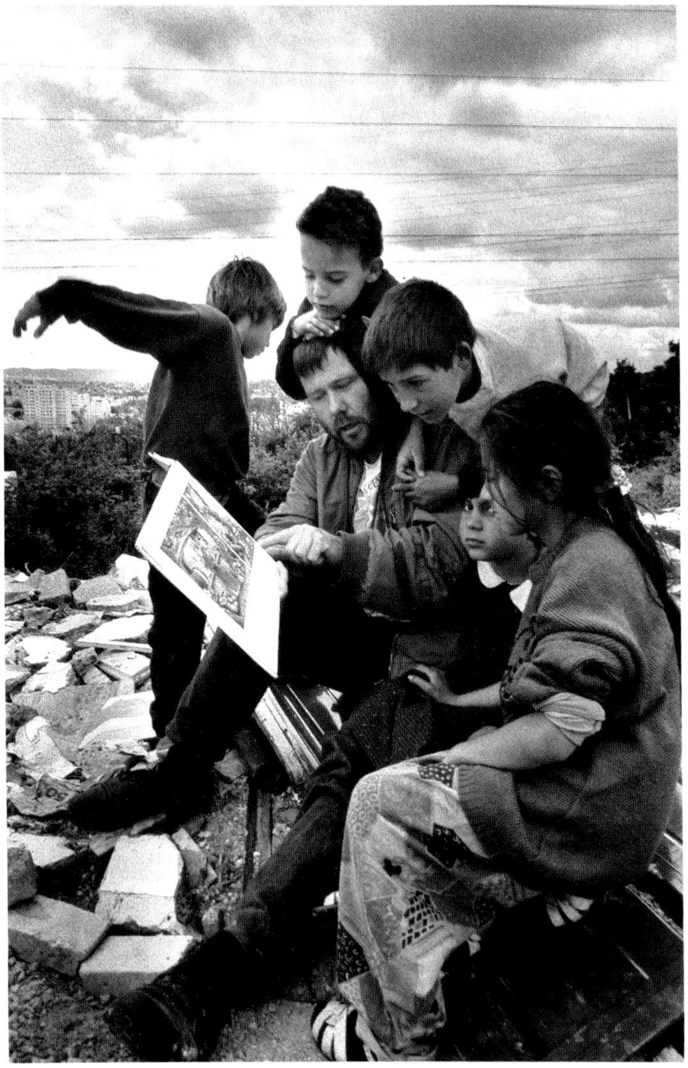

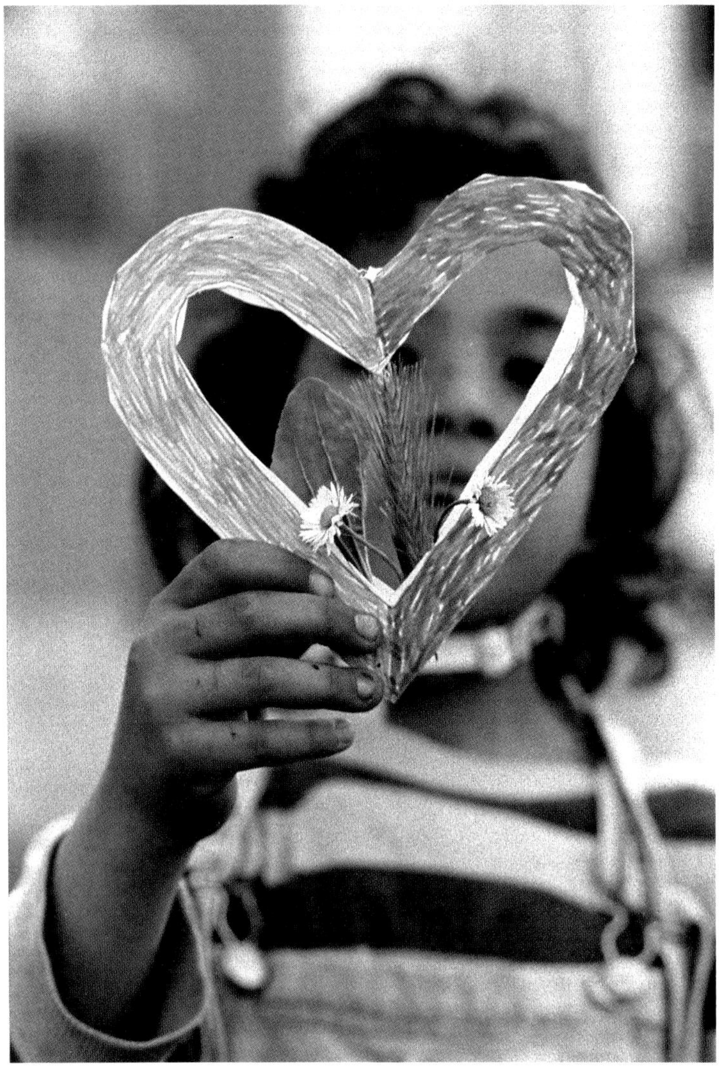

127

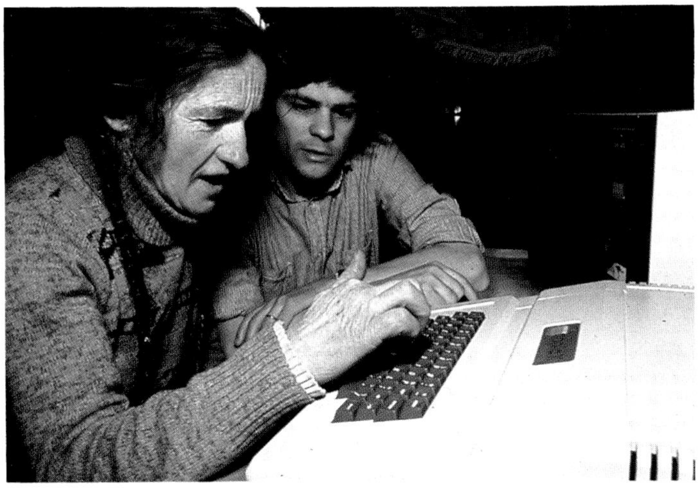

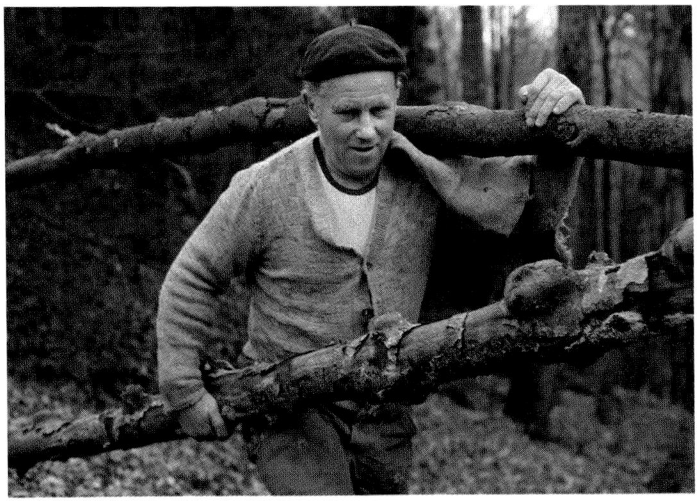

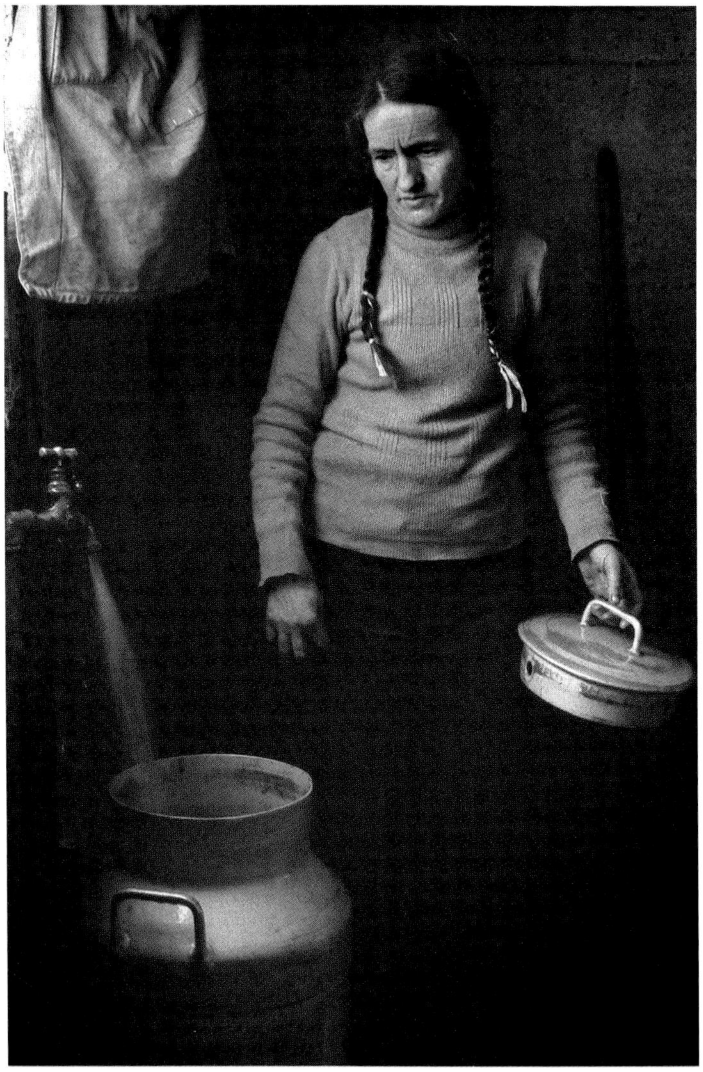

IL N'Y A QUE LE TRAVAIL
QUI SAUVE

130

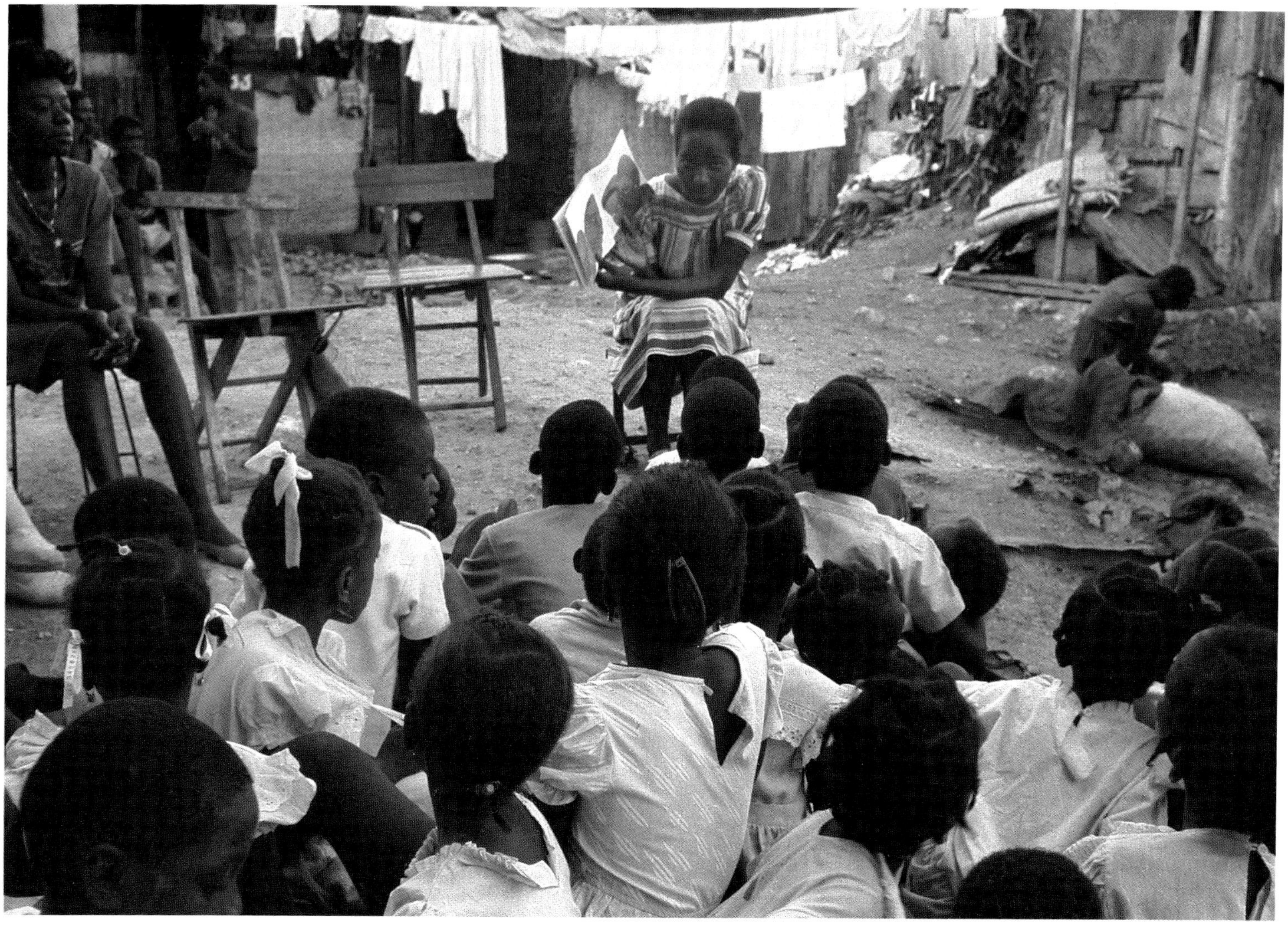

If we want extreme poverty to disappear one day, we must implant in the hearts of children an immense hope, an immense love for their people, for their country, for the earth.

Winfried Veit, céramiste-sculpteur, et des enfants de la cité promotionnelle*, 1973
Céramique
Noisy-le-Grand, France

Notre Pays, 1994
Gouaches
Moscou, Russie

Réalisées par des enfants accueillis par Svetlana S. Levitina, fondatrice du mouvement « F » dans les années 80 à Moscou, pour répondre aux besoins des enfants et adolescents vivant dans la rue.

Paintings done by children in Moscow in a centre run by the Movement "F", funded by Svetlana S. Levitina in the 1980s, for children and young people living in the street.

Het gezin is het mooiste op de wereld, want daar geven we de kinderen en jongeren kracht, moed en vreugde in het leven. En dan is het hun beurt om iets nieuws te brengen en dingen te doen waar we zelf niet eens aan hadden gedacht.
Maar soms kun je als gezin samenleven en toch eenzaam zijn, geen hoop meer hebben, niet meer kunnen geloven dat er nog mogelijkheden zijn en niet meer durven hopen. Als je altijd maar alles moet vragen en jezelf bekeken voelt, dan sluit je je op in jezelf. Dan ben je bang.
Nog vandaag de dag zijn er velen die bang zijn: bang dat hun gezinsleven wordt stukgemaakt, bang dat hun kinderen uit huis worden geplaatst; je wilt niet dat mensen over je oordelen, je sluit je op van schaamte.
De kinderen kennen dat ook : de banken buiten zien waar anderen op komen zitten, om uit te rusten en te kletsen, en dan denken dat het niet voor ons is.
Wachten dat er niemand meer buiten is voordat je je eigen was durft op te hangen...
Dat zwarte gat dat armoede is, kan ons zelfs beletten om onze liefde te beleven, want want we zijn veel te moe en hebben geen hoop meer.
Als je kinderen hebt, dan ben je aanvankelijk blij ze te zien opgroeien, hun eerste glimlach, hun eerste woorden, hun eerste stap. Ze maken ons echt blij. En dan is er soms niets meer van dit alles. Als de wanhoop al te sterk is, dan kijk je naar je gezin, dat is alles. Je bent dan als het ware minder aan hen gehecht. Dan is er geen dialoog meer, niets meer tussen ons.
Soms hebben we geen kracht en geen moed meer, we zouden het liefst weggaan en alles laten vallen: het huishouden, de kinderen, alles. Of we zouden dood willen gaan. Thans zijn de armen nog steeds met huid en haar overgeleverd aan de anderen. Ik bedoel dat ze geen helder idee hebben van wat ze eigenlijk zijn. In onze samenleving is een arme een beetje als de verwording van de samenleving.
Wil een gezin leven en aantrekkelijk zijn, dan moet het open staan, iets nieuws hebben, iets dat zich vernieuwt, iets verfrissends.
Voor mij zijn het de beweging en Père Joseph die me deze kracht gegeven hebben. Toen ik het boek las dat het leven van Père Joseph beschrijft, voelde ik eigenlijk mezelf beschreven. In wat hij had doorgemaakt en in de gezinnen die hij ontmoette, heb ik mezelf herkend.
Hij heeft geen makkelijk leven gehad. Hij heeft geleden, hij heeft al heel jong moeten werken, maar dat heeft hem niet belet om groot te worden...
Hij heeft zijn leven gebruikt om naar de mensen te gaan die ongelukkig zijn. Hij is er in geslaagd te maken dat mensen hun waardigheid terugvinden, en weer ergens in gaan geloven. Wat ik vooral van zijn leven onthoud, is dat hij weinig had maar toch kon delen met de allerarmsten. Hij heeft werkelijk alles van zichzelf gcgcven.
Wat veel indruk op me gemaakt heeft, is dat ze een man als hij, een kind van het volk, hebben kunnen volgen op zijn weg, en dat hij in de hele wereld bekend is geworden. Ik heb mezelf teruggezien. Toen ik zeven jaar was, was mijn moeder ziek en moest ik het huishouden doen, de was en voor de kleinere broertjes en zusjes zorgen. Ik ben niet veel op school geweest, en ik heb niet veel plezier gehad.
Maar toch ben ik groot geworden, toch heb ik op eigen krachten geleerd. We kunnen niet altijd in het verleden blijven leven, het verleden moet dienen voor de toekomst. Met Père Joseph heb ik mijn waardigheid, mijn eer teruggevonden. Toen ik zijn leven zag zei ik onmiddellijk : « Dat is mijn leven ». En ik moet zijn gevecht voortzetten. Ik moet mijn kennis brengen aan alle gezinnen in nood. «Je mag vallen, maar je moet weer opstaan als je van de jouwen houdt». Als je zelf in de ellende gezeten hebt, kun je beter de anderen begrijpen.

Een gezin hebben, dat betekent ook veel ambitie hebben. Een huis en een gezin onderhouden, dat betekent vechten, iedere dag. En het is belangrijk om niet alleen je eigen mensen, maar ook anderen te zien leven. Je moet sterk zijn om je kinderen te kunnen helpen. Als we willen dat zij sterk zijn, dan moeten ze een voorbeeld hebben. En Père Joseph geeft ons de kracht. Dankzij hem zien we in dat er dingen gebeuren die we niet eens durfden hopen. We begrijpen nu dat zelfs als je arm bent, je iets kunt bereiken. Ik hoop dat Père Joseph in alle volgende generaties gehoord zal worden.

Cuando los jóvenes salen de los hogares infantiles, ¿cómo van a poder imaginar una familia? No tenían un techo y durante toda su vida han conocido solamente jóvenes que tampoco tenían familia.

Steve had expressly come to introduce his " wife " to us: " This is Sonia and her son Anthony ; he's like my son ". It was a different Steve that afternoon, happy and proud of the two people who had become part of his life. The affection between the three was obvious, but so were the obstacles they faced.
Steve had never held a stable job - we had known him since he was 13 years old, out of school, in the streets, first experimenting and then, like Sonia, seriously into the use of drugs. Both were trying to overcome their dependency through a methadone programme, sharing the tiny apartment of Steve's father and surviving on the meager Welfare grant given to Sonia for her son Anthony. Not long after we met Sonia, Steve was sent to prison for theft, and Sonia continued to come by the Fourth World house*, becoming part of our family movement.
At this point, her life seemed like a frantic whirlwind: walking, running, from family court to the public assistance office, from the methadone programme to visiting Steve in prison or her son Anthony, now in a foster home. The whirlwind was even more in her head with those impossible choices to make: take a messenger job but then miss her drug programme and be told to leave, take Anthony back or leave him in the foster home so he could finish his school year. She and her sisters had grown up in foster homes, and she did not want that to happen to Anthony. Should she go and visit him for his birthday ? " If I go, it will be too hard to leave. I'll take him home, and then I'll have a kidnapping case against me. " Should she go back with Steve, when he is out of jail ? " I love him ; but I know he will get me back into drugs. "
When Sonia learned that she was HIV positive, she took to living in the street. We tried to regain contact with her ; " I saw you, " she would later tell one of our volunteers, " but I didn't want you to see me like this. " Eventually, she did come to the Fourth World house, shivering and suffering from pneumonia. She was hospitalized, recovered, but soon after was arrested for possession of drugs and sentenced to two years in prison. The prison is far from New York City and when Anthony, now a teenager, was finally able to visit his mother, he found her confined to a wheelchair, in the advanced stages of AIDS-related illness. She was released to a hospice where she died in September 1992. How shall we remember Sonia... struggling against drugs? A victim of AIDS... homeless ? Trying to be a mother, often failing, sometimes succeeding but always starting again. Or, in her dream to be a ballerina which she revealed only before she died. All the pieces of Sonia's life, whatever their shape or colour must be taken together, like the patchwork that four members of the Fourth World made in her memory. As one explained, " We wanted the quilt to be like Sonia, warm and cheerful...the yellow and blue squares recall the ups and downs of her life, the jail, and the people still suffering alone..."
One person in the group had never known Sonia, but hearing Sonia's story inspired her to launch the project; the other women knew first hand the experiences in Sonia's life. In making the quilt together and confronting the elements of Sonia's life and their own, they had to find a common understanding, despite their different backgrounds. They discovered, because of a woman whom many judged incapable of raising a family, that they are indeed part of the same human family whose task still remains to include those " still suffering alone " .

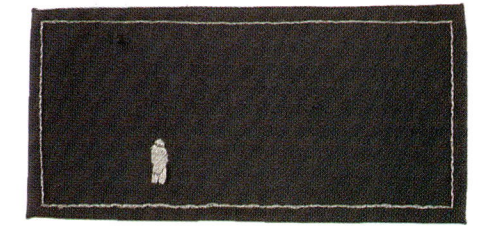

La familia avanza y no retrocede. Lo más penoso es que siempre hay que repetir las mismas cosas, siempre exponer nuestra vida. Toman en cuenta solamente nuestro pasado, no ven los esfuerzos que realizamos todos los días.

p136, 137
Children from Taiwan
*Tapori banner**, 1993
Material, 90 x 240 cm
See note p. 160
▷ ▷

Patchwork for Sonia, 1993
Fourth World House*
New York, USA

*The Tapestry** (Toile des Absents), 1989
Fourth World House*
New York, USA

After a fire in the family's apartment, mother and children are housed in a room in a Welfare Hotel. As they are not married, the father cannot join them and is left alone in the street.

La maison est détruite par le feu ; la mère et les enfants sont logés dans une chambre d'un Welfare Hotel. Le couple n'étant pas marié, le père est refusé. Il reste seul dans la rue.

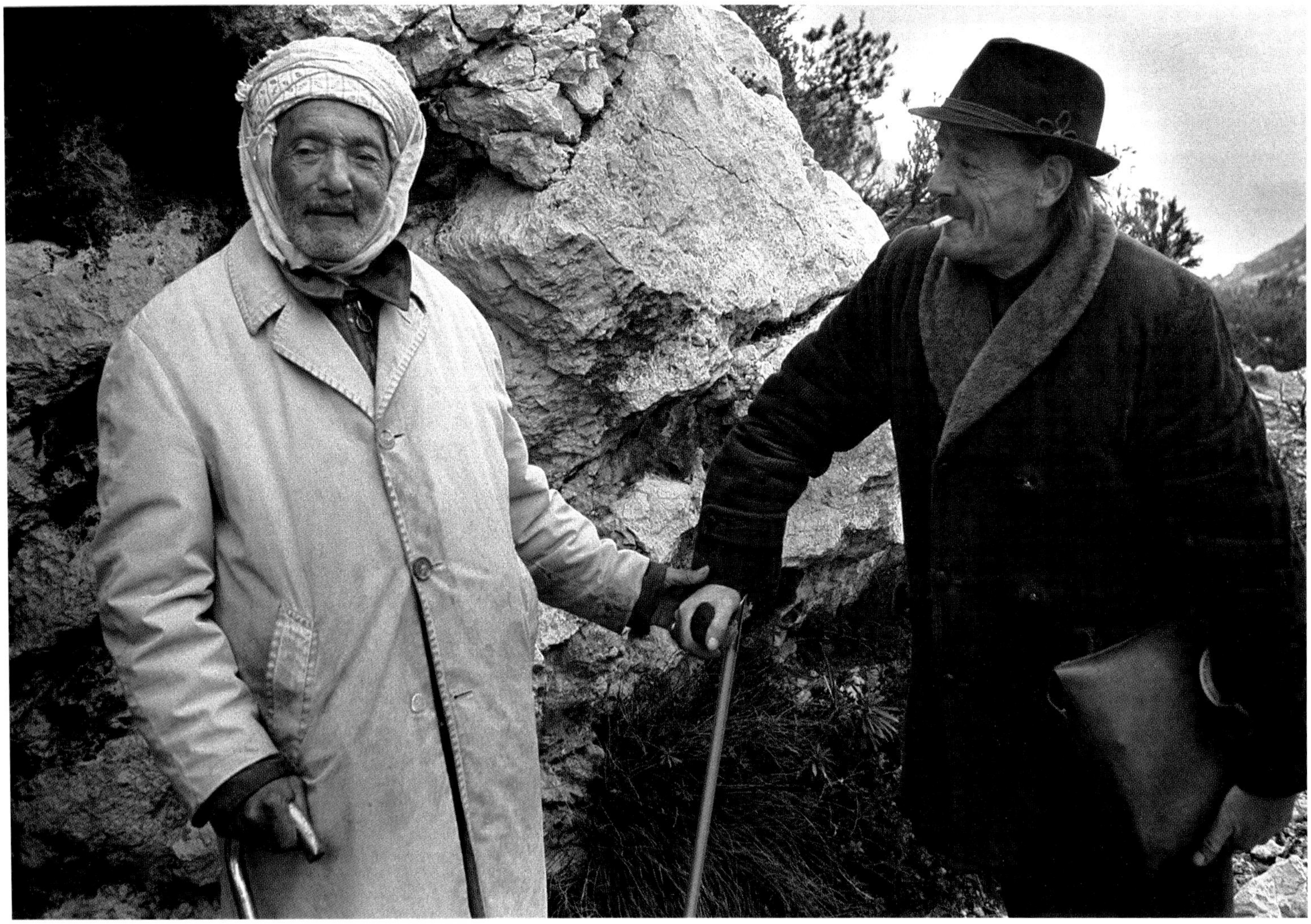

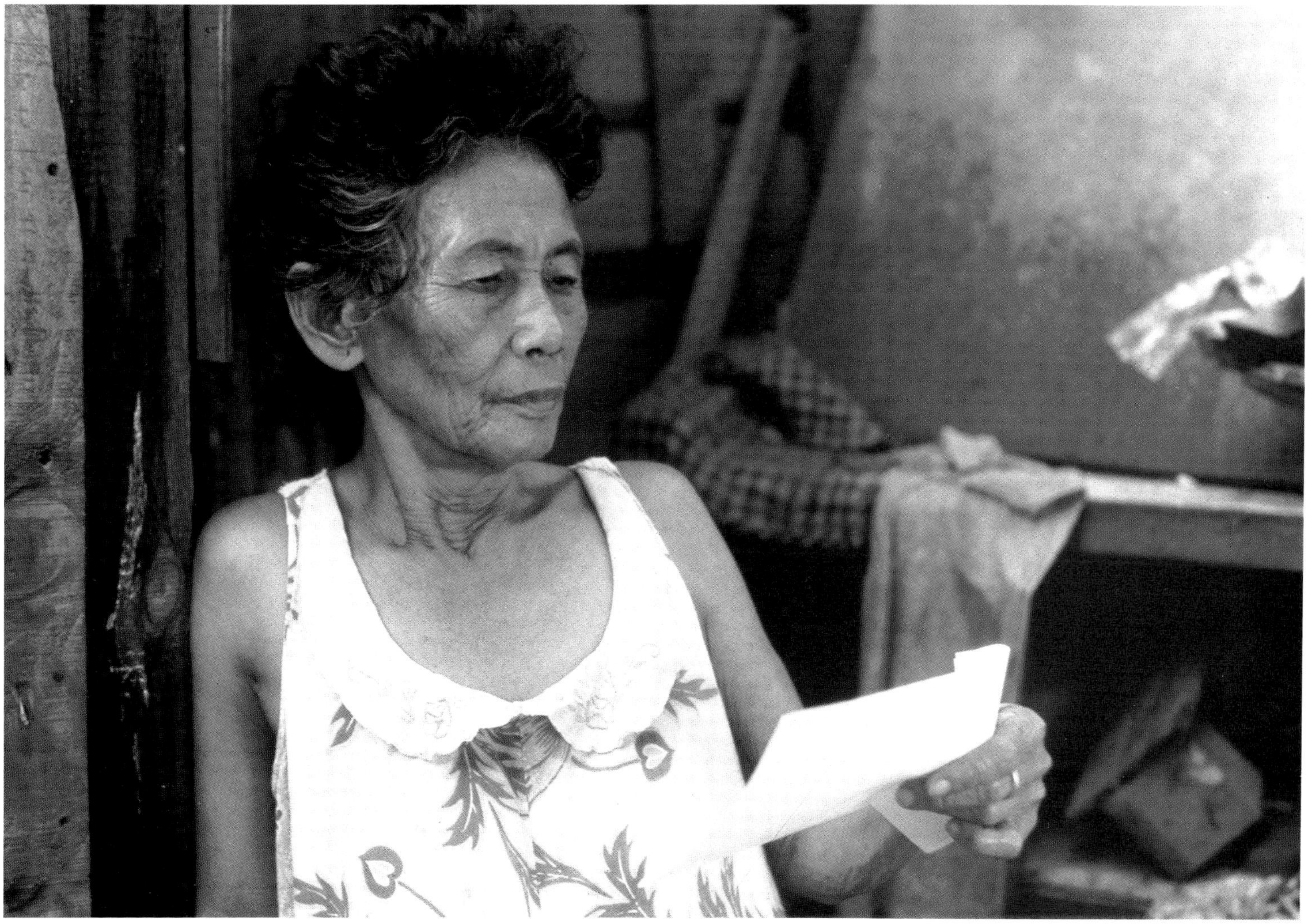

芳界的

安得廣廈千萬間庇我天下寒士俱歡顏．安得廣廈千萬間庇我天下寒士

如 陳 方色韋任
蓉 怡 施瓊憲 姓
陳哲傑 婷 張統華 欸美
張明瑩
華 林玲玫 美

希望

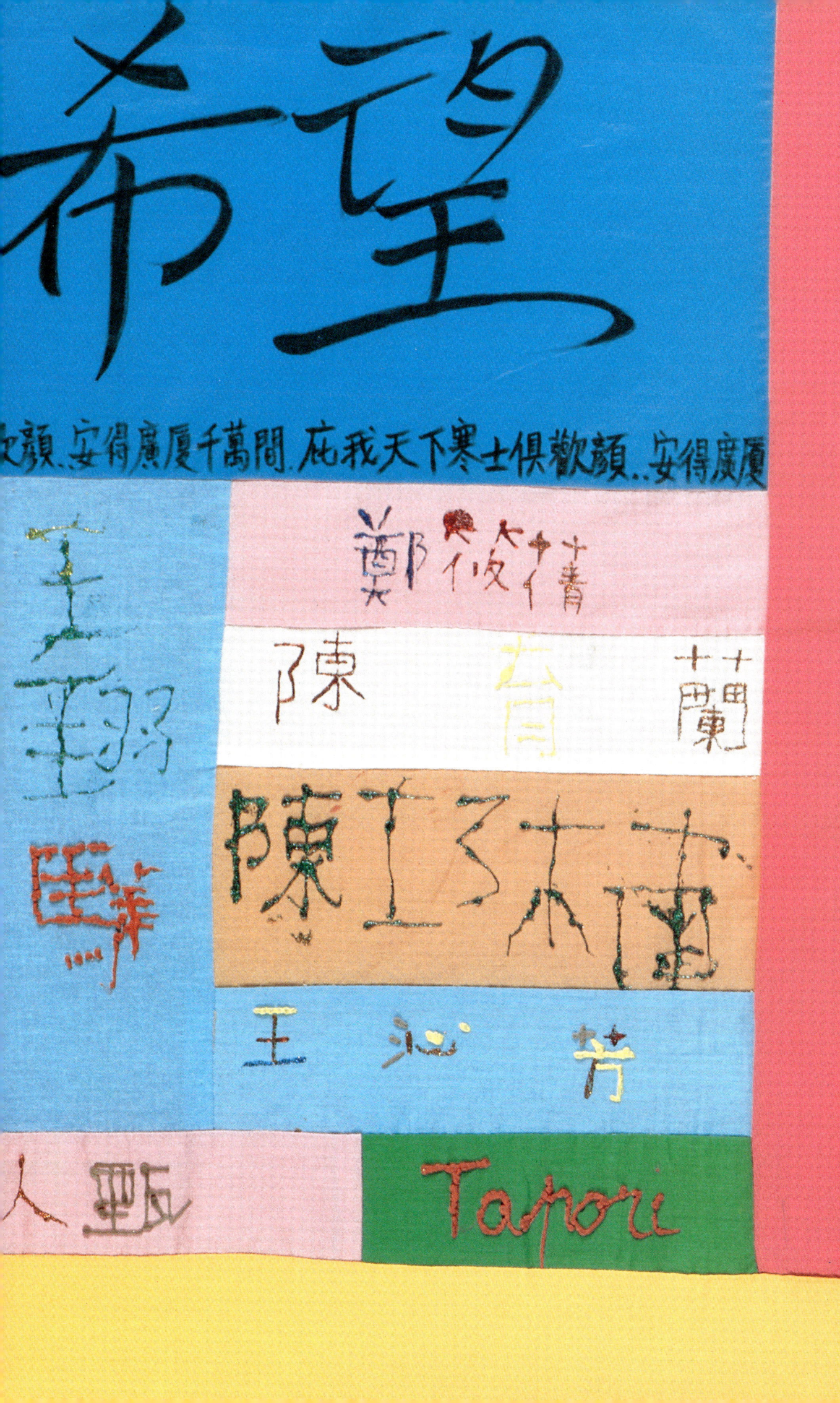

…歡顏..安得廣廈千萬間.庇我天下寒士俱歡顏..安得廣廈

鄭筱倩

陳 育 蘭

陳玟妹

王沁芳

甄人

Tapori

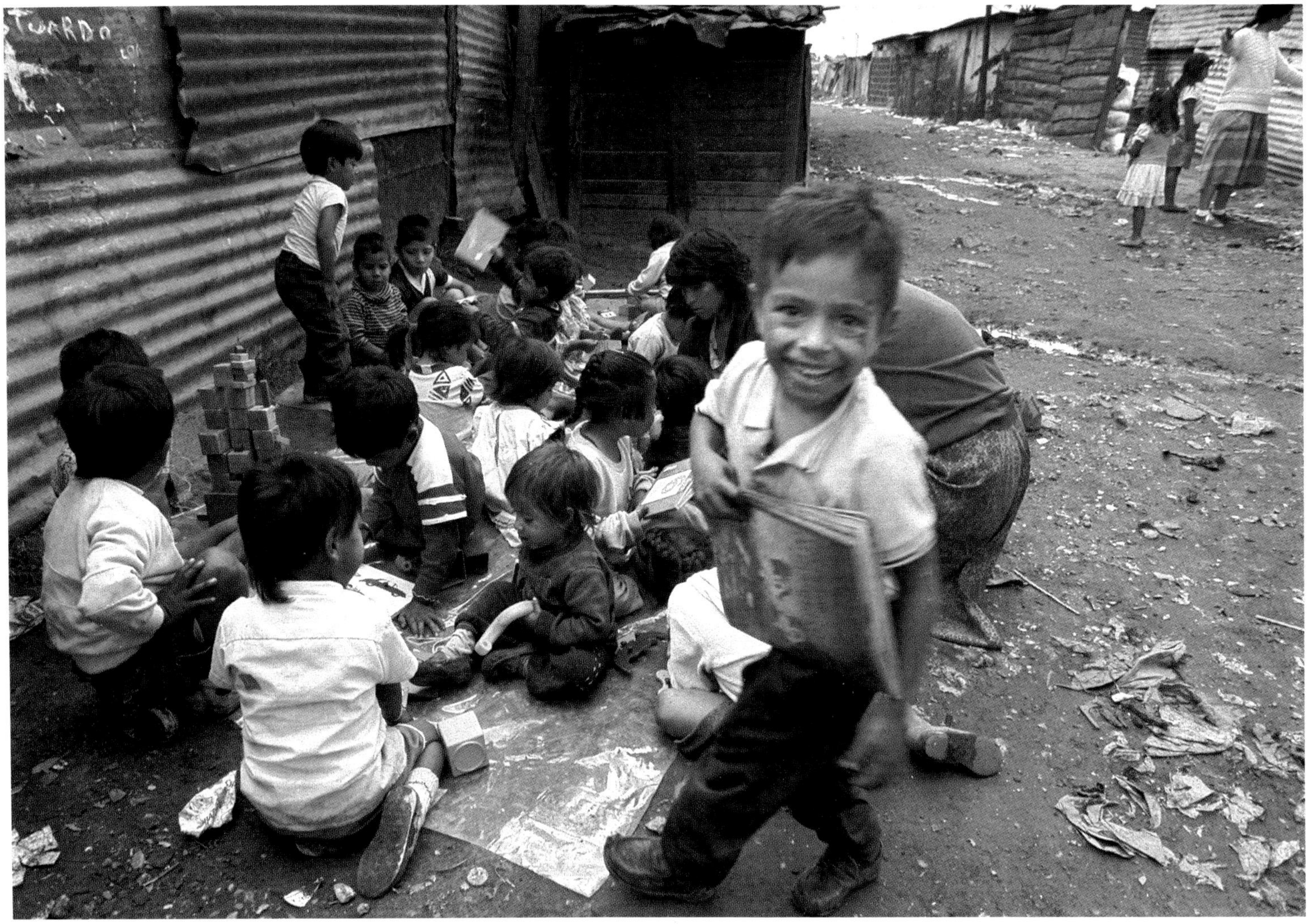

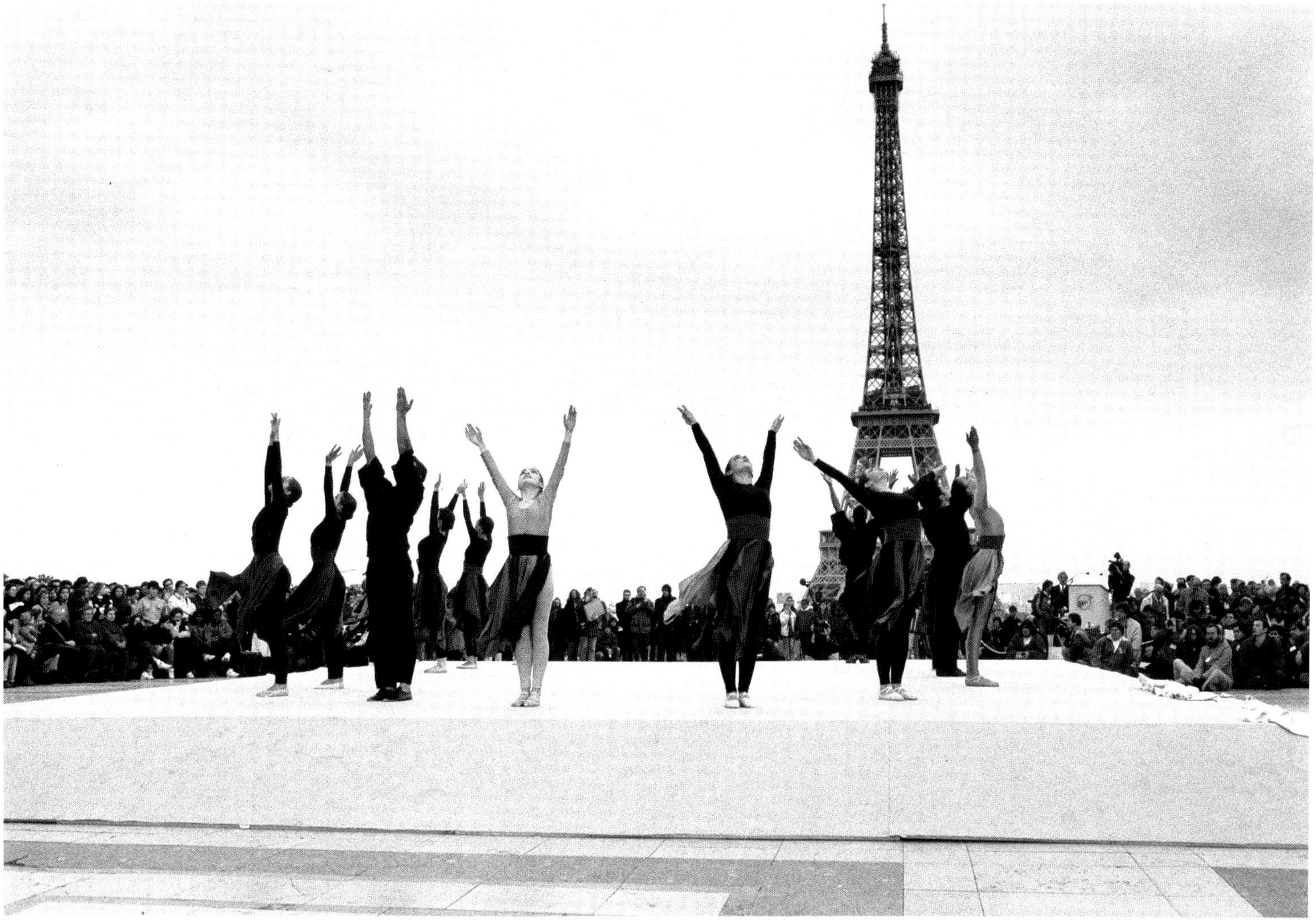

Die Familie ist das Wunderbarste auf der Welt, denn in ihr geben wir Kindern und Jugendlichen Kraft, Mut und Lebensfreude. Später wird es an ihnen sein, Neues zu bringen, Dinge zu tun, die wir uns nie vorgestellt hätten.

Aber manchmal hat man eine Familie, ein Zuhause und ist doch allein und verzweifelt. Man kann nicht glauben, daß etwas möglich ist, man wagt nicht zu hoffen... Wenn man ständig zu Bittgängen gezwungen ist, wenn man ständig die Blicke der anderen auf sich spürt, kapselt man sich ab. Man hat Angst : Angst, daß die Familie zerstört wird, Angst, daß die Kinder weggenommen werden ; man will nicht verurteilt werden, und die Scham hält einen gefangen. Auch die Kinder kennen das : Wenn andere sich draußen auf den Parkbänken niederlassen, um auszuruhen und miteinander zu reden, dann müssen sie sich sagen : « Das ist nicht für uns. » Sie wissen, daß wir unsere Wäsche immer erst aufhängen gehen, wenn niemand mehr draußen ist.

Das Elend ist wie ein schwarzes Loch. Es kann uns sogar daran hindern, unsere Liebe wirklich zu leben, weil Müdigkeit und Hoffnungslosigkeit überhandnehmen. Wenn man Kinder hat, ist man am Anfang glücklich, sie wachsen, lachen, sprechen und gehen zu sehen. Die Kinder machen uns glücklich. Später kommt es vor, daß dieses Gefühl verloren geht. Wenn die Hoffnungslosigkeit zu stark wird, sehen wir unsere Familie wie von außen an. Wir fühlen uns weniger verbunden. Es gibt keinen Dialog mehr, es läuft überhaupt nichts mehr zwischen uns. Manchmal verlieren wir die Kraft und den Mut. Wir möchten dann fortgehen, alles fallen lassen, unser Zuhause, die Kinder, alles. Ein wenig wünschen wir uns auch zu sterben.

Heute sind die Armen den andern immer noch ausgeliefert. Ich meine, daß sie nicht die richtige Vorstellung davon haben, was sie sind. Bei uns ist ein Armer ein wenig wie ein Schandfleck für die Gesellschaft.

Damit eine Familie leben und sich entfalten kann, muß sie für Neues offen sein. Sie braucht immer wieder frischen Wind. Mir haben die Bewegung Atd Vierte Welt* und Père Joseph* diese Kraft gebracht. Als ich ein Buch über Père Josephs Leben lesen konnte, fand ich darin mich selber geschildert. Ich erkannte mich wieder in dem, was er erlebt hatte und in den Familien, denen er begegnete.

Er hat ein schwieriges Leben gehabt. Er hat gelitten und sehr jung zu arbeiten begonnen, das hat ihn aber nicht am Wachsen gehindert. Er hat sein Leben dafür eingesetzt, zu den Leuten zurückzukehren, die im Unglück sind. Er hat es zustande gebracht, daß diese Leute ihre Würde und einen Glauben wiederfanden.

Von seinem Leben merke ich mir vor allem, daß auch wer wenig hat, mit den Ärmsten teilen kann. Er hat praktisch alles von sich gegeben. Und was mich vor allem beeindruckt : daß ein Mann wie er, ein Kind aus dem Volk, Menschen fand, die seinem Weg folgten, daß er die ganze Welt durchdringen konnte. Wenn man Père Joseph kennt, versteht man, daß unser Leben einen Sinn hat.

Ich habe mein eigenes Leben wiedergesehen. Als ich sieben war, war meine Mutter krank ; und so mußte ich den Haushalt machen, die Wäsche und mich um die kleinen Geschwister kümmern. Ich war nicht viel in der Schule und ich habe nicht viel gespielt. Aber ich bin trotzdem gewachsen und ich habe trotzdem gelernt, für mich allein.

Mit Père Joseph habe ich Würde und Ehre wiedergefunden. Und ich muß seinen Kampf weiterführen. Ich muß mein Wissen allen Familien in Not weitergeben : « Du kannst fallen, aber du mußt wieder aufstehen, wenn du die Deinen liebst. "

Man kann nicht immer in der Vergangenheit leben, sondern die Vergangenheit muß der Zukunft dienen. Wenn man das Elend geschmeckt hat, kann man die anderen besser verstehen.

Eine Familie zu haben heißt auch, viel Ehrgeiz zu haben. Ein Zuhause und eine Familie zu bewahren ist ein täglicher Kampf. Und was zählt : daß man nicht nur die Seinen sieht, sondern auch andere Leute.

Mit Père Joseph sieht man, daß Dinge, die man nicht zu erhoffen wagte, Gestalt annehmen. Man versteht, daß auch ein Armer es zu etwas bringen kann. Um unseren Kindern zu helfen, müssen wir stark sein. Sie brauchen ein Vorbild, um selber stark zu werden. Père Joseph gibt uns die Kraft, uns zu sagen : wir dürfen nicht aufgeben. Unsere Kinder sehen uns, sie sehen alles, was wir erduldet haben, und daß wir davongekommen sind. Diese Botschaft kommt an.

Ich hoffe, daß Père Joseph in alle Generationen eingehen wird.

At home, to preserve our dignity, we used to boil some water when there was nothing to eat so that the neighbours would not see that we were poor.

Mario y Francesca crecieron sin sus padres. ¿Quién podía haberles enseñado a educar el bebé que habían tenido? ¿Cómo podían aprender a quererle, cuando ellos mismos no tenían la experiencia del amor de sus padres?

Un día de invierno, su alojamiento se incendió. Desde entonces, duermen en su coche, con el niño, y nadie se extraña. Finalmente, se avisa al asistente social. El tribunal impone a los padres que no beban más, que consigan una casa, un trabajo, un nuevo estilo de vida. Se pone en preadopción al niño, que tiene dos años.

Fue durante esa época cuando mi marido y yo les conocimos. Era muy duro escucharles : « Nuestro destino es una vida de sufrimiento ».

Juntos, encontramos una casa vieja. Dos o tres veces por semana, íbamos con ellos a un grupo para que dejasen de beber. De esa época, recuerdo sobre todo su voluntad de cambiar y el amor hacia su hijo.

Ahora ha pasado un año. Hemos reído y llorado juntos. Tienen una vida nueva... pero no su hijo. Nadie les creyó capaces de un tal cambio, menos nosotros. Somos cuatro que creemos en el futuro. Nadie tiene su fin escrito.

Il y a une image qui me reste toujours dans la tête au sujet des familles très pauvres de ce pays, c'est les gens en marche, en démarche : des gens qui sont sans cesse dans la rue en train de marcher, de prendre le bus, pour aller chercher un logement, du travail, un papier, rentrer au *shelter* [1], chercher de la nourriture à la banque alimentaire, aller à l'église... C'est incroyable, le temps qu'ils passent à marcher, dans un pays où la voiture est reine.

1. Abri pour sans-logis.

Mario und Francesca sind beide ohne Eltern aufgewachsen. Wer also hätte sie lehren können, ihr eigenes Kind zu erziehen? Wie können sie Elternliebe lernen, wenn sie diese selber nie erfahren haben ?

An einem Wintertag brennt ihr Zuhause nieder. Seither schlafen sie - samt Kind - in ihrem Wagen. Niemand stört sich daran. Aber eines Tages schreitet die Behörde ein. Das Gericht verlangt von den Eltern, nicht mehr zu trinken, ein Haus zu haben, Arbeit zu finden und ein neues Leben zu führen. Das zweijährige Kind wird in eine Pflegefamilie gebracht, die es adoptieren möchte.

Damals lernten mein Mann und ich Mario und Francesca kennen. Ihre Resignation tat weh : « Unser Schicksal ist ein Leben voller Leid. »

Zusammen fanden wir ein altes Haus. Zwei- bis dreimal pro Woche suchten wir mit ihnen eine therapeutische Gruppe auf, damit sie vom Alkohol loskämen. Aus dieser Periode erinnere ich mich vor allem an ihren Willen, ihr Leben zu ändern, und an die Liebe für ihr Kind.

Ein Jahr ist seither vergangen. Wir haben zusammen gelacht und geweint. Sie führen ein neues Leben - aber ohne ihr Kind. Niemand hielt sie für fähig zu diesem Wandel. Nur wir, wir vier, glauben an die Zukunft. Ihr Engagement ist unsere Hoffnung. Es gibt kein vorbestimmtes Schicksal : für niemanden.

In een dorp, « La Pipe » genaamd, leven 52 gezinnen op een braakliggend terrein, zonder water of electriciteit. Een vrachtwagen komt twee keer per maand drinkwater brengen. In de tussentijd koken de mensen het water uit de rivier om te kunnen drinken en zich te wassen. Onlangs heeft een organisatie hun twee grote reservoirs gegeven voor het water, en de mensen van het dorp hebben een platform in beton gemaakt om die reservoirs niet in de modder te laten verrotten. Ze hebben ook een dokter gevraagd, eens per week de zieken en de kinderen te komen bezoeken.

De meeste kinderen werken met hun ouders op het land om thee te plukken. Sommigen werken ook op de markt in de stad. 's Avonds heeft Dario, 9 jaar, geen bus meer om thuis te komen: dan rent hij 9 kilometer in het donker. In de stad gaan de kinderen ook naar school, met een bus. Als er niet genoeg geld is, blijven ze in het dorp. En toch zijn ze erg leergierig.

In deze situatie is een vriendin een peuterklas begonnen. De ouders zeggen steeds : « Ze zijn intelligent, dus ze komen er wel! » De ouders zelf hebben een speelplaats aangelegd.

Zo organiseren de mensen geleidelijk aan hun dorp. Maar al hun inspanningen worden bedreigd door het plan van de overheid om een groot reservoir aan te leggen op de plek waar zij leven.

Symbole de la terre*
Symbool van de aarde*
Símbolo de la tierra*
Symbol of the earth*
Symbol der Erde*
◁

Ramassage de la terre à Haïti

Terre d'Allemagne

Terre de Côte d'Ivoire

Terre du Guatemala

Terre du Sri Lanka

▷
Parvis des Libertés et des Droits de l'Homme, place du Trocadéro*, Paris

1. Père Joseph Wresinski*, 17.10.1987
Je témoigne de vous... (voir texte p. 146)
I bear witness...
Ik getuig van jullie...
Doy testimonio...
Ich lege Zeugnis ab von euch...

2. Adolfo Perez Esquivel, prix Nobel de la Paix et Alwine de Vos van Steenwijk, présidente du Mouvement international Atd Quart Monde, 17.10.90.

3. Jacques Delors, président de la Commission de l'Union européenne ; Javier Pérez de Cuéllar, ancien secrétaire général de l'ONU ; Frederico Mayor, directeur général de l'Unesco ; Jean-Marie Lustiger, cardinal-archevêque de Paris ; Simone Veil, ministre d'Etat ; Geneviève de Gaulle Anthonioz et Alwine de Vos van Steenwijk, 17.10.93.

4. Élie Wiesel, Prix Nobel de la paix et Marc Couillard, 17.10.92.

5. Geneviève de Gaulle Anthonioz, présidente du Mouvement Atd Quart Monde France, et Brigitte Fossey, comédienne, 17.10.91.

6. Marco Aurelio Ugarte Ochoa, Pérou, reçoit le prix Joseph Wresinski* des mains de Alwine de Vos van Steenwijk, 17.10.88.

7. Vénérable Tai Ho Philipe, Maître Zen, 17.10.93.

8. Margaret Crandle, déléguée Quart Monde des U.S.A. 25.7.89.

9. Javier Peréz de Cuéllar et Mary Rabagliati, 17.4.89.

10. Leandro Despouy, rapporteur de la Commission des droits de l'homme de l'ONU sur « Droits de l'homme et extrême pauvreté » ; Paul Savary, ancien directeur général adjoint de la FAO ; José Maria Gil-Delgado, député européen, président du Comité Quart Monde au Parlement européen ; Hans-Peter Furrer, directeur des affaires politiques du Conseil de l'Europe, 17.10.91.

11. Roger et Josette Saingt (voir p. 145), 17.10.93.

12. Bannière Tapori*, 17.10.93.

13. Joseph Stephen Tenywa reçoit le prix Joseph Wresinski*, 17.10.92.

14. Francis Blanchard, ancien directeur général du BIT, 17.10.88.

142

143

Wer die Ärmsten verstehen will, muß bereit sein, zumindest für eine Zeit in ihre Denkweise einzutauchen, um sich dadurch verändern zu lassen.

Als we de armen willen begrijpen, moeten we, minstens voor een bepaalde tijd, accepteren overgeleverd te zijn aan de manier van denken van de armen die ons zou kunnen veranderen.

Réplique de la Dalle du Trocadéro*, place de Champ Fleury, Saint Denis, Ile de la Réunion, 1990.

Am 30.5.92 Christelle Cambier äußert sich im Namen der Jugendlichen bei der Einweihung einer Nachbildung der Steinplatte vom Trocadero. Berlin, Parlament den Bäume.

Christelle Cambier prend la parole lors de l'inauguration d'une réplique de la dalle à Berlin.

La familia es la cosa más marvillosa del mundo, porque es ahí donde se da la fuerza, el coraje, la alegría de vivir a los niños y a los jóvenes. Después, les tocará a ellos inovar, hacer cosas que nosotros no hubiésemos nunca imaginado.

Pero algunas veces, se puede vivir en familia, tener un hogar, y sin embargo estar solo, encontrarse sin esperanza, sin creer que algo sea posible, sin atreverse a esperar. A fuerza de estar obligado a pedir siempre, a fuerza de sentirse siempre observado, uno se cierra sobre sí mismo. Tienes miedo. Todavía hoy muchos tienen miedo : miedo a que rompan su familia, miedo a que les quiten a sus hijos; y la vergüenza les encierra.

Los hijos también conocen esto: ver bancos públicos sobre los que los otros van a sentarse, a descansar, a hablar, y se dicen que eso no es para nosotros. El hecho de esperar a que no esté nadie fuera para atreverse a tender nuestra ropa.

La miseria es un agujero negro que puede llegar a impedir el vivir realmente nuestro amor, porque hay demasiado cansancio, porque no se tiene ninguna esperanza.

Al principio, cuando uno tiene hijos, está contento al verlos crecer, sonreír, hablar, caminar. Nos hacen felices. Y depués, algunas veces, ya no sentimos eso. Cuando la amargura es demasiado fuerte, miramos a nuestra familia, y eso es todo. Estamos como menos unidos. Ya no hay diálogo, ya no hay nada entre nosotros. Algunas veces no tenemos más fuerza, más coraje, tenemos ganas de irnos, de abandonar todo, hogar, hijos, todo. Hasta a veces tener ganas de morir.

Hoy en día los pobres siguen dependiendo de los otros. Quiero decir que no tienen una idea clara de lo que son. En nuestra sociedad, alguien que sea pobre, es un poco como la degradación de la sociedad.

Para que una familia pueda vivir, para que tenga todo su esplendor, hace falta que esté abierta, hace falta que tenga un aire nuevo, alguna cosa que se renueve, alguna cosa fresca. Para mí, fue el Movimiento*, y fue el Padre Joseph* quienes me dieron esa fuerza. Cuando pude leer el libro que cuenta la vida del Padre Joseph, era mi propia historia retratada a través de su memoria. Me reconocí a través de lo que él había vivido, y a través de las familias que él había conocido.

Tuvo una vida difícil. Sufrió y trabajó muy joven, pero eso no le impidió crecer. Utilizó su vida para unirse a las personas que sufrían. Consiguió que esas personas volviesen a tener dignidad, volviesen a creer.

Lo que más me impresiona de su vida, es el tener poco y poder a pesar de ello compartirlo con los más pobres. Dio practicamente todo de él. Y lo que me impresiona mucho, es ver que a un hombre como él, a un hijo del pueblo, le hayamos podido seguir en su camino, que haya podido extenderse en el mundo entero.

Cuando se conoce al Padre Joseph, se comprende un sentido de nuestra vida. Yo volví a verme. Cuando yo tenía 7 años, mi madre estaba enferma, hacía falta limpiar la casa, lavar la ropa, ocuparse de los hermanitos y hermanitas. No fui mucho al colegio, no me divertí mucho. Pero, sin embargo crecí, sin embargo aprendí, yo sola. Con el Padre Joseph, encontré una dignidad, un honor. Cuando vi su vida, dije « es mi vida ». Y tengo que continuar su lucha. Tengo que aportar mis conocimientos a todas las familias que lo pasan mal.

« Puedes caer, pero tienes que levantarte si quieres a los tuyos ». No se puede vivir siempre en el pasado, pero el pasado debe servir para el futuro. Cuando uno ha conocido la miseria, puede comprender mejor a los otros.

Tener una familia es también tener mucha ambición. Mantener un hogar y una familia es una lucha de todos los días. Y lo que cuenta, no es solo ver a los tuyos, es ver vivir a otros también. Con el Padre Joseph, vemos que hay cosas que no podíamos esperar y que se hacen concretas. Comprendemos que incluso siendo pobres, se puede llegar a algo.

Para ayudar a nuestros hijos, nos hace falta ser fuertes. Si queremos que sean fuertes, hace falta que tengan un ejemplo. Y el padre Joseph nos da la fuerza para decirnos: no hay que abandonar. Nuestros hijos nos ven, ven todo lo que hemos sufrido y que hemos podido salir de ello. Es un mensaje que se transmite.

Espero que el Padre Joseph se transmita a todas las generaciones.

Ein Bild von den ganz armen Familien dieses Landes wird mir immer bleiben : Leute, die gehen. Ständig sind sie unterwegs, zu Fuß oder mit dem Bus : sie suchen Arbeit, eine Unterkunft, holen ein Dokument ab oder Nahrungsmittel auf der Lebensmittelbank, kehren zur Notschlafstelle zurück, gehen zur Kirche... Es ist unglaublich in einem Land, wo das Auto König ist, wieviel Zeit sie mit Gehen verbringen.

There is an image that will always stay in my mind when I think of very poor families : people are walking to and fro, people are walking non-stop in the streets, catching the bus, going to look for housing, for a job, for a form, returning to the homeless shelter, looking for food at the soup kitchen, going to church... It's incredible the time they spend walking in a country where the car is king.

Le peu de temps qu'on est ensemble, on ne s'occupe pas d'astiquer, de nettoyer ; on s'occupe d'être ensemble.

The family is the most marvellous thing in the world, because it is there that you give strength, courage, and the joy of life to children and young people. Afterwards, it will be for them to bring something new, to do the things that we would not have imagined ourselves.
But sometimes, you can be in a family, have a home and still be alone, and find yourself without hope, without being able to believe that something is possible, without daring to hope.
Because of always being obliged to go and ask for things, because of feeling that people are watching you, you shut yourself away. You are frightened.
Many people are still frightened today : frightened that their family will be broken up, frightened that their children will be taken away. You don't want to be judged ; it's shame that shuts you away.
The children also know that; they see the benches outside on which others are going to sit, rest, talk, and they say that that is not for us. We wait until there is no one outside before daring to hang out the laundry.
Poverty is like a black hole. It can even prevent you from giving and receiving love, because you are too exhausted, because you feel there is no hope.
When you have children, at first you are happy to see them grow up, smile, talk, walk. They make you happy. And then sometimes you don't feel this way any more. When despair takes over, you look at your family, and that's it. You are sort of less attached. Nobody talks any more ; there is nothing more between you.
The times when you have no more strength, no more energy, you feel like leaving, dropping everything: home, children, everything. You can also feel like dying.
Today, the poor are still at the mercy of others. I mean they don't give the right impression of who they are. These days, a poor person is seen as rather degrading to society. In order for a family to live, for it to shine, it needs to be open, it needs some fresh air to renew itself.
For me, it's the Movement, and it's Father Joseph who have given me that strength. When I was able to read the book which tells his life story, I found my own story there. I recognised myself in what he had experienced and in the families that he met.
He had a difficult life. He suffered ; he started work very young, but that did not stop him from growing. He used his life to go towards those people in deep poverty. He succeeded in finding a way for those people to rediscover their dignity, to rediscover a belief. What I remember most about his life is that he had little, but was still able to share with the most destitute people. He gave practically all of himself.
It made a big impression on me to see that people could follow a man like him, a man from a simple background, follow his path ; that he could touch the whole world.
I could picture myself again. At the age of 7, my mother was sick, and I had to do all the housework, the washing and look after my little brothers and sisters. I didn't go to school much ; I didn't have much fun. But I still grew up, I still learned, by myself. You cannot always live in the past, but the past must serve you for the future.
With Father Joseph, I rediscovered dignity, honour. When I saw his life, I said, " that's my life " . And I must continue his struggle. I must bring my knowledge to all the families who have a hard life. When you have experienced extreme poverty, you can understand others better.
To have a family is also to have a lot of ambition. To look after a home and a family is a daily struggle. And what counts is not only to see your own family live, but to see others live too. We need to be strong to help our children. If we want them to be strong, they must have an example. And Father Joseph gives us strength. With him you see things taking shape that you never dared hope for. You understand that even if you are poor, you can succeed at something.
I hope that he will be somebody for all generations to come.

Roger Saingt
Sigle de la Journée mondiale du refus de la misère, 1993
Paris, France

Christian Januth
Père Joseph Wresinski*, 1992
Sérigraphie
Charleroi, Belgique

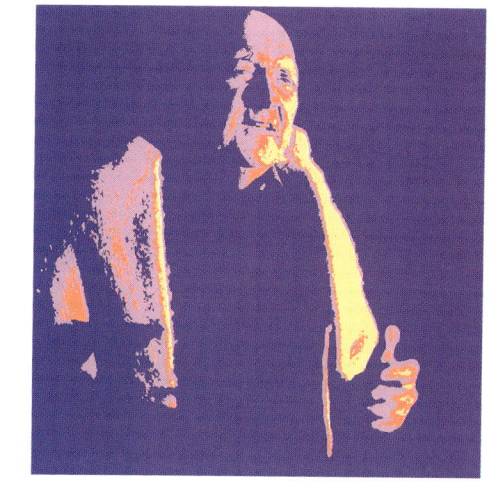

Jeanpierre Beyeler
La Nuit du 17 octobre 1987
Trocadéro, Paris

Je témoigne de vous...
I bear witness...
Ik getuig van jullie...
Doy testimonio...
Ich lege Zeugnis ab von euch...

« Millions et millions / d'enfants de femmes et de pères / qui sont morts de misère et de faim / dont nous sommes les héritiers / Vous qui étiez des vivants / ce n'est pas votre mort / que j'évoque aujourd'hui / en ce Parvis des Libertés / des Droits de l'Homme et du Citoyen / C'est de votre vie que je témoigne / Je témoigne de vous mères / dont les enfants condamnés à la misère / sont de trop en ce monde / Je témoigne / de vos enfants tordus par les douleurs de la faim / n'ayant plus de sourire / voulant encore aimer / Je témoigne de ces millions de jeunes / qui sans raison de croire ni d'exister / cherchent en vain un avenir / en ce monde insensé / Je témoigne de vous pauvres de tous les temps / et encore d'aujourd'hui / happés par les chemins / fuyant de lieux en lieux / méprisés et honnis / Travailleurs sans métier / écrasés en tout temps par le labeur / Travailleurs dont les mains / en ces jours / ne servent plus à rien / Millions d'hommes de femmes et d'enfants / dont les cœurs à grands coups battent encore pour lutter / dont l'esprit se révolte / contre l'injuste sort / qui leur fut imposé / dont le courage exige le droit / à l'inestimable dignité / Je témoigne de vous / enfants femmes et hommes / qui ne voulez pas maudire / mais aimer et prier / travailler et vous unir / pour que naisse une terre solidaire / Une terre / notre terre / où tout homme aura mis le meilleur de lui-même / avant que de mourir / Je témoigne de vous / hommes femmes et enfants / dont le renom / est désormais gravé / par le cœur la main et l'outil / sur le marbre de ce Parvis des Libertés / des Droits de l'Homme et du Citoyen / Je témoigne de vous / pour que les hommes enfin / tiennent raison de l'homme / et refusent / à jamais / de la misère / la fatalité / »

Texte écrit et proclamé, avec cette ponctuation vocale (/), par le père Joseph Wresinski*, sur le Parvis du Trocadéro*, à Paris, le 17 octobre 1987.

~若瑟神父，1987.10.17
　于巴黎自由人權廣場~
▷

Jean Bazaine
Vitrail, 1961
Chapelle de Noisy-le-Grand, France

Dans une lettre du 28.10.1977 à Jean Bazaine, le père Joseph* écrit : *Vous avez permis au Mouvement* de ne pas s'enliser dans le sale, dans le laid, dans la misère. La misère est atroce de laideur ; vous avez apporté l'harmonie et le chant de vos vitraux et c'était là le plus beau trésor qui ait pu être offert au Quart Monde*.*
▷
▷▷
p 152, 153
October 17*, 1987
Joseph Wresinski* thanks Béatrice Péreira after the presentation of Jean Guélis' ballet, interpreting the song, *Les Enfants sont des dieux (Children are gods),* words by Serge Lama, music by Christian Poulet.
Trocadero*, Paris, France

ملايين الملايين انتم
اطفالا و نساءا و رجالا
من الجوع و البؤس متم
تاريخنا نحن ورثتكم
ليس موتكم ما اتذكر ،
اليوم، في ساحة الحريات و حقوق الانسان
بل عن حياتكم اشهد

اشهد عنكن يا امهات الاطفال كثار
في البؤس حشروا
و عبءا على العالم اعتبروا
اشهد عن ابناء لكن ، بآلام الجوع مزقوا،
فقدوا لذة الابتسامة
فزادت رغبتهم في المحبة ،

اشهد عن ملايين الشباب
عاشوا دون هدف
يبحثون ،
عبثا عن مستقبل
في هذا العالم الاحمق

اشهد عن فقراء في كل زمان
نهكتهم سبل الايام
و طاردتهم الاهانة و الحرمان

عمال دون حرفة
مسحوقين بالعناء دوما
عمات تم تغدو ايديهم تصلح لشئ

ملايين الملايين من الاطفال و النساء و الرجال
لازالت قلوبهم تخفق بقوة النضال
و ارواحهم تثور ضد الظلم و الطغيان
لازالت شجاعتهم تطالب بالحق
الحق في الكرامة الغالية

اشهد عنكم انتم
رجالا ونساءا و اطفالا
فضلوا على البؤس ،المحبة و الصلاة
العمل و الاتحاد من اجل ارض متضامنة
الارض،ارضنا
التي يهبها كل واحد منا
خير ما عنده قبل ان يرحل

اشهد عنكم
اطفالا و نساءا و رجالا
نقش صيتهم بالقلب و اليد والاداة
على رخام ساحة الحريات
اشهدعنكم حتى يعتبر الناس، اخيرا
الانسان ، و ان يرفضوا
قدرية البؤس و الحرمان

الاب جوزيف فرنسكي
17 اكتوبر 1987

Миллионы и миллионы
детей, жён и отцов
умерших от нужды и голода,
наследниками которых мы являемся.
Вы, жившие ране,
не о вашей смерти я говорю сегодня
на этой паперти Свобод,
Прав человека и Гражданина.
Это о вашей жизни я свидетельствую.

Я свидетельствую о вас, матери,
чьи дети, приговорённые к нужде,
являются лишними в этом мире.

Я свидетельствую о ваших детях,
скорченных от страдания голода,
без улыбки на лице,
хотящих ещё любить.

Я свидетельствую о тех миллионах молодых,
которые без смысла верить и существовать
напрасно ищут своё будущее
в этом безумном мире.

Я свидетельствую о вас, бедные всех времён,
и ещё сегодня
бредущие по дорогам
гонимые от места к месту в позоре и презрении.

Труженники без профессии,
всегда задавленные тяжким трудом.
Труженники, чьи руки сегодня
не нужны никому.

Миллионы мужчин, женщин и детей,
чьи сердца ещё громко
бьются для борьбы,
чьё сознание востаёт против
несправедливой доли,
навязанной им,
чьё мужество достойно права
на неоценимое уважение.

Я свидетельствую о вас,
дети, женщины и мужчины,
кто не хочет проклинать,
а любить и молиться, работать и объединиться,
чтобы родилась земля солидарности ;
земля, наша земля,
куда каждый вложил бы лучшую
частицу самого себя
прежде чем умереть.

Я свидетельствую о вас,
мужчины, женщины и дети,
чья слава отныне вырезана
сердцем, рукой и резцом
на мраморе этой паперти Свобод.
Я свидетельствую о вас, чтобы люди, наконец,
задумались о человеке
и отвергли бы навсегда нужду и безисходность.

Отец Жозеф Вресински

17 октября 1987 года

我為你們做見證：
母親們、孩子們，
你們被迫生活在赤貧中，
你們被這個世界視為多餘。

我為你們的孩子做見證：
他們被飢餓的痛苦所扭曲，
失去了笑容，
卻仍願意去愛。

我為千千萬萬個年輕人做證：
他們失去了相信和存在的理由，
仍然在這個冷漠的世界
茫然地尋找未來。

我為你們做見證：
為你們，每一個時代的窮人，
一直到今天，仍然窮困的人，
你們被迫走上顛沛的路途；
從一個地方逃往另一個地方，
飽受輕視和羞辱。

我為你們做見證：
孩子們、女人及男人們，
你們不願意抱怨和詛咒，
卻仍然祈禱、相愛、工作、團結，
為了建立一個合一的世界，
在那裏，
所有的人可以把自己的"最好"貢獻出來。

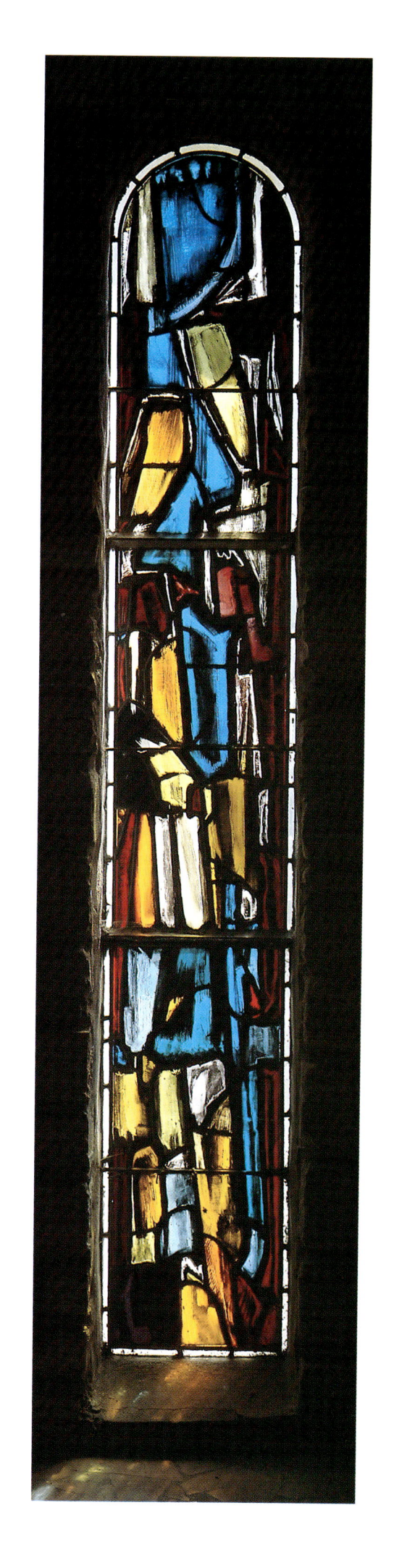

Glossaire

Art et Poésie. Programmes pour initier les enfants, les jeunes et les adultes à la perception et à la pratique de différentes formes d'expressions artistiques. Avec le concours d'artistes, ces activités ont lieu dans les **Ateliers Art et Poésie,** les **Clubs et Maisons des Savoirs,** dans des camions aménagés, ou dans la rue.
Ces programmes expriment la volonté de partager les moyens du savoir, y compris ceux des nouvelles technologies, entre des personnes de différentes origines sociales et culturelles.

Artothèque :
La beauté contribue à faire éclater l'enfermement et l'exclusion sociale. C'est pourquoi, dès les années 60 dans le camp de Noisy-le-Grand, le père Joseph Wresinski a fait appel à des artistes de renom : Jean Bazaine, Miró, Matisse, Braque... En 1988 est né à Caen, en France, le projet d'une artothèque, pour permettre à toute famille du Quart Monde d'emprunter des reproductions d'œuvres d'art.

Bibliothèques de rue. C'est la plus répandue des formes de partage du savoir développées par le Mouvement Atd Quart-Monde.
Au pied d'un escalier, sur un bout de carton au milieu d'une décharge, dans un bidonville, sous le parapet d'un pont, dans un cimetière où des familles ont « élu » domicile, ou encore dans des campagnes reculées où personne ne va jamais, le livre permet aux enfants de sortir de leur enfermement et de leur ignorance, et de devenir « enfants de l'univers ». Animées par des volontaires, des alliés ou des jeunes issus eux-mêmes de milieux défavorisés, ces bibliothèques sont implantées dans quatre continents.

Noisy-le-Grand (près de Paris, France). Berceau du Mouvement Atd Quart Monde.
Cité de promotion familiale et sociale. Lieu d'accueil de familles très défavorisées qui leur permet de reprendre en mains leur avenir, et d'acquérir les moyens de leurs responsabilités familiales, communautaires, sociales.
Le père Joseph Wresinski avait conçu ce projet dès 1959 pour remplacer le camp de Noisy-le-Grand. La première cité de promotion familiale ouvre ses portes en 1970. Aujourd'hui, Atd Quart Monde propose que ce type d'action soit généralisé comme réponse à la misère qui atteint les familles.

Cour aux Cent Métiers (*La Cour*).
Lieu d'initiation à divers métiers pour les enfants et les jeunes vivant dans les rues de grandes villes. La *Cour* est un tremplin pour leur permettre de rejoindre les structures d'éducation et de formation existantes, les aider à retrouver une place au sein de leur communauté et un rôle utile dans leur pays. La première *Cour* fut créée au Burkina Faso en 1984.

17 Octobre. Cf. *Père Joseph Wresinski.* Ce jour a été promulgué *Journée mondiale* par l'ONU depuis 1992 et est célébré désormais chaque année dans le monde entier.

Engagement . L'engagement d'hommes et de femmes de toutes origines ou appartenances est la force essentielle du Mouvement Atd Quart Monde. Certains, comme les **alliés,** acceptent d'y consacrer une partie de leur temps, de leurs compétences, de leurs relations. D'autres, les **militants Quart Monde,** issus eux-mêmes de milieux très défavorisés, acceptent d'aller à la recherche de plus démunis qu'eux et d'œuvrer à leur libération.
Les **volontaires permanents** rejoignent durablement les populations très exclues. Célibataires ou mariés, ils vivent, se forment et travaillent en *équipe*. Des équipes se sont implantées dès les années 60 dans divers pays d'Europe, en 1964 aux Etats-Unis, puis au Canada, et à partir de 1979, dans les pays en développement.
Au début de 1994, 350 volontaires permanents sont répartis dans quatre continents.

Forum permanent sur l'extrême pauvreté dans le monde. Il rassemble des personnes qui, dans plus de cent pays, agissent d'une façon ou d'une autre avec les plus pauvres de leur pays, isolément ou en association. Par le biais d'une correspondance suivie, d'une lettre de lien (la *Lettre aux Amis du monde,* publiée en trois langues), et de rencontres régionales (dont la première fut le Forum-Afrique en 1981), le *Forum permanent* permet d'échanger expériences et connaissances, et par là même, de soutenir des personnes qui sont parfois seules dans leur engagement.

Jeunesse Quart Monde. La branche « Jeunes » du Mouvement a été créée en 1973. Son centre de rencontre et de formation à Champeaux (France) diffuse un mensuel, et développe des relations avec des groupes de jeunes à travers le monde, afin de bâtir un courant de partage et de solidarité entre tous les jeunes, quelles que soient leurs conditions de vie.

Maisons Quart Monde. Maisons qui accueillent localement secrétariat, information et permettent le rassemblement et la formation des personnes engagées avec le Mouvement Atd Quart Monde.

Maisons de vacances familiales. Ce sont des lieux du Mouvement Atd Quart Monde en Europe où des familles très démunies, qui ne sont jamais allées en vacances, peuvent retrouver des forces, vivre ensemble des moments de paix et de création. C'est parfois à partir de l'une de ces maisons que se développe le rassemblement des familles du Quart Monde du pays.

Mouvement Atd Quart Monde. Mouvement de lutte contre la misère et l'exclusion sociale ouvert à toutes les convictions religieuses ou politiques, créé en 1957 par le père Joseph Wresinski et les familles du camp de Noisy-le-Grand, en France.
Mouvement familial, des Droits de l'Homme et pour la Paix, il fait partie des organisations internationales non gouvernementales (OING) et se fait le porte-parole des familles du Quart Monde auprès des principales organisations internationales : Conseil économique et social de l'ONU (ECOSOC – statut consultatif catégorie 1), UNICEF, UNESCO, BIT, Conseil de l'Europe, Commission de l'Union européenne et Parlement européen.

Père Joseph Wresinski. Né le 12 février 1917 à Angers, Joseph Wresinski a lui-même passé toute son enfance dans un grand dénuement. Le courage de sa mère qui a élevé seule ses quatre enfants, son acharnement à leur donner à tous et malgré tout la fierté, un métier et la foi en Dieu, ont profondément marqué l'enfance et l'adolescence de l'homme qui allait devenir le fondateur du Mouvement international Atd Quart Monde.
Après avoir été apprenti-pâtissier, il retourne à 19 ans sur les bancs de l'école pour devenir prêtre ; il est ordonné en 1946, gardant toujours ancrée en lui la volonté de retrouver ses frères les plus pauvres. Connaissant ce désir, son évêque l'envoie au camp des Sans-Logis de Noisy-le-Grand en 1956. Face à ce peuple rassemblé par une même histoire d'exclusion, conscient que seules, ces familles ne peuvent s'affranchir de leur condition, il leur propose de s'organiser en association, et rassemble autour d'elles des amis, puis des volontaires permanents. En trente-deux ans, le père Joseph, non seulement a étendu son influence sur tous les continents, mais sa pensée et ses livres (voir bibliographie) ont marqué toutes les sphères de la société.
Le père Joseph est décédé le 14 février 1988 et repose au centre international du Mouvement à Méry-sur-Oise, près de Paris, en dessous d'une chapelle qu'il a fait construire.
Deux événements importants ont marqué les derniers mois de sa vie :
- l'adoption, le 11 février 1987, par le Conseil économique et social de France dont il était membre, de son *Rapport sur l'extrême pauvreté et la précarité économique et sociale.* Ce rapport fait des propositions globales et concrètes pour détruire la misère, dont il affirme qu'elle est une violation des droits de l'homme. Il a pris une dimension européenne et même internationale.
- l'inauguration le 17 octobre 1987, au Trocadéro, à Paris, devant quelque 100.000 personnes, d'une dalle portant cette phrase :
« *Là où des hommes sont condamnés à vivre dans la misère, les droits de l'homme sont violés ; s'unir pour les faire respecter est un devoir sacré.* »
Depuis 1987, des citoyens de tous milieux, riches et pauvres, personnages publics, politiques et religieux, se rassemblent sur ce lieu. Chaque personne, par sa présence, signifie son refus de la fatalité de la misère et s'engage dans le cadre de ses responsabilités. Des reproductions du texte gravé de cette dalle et signé par le père Joseph Wresinski se retrouvent à Berlin, Genève (BIT), Île de la Réunion, Manille, Rouyn Noranda (Québec, Canada), Strasbourg (Conseil de l'Europe) et dans plusieurs villes de France. Dans plusieurs de ces lieux, un moment de rassemblement a lieu le 17 de chaque mois.

Prix Joseph Wresinski. Le père Joseph a toujours eu le souci d'encourager les personnes ou les associations qui s'engagent avec les plus défavorisés, sans bénéficier des soutiens et des reconnaissances nécessaires. Dans cet esprit, a été créé en 1988 le Prix Joseph Wresinski. Le premier prix a été attribué au professeur Ugarte, du Pérou, et le second au père Tenywa, d'Uganda.

Quart Monde. Nom donné par le père Joseph Wresinski, en 1968, au peuple des plus pauvres du monde entier, qui refusent de se résigner à la fatalité de la misère pour eux-mêmes et pour tout homme. Ce terme trouve ses racines dans le « Quart-Etat » ou « Quatrième Ordre » révélé par quelques députés, dont Monsieur Dufourny de Villiers, à la révolution française, comme étant le « peuple des infortunés, des indigents, et de ceux qui n'avaient aucune représentation ».

Symbole de la Terre. « *Ces familles, je leur ferai gravir les marches de l'Elysée, du Vatican et de l'ONU »,* disait le père Joseph en 1956. Après son décès, 350 délégués du Quart Monde de tous les continents sont allés à Rome, en 1989, pour être reçus par le pape. Ces familles étaient de différentes confessions et de différentes cultures, mais elles avaient en commun d'être toujours déracinées, chassées de partout, privées d'une terre natale. Il leur a été proposé d'apporter des échantillons de toutes les terres où elles vivent, où elles souffrent et où elles espèrent : terre des slums et bidonvilles, boue des décharges publiques, terre rouge des mornes d'Haïti ou de l'Afrique, poussière des lieux d'hébergement précaire ou de détention, terre d'un cimetière où des familles dorment sur les tombes, terre d'un camp de concentration désaffecté... Une partie de cette terre a été déposée devant le pape. Une autre partie a été mélangée à la terre de Méry-sur-Oise, où un cèdre a été planté en signe de paix.

Tapori. Branche du Mouvement Atd Quart Monde créée en 1967 pour favoriser l'amitié entre enfants de tous les pays, et de toutes origines, appartenances raciales, religieuses ou sociales.

A travers *la Lettre de Tapori,* publiée dans différentes langues, et grâce aux *valises Tapori* qui voyagent d'un pays à l'autre, s'enrichissant à chaque étape, les enfants partagent ce qu'ils vivent et ce qu'ils savent, et deviennent amis. Les *bannières Tapori* portent les noms d'enfants de tous pays qui signent ainsi leur refus de la misère et leur engagement à bâtir l'amitié.

Toile des Absents. Les délégués des familles du Quart Monde à Rome (voir Symbole de la Terre), voulaient représenter tous ceux, connus ou inconnus, qui vivent dans la grande pauvreté. Au cours de la préparation, 85 carreaux de tissu figurant des aspects de la misère ont été brodés dans les différents pays. Ils ont été ensuite assemblés sur une toile unique, la Toile des Absents (1,40m x 6m), qui se trouve à Méry-sur-Oise.

Trocadéro. Lieu où a été signé, (à Paris), la Déclaration universelle des Droits de l'Homme en 1948 et où s'est déroulé le premier «17 Octobre ».

Universités populaires du Quart-Monde. Créées dans les années soixante-dix en Europe, elles sont des lieux publics de rassemblement, de formation et d'échanges entre les familles du Quart Monde et ceux qui acceptent de les reconnaître comme partenaires. Le père Joseph Wresinski les définissait ainsi : *« Elles sont des lieux d'expression où les plus défavorisés peuvent partager leur histoire, leur vécu, leurs expériences de résistance à la misère pour préserver leur dignité... Carrefours entre l'expérience de vie du sous-prolétariat et celle des autres citoyens, elles sont donc créatrices d'une nouvelle relation entre les hommes et ainsi d'une nouvelle culture. »*

Depuis 1975, les universités populaires ont été le point de départ des congrès internationaux du Quart Monde, et génèrent également des délégations de représentation auprès des instances nationales et internationales.

Glossary

Atd Fourth World Movement (« The Movement »). The Movement was created in 1957 by Father Joseph Wresinski and the families of the emergency housing camp at Noisy-le-Grand in France. The Movement's objective is to eradicate extreme poverty and social exclusion.

Active Members of the Movement. Men and women from all backgrounds and of all political and religious beliefs are the essential force behind Atd Fourth World. Some agree to devote a part of their time and their ability ; they are supporters or *allies*. Others, themselves from very disadvantaged backgrounds, seek out the very poorest and side with them ; they are Fourth World delegates. Full-time volunteers join the Movement on a long-term basis, dedicating their lives to the cause of the poorest. Single or married, they live and work in teams. Teams of *volunteers* were set up in various countries in Europe in the 1960s, in the United States in 1964, then in Canada, and since 1979, in Asia, Latin America and Africa.

There are now some 350 full-time volunteers, working in 23 countries on five continents.

International Movement. The Movement is a recognised International Non-Governmental Organisation (INGO) and, as such, represents very poor families in the principal international organisations: the Social and Economic Council of the United Nations (consultative status, category 1), UNICEF, UNESCO, the ILO, the Council of Europe, the European Commission and the European Parliament.

Art and Poetry. *Art and Poetry* has been an important concept in the Movement since its beginning because beauty helps to break through the confinement created by social exclusion. In the Noisy-le-Grand housing camp, Father Joseph Wresinski asked famous artists like Jean Bazaine, Miró, and Matisse to contribute their art. The Movement created places in the world where people could meet, be creative and share their skills in arts, crafts, computer studies, vocational training etc, with children, young people or adults from different social and cultural backgrounds. These may take the form of art libraries, art workshops, or clubs and houses of knowledge. The first art library was created in 1988, in Caen, France, to enable all families to borrow reproductions of works of art. Other art programmes exist in Europe and Asia.

Courtyard of a Hundred Trades *(The Courtyard).* Place of introduction to living in a community and to various trades for children and young people who have been left to fend for themselves in the city streets. *The Courtyard* aims to enable them to rejoin the existing structures of education and training, to help them re-establish links with their families, and to become full participants in the development of their country. The first *Courtyard* was created in Burkina Faso in 1984.

Family Holiday Houses. Centres run by the Movement in Europe where very poor families who have never been on holiday can recover their strength, and experience together moments of peace and creativity (e.g., by means of craft, art, theatre and music workshops). These houses are often central to gatherings of a country's Fourth World families.

Father Joseph Wresinski. Born on 12th February, 1917 in Angers, France, Joseph Wresinski spent his childhood in great poverty. The courage of his mother who brought up her four children single-handedly, her determination despite everything to give them pride, a trade and faith in God, deeply marked the child, the teenager and the man who was to become the founder of the Atd Fourth World Movement. After having been an apprentice baker, he went back to school at the age of 19 in order to train for the priesthood; he was ordained in 1946, keeping firmly within himself a wish to return to the poorest. His bishop sent him to the emergency housing camp at Noisy-le-Grand in 1956. When he saw how abandoned the families in this camp were, he sensed that he had found " his people ", forgotten by everyone, brought together by the same history of exclusion. He promised that they would, " climb the steps of the Elysée Palace, the Vatican, the UN ". He realised that on their own, these families could not break free from their condition. He formed with the families from the camp the association which was to become the Atd Fourth World Movement. He actively sought people who would join them as friends and supporters, some of whom he encouraged to dedicate their lives as full-time volunteers.

The action, thoughts and books of Father Joseph have influenced many people on different continents in all spheres of society, from very poor families up to the highest political and religious authorities.

Father Joseph died on 14 February 1988 and is buried at the international centre of the Movement at Méry-sur-Oise.

Fourth World. The name given by Father Joseph in 1968 to the poorest people across the world. Exclusion, extreme poverty, ignorance, and a refusal to resign themselves to the inevitability of extreme poverty for themselves and for all people are part of their common experience.

In France, this term finds its roots in the " Fourth Estate " or " Fourth Order " described by several French members of parliament at the time of the French Revolution as being " the wretched, the destitute, and those who have no representation ".

Fourth World Houses. The Movement's centres in various cities for information and for training and meetings of local people committed to the Movement.

Joseph Wresinski Prize. Father Joseph always wanted to encourage people and associations who worked with the most disadvantaged, often without help or recognition. After his death, it was decided to award a Joseph Wresinski Prize to such people. The first was awarded in 1988 to Professor Ugarte of Peru, and the second in 1992 to Father Tenywa of Uganda.

Méry-sur-Oise (near Paris, France). International centre of the Atd Fourth World Movement and training centre for its volunteers.

Noisy-Le-Grand.
Emergency Housing Camp near Paris, France. Emergency housing constructed on a former rubbish dump on the edge of marshlands where 252 families lived in fibrocement huts known as "igloos" without electricity and with only five water points to serve 2,000 people.

Birthplace of the Atd Fourth World Movement.
Housing Programme for the Social Advancement of the Family. A programme which enables very disadvantaged families to regain control over their future and to recover the means of assuming their responsibilities. Father Joseph Wresinski had conceived the idea for such a programme in 1959 to replace the emergency housing camp of Noisy-le-Grand, but it did not open its doors until 1970. The Movement advocates this type of comprehensive programme as a response to the extreme poverty which affects many aspects of the lives of families.

October 17th. On 17th October 1987 at the Trocadero in Paris, in front of 100,000 people including representatives of human rights organisations, Father Joseph Wresinski unveiled a commemorative stone, bearing this inscription, signed with his name: *"Wherever men and women are condemned to live in poverty, human rights are violated. It is our solemn duty to come together to ensure that these rights are respected."*

Since 1987, this commemorative stone has been reproduced in Reunion Island, then in Berlin, Geneva, Manila and Strasbourg.

October 17th was declared "World Day for Overcoming Extreme Poverty" by the United Nations in 1992. In several countries, on the 17th of each month, people gather for a short commemoration in honour of people who suffer from extreme poverty, and to renew their commitment to them.

People's Universities. Created in Europe in the 1970s, they are places for training and exchanges

between very poor families and those who agree to recognise them as partners. Father Joseph described them like this : *"Crossroads between the experience of life of the underprivileged and that of other citizens, they are places for the creation of a new relationship between people."*
Since 1975, the People's Universities have been the starting point of the international Fourth World congresses, and it is from these universities that the delegations of representatives to national and international authorities are chosen.

Permanent Forum on Extreme Poverty in the World. The *Forum* brings together people and organisations who, in more than a hundred countries, are committed to and work with the poorest. Forum members find mutual support in exchanging thoughts and experiences by means of regular correspondence, through a bulletin *Letter to Friends around the World* published in three languages, and through occasional visits and regional meetings.

Rome. Father Joseph had promised that the families of the Fourth World would be received by the Pope, but it was only after his death that this promise was fulfilled. In 1989, 350 Fourth World delegates from every continent went to Rome to be received by the Pope.

Symbol of the Earth. These families were of different denominations and from different cultures. But they had a common experience: that of being chased away from everywhere, deprived of a place they could call home. All the delegates brought some earth from the places where they lived, suffered and hoped: earth from slums and shanty-towns, mud from public dumps, red earth from the hills of Haiti and Africa, dust from run-down housing or from prisons, earth from a cemetery where families sleep on the graves, earth from an abandoned concentration camp. One part of this earth was offered to the Pope. The other was mixed with earth from Méry-sur-Oise, where a cedar was planted as a sign of peace.

The Tapestry ("Toile des Absents"). The delegates wanted to represent all those, both known and unknown, who live in chronic poverty. For this reason families from all parts of the world embroidered squares of material depicting aspects of their lives which were put together onto one single canvas which was presented to the Pope. It is now on display in Méry-sur-Oise.

Street Libraries. Books permit poor children to escape from their isolation, to overcome ignorance, and to have a chance of a better life.
Street libraries are run by volunteers, allies or young people who themselves are from deprived backgrounds. They bring books, art materials and often computers into poor communities. Street libraries can be found in a stairwell, on a piece of cardboard in the middle of a dump, on a blanket in a slum, under a bridge, in a cemetery where families live, or in remote country areas.

Tapori. Branch of the Atd Fourth World Movement created in 1967 to foster friendship amongst children from different countries and backgrounds, belonging to every race, religion and social group. By means of *the Tapori newsletter* published in several languages, and *Tapori suitcases* which are started by groups of children and then travel from group to group, country to country being added to as they go, the children share their experiences.

Trocadero. Famous monument near the Eiffel Tower in Paris, France, where the General Assembly of the United Nations adopted the Universal Declaration of Human Rights in 1948. On its " Plaza of Human Rights " is the commemorative stone placed on 17th October 1987 by Father Joseph Wresinski.

The " Wresinski Report ". In 1979, Father Joseph Wresinski was named as a member of the French Social and Economic Council. His main contribution to the Council was his Report on Extreme Poverty and Social and Economic Insecurity which was adopted by the Council on 11th February 1987. This Report made specific, comprehensive proposals for the eradication of extreme poverty which it asserted was a violation of human rights. It has influenced European and international policies.

The Youth Movement. The young people's branch of the Atd Fourth World Movement, *The Youth Movement*, was created in 1973. Its meeting and training centre at Champeaux, France sends out a monthly newsletter and develops relations with groups of young people from all backgrounds around the world. Its objective is to encourage young people to share their knowledge and skills and to foster solidarity between all young people, whatever their living conditions.

Glossar

Atelier. Schönheit hilft mit, Isolation und Ausgrenzung zu durchbrechen. Aus dieser Einsicht heraus bat Joseph Wresinski schon in den sechziger Jahren bekannte Künstler um Werke für das Notunterkunftslager von Noisy-le-Grand: Jean Bazaine, Mirò, Matisse, Braque... Später regte er unter dem Stichwort « Kunst und Poesie » in aller Welt die Schaffung von Begegnungsstätten an, wo Kinder, Jugendliche oder Erwachsene unterschiedlicher sozialer und kultureller Zugehörigkeit gemeinsam schöpferisch tätig sind und voneinander lernen.
So entstand 1988 in Caën, Frankreich, eine *Artothek*. Durch sie soll jede Familie die Möglichkeit bekommen, Reproduktionen von Kunstwerken leihweise nach Hause zu nehmen.

Bewegung Atd Vierte Welt (von frz. aide à toute détresse = Hilfe in größter Not). Internationale Familienbewegung, die sich von den Ärmsten ausgehend für Frieden und Menschenrechte einsetzt. Sie wurde 1957 von *Joseph Wresinski* und *Familien des Notunterkunftslagers* von Noisy-le-Grand gegründet und stützt sich auf das Engagement von Menschen jeglicher Herkunft und politischer oder religiöser Zugehörigkeit:
Verbündete und Freunde stellen ihr einen Teil ihrer Zeit, ihrer Fähigkeiten, ihrer Beziehungen oder ihrer finanziellen Mittel zur Verfügung.
Aktive Mitglieder der Vierten Welt, die große Armut aus eigener Erfahrung kennen, machen sich auf die Suche nach noch Ärmeren und setzen sich mit diesen zusammen für ihre Befreiung ein.
Ständige Volontäre engagieren sich langfristig an der Seite der Bevölkerungsgruppen, die in großer Armut sind. Sie leben und arbeiten in Teams. Im Sommer 1994 waren um 350 Volontärinnen und Volontäre auf fünf Kontinenten tätig.
Die Bewegung Atd Vierte Welt steht in Verbindung mit engagierten Menschen in 121 Ländern, die im *ständigen weltweiten Forum* zusammengeschlossen sind. Als Nichtstaatliche Organisation vertritt sie die Familien der Vierten Welt bei den wichtigsten internationalen Organisationen: ECOSOC (Wirtschafts- und Sozialrat der UNO, Konsultativstatus, Kategorie 1), UNICEF, UNESCO, ILO, Europarat, EG-Kommission, Europäisches Parlament.

Familiäre und gesellschaftliche Förderung. Ein Programm, das besonders benachteiligte Familien in die Lage versetzen will, ihre Zukunft selbst in die Hand zu nehmen und ihren familiären, gemeinschaftlichen und gesellschaftlichen Verantwortungen nachzukommen.
Joseph Wresinski plante seit 1959 eine Familienförderungssiedlung, die das Lager von Noisy-le-Grand ablösen sollte, aber erst 1970 konnte dieses Projekt mit Modellcharakter verwirklicht werden. Der *Wresinski-Bericht* empfiehlt die Förderung und Verbreitung solcher umfassender Maßnahmen gegen extreme Armut.

Familienferienhäuser. Orte in Europa, an denen sehr arme Familien, die noch nie in Urlaub fahren konnten, neue Kräfte sammeln und gemeinsam schöpferisch tätig sein können. Manchmal wird ein solches Haus darüberhinaus zum Treffpunkt für die Familien der Vierten Welt eines Landes.

Forum. Das *ständige weltweite Forum zur großen Armut* verbindet Menschen in aller Welt, die allein oder in einer Vereinigung mit den Ärmsten ihres Landes engagiert sind. Ein persönlicher Briefwechsel, ein periodischer Rundbrief (*Lettre aux amis du monde*, erscheint auf französisch, spanisch, englisch) und regionale Treffen dienen dem Erfahrungsaustausch und der gegenseitigen Unterstützung von Menschen, die in ihrem Einsatz gegen das Elend oft sehr einsam sind.

Hof der hundert Berufe. Ort, wo Kinder und Jugendliche, die in den Straßen der großen Städte sich selbst überlassen sind, ein Gemeinschaftsleben erfahren und verschiedene Berufe kennenlernen können. Der *Hof* ist für sie ein Sprungbrett zu bestehenden Bildungs- und Ausbildungsinstitutionen. Er hilft ihnen auch, wieder einen Platz in ihrer Familie und eine Aufgabe in ihrem Land zu finden. Der erste *Hof* wurde 1984 in Burkina Faso eröffnet.

Méry-sur-Oise. Internationales Zentrum der Bewegung Atd Vierte Welt (bei Paris, Frankreich).

Notunterkunftslager von Noisy-le-Grand. Entstehungsort der Bewegung Atd Vierte Welt (bei Paris, Frankreich).

17. Oktober. *Welttag zur Überwindung großer Armut.* Er wurde 1992 von der UNO proklamiert und ist eine Frucht des Lebenswerks von Joseph Wresinski. Am 17. Oktober 1987 hatte dieser bei einer Versammlung von nahezu 100 000 Verfechtern der Menschenrechte aus aller Welt auf dem Trocadero in Paris eine Gedenkplatte für die Opfer des Elends enthüllt, die folgende Inschrift trägt : « *Wo immer Menschen dazu verurteilt sind, im Elend zu leben, werden die Menschenrechte verletzt. Sich mit vereinten Kräften für ihre Achtung einzusetzen, ist heilige Pflicht.* » Nachbildungen dieser Platte finden sich heute unter anderem auf der Reunion-Insel, in Berlin, Genf, Manila und Straßburg.

Straßenbibliothek. Das Buch ermöglicht es Kindern, aus ihrer Isolation auszubrechen, die Unwissenheit zu überwinden und sich als « Kinder der Welt » zu fühlen. Volontäre, Verbündete oder Jugendliche, die Armut aus eigener Erfahrung kennen, führen deshalb auf allen Kontinenten regelmäßig Bücherstunden an Orten durch, wo besonders benachteiligte Familien leben: am Fuß einer Treppe, auf einer Decke in einer Sozialsiedlung oder in einem Slum, auf einem Stück Karton inmitten einer Müllkippe, unter einer Autobahnbrücke, auf einem Friedhof oder an abgelegenen Orten auf dem Land, wo nie jemand hinkommt...

Symbol der Erde. « Ich werde dafür sorgen, daß die Ärmsten die Stufen des Elysées, des Vatikans und der UNO erklimmen », hatte sich Joseph Wresinski 1956 vorgenommen. Ein Jahr nach seinem Tod reisten dreihundertfünfzig Delegierte der Vierten Welt nach Rom, wo sie vom Papst empfangen wurden. Da diese unterschiedlichen Religionen und Kulturen angehörten mußte eine symbolische Geste gefunden werden, in der sich alle wiedererkennen konnten. Allen gemeinsam war die Erfahrung, immer wieder vertrieben zu werden, keinen Platz zu haben auf dieser Erde. So wurde ihnen vorgeschlagen, ein wenig von der Erde, auf der sie leben, leiden und hoffen, mitzubringen.
Ein Teil dieser Erde wurde dem Papst übergeben. Der andere Teil wurde mit der Erde von Méry-sur-Oise vermischt. Eine Zeder wächst darin als Zeichen des Friedens.

Tapori. Kinderzweig der Bewegung Atd Vierte Welt. Tapori fördert Freundschaft und Verständnis unter Kindern aus allen Ländern und gesellschaftlichen Verhältnissen. Durch den *Tapori-Brief* und eine persönliche Korrespondenz mit dem internationalen Sekretariat in Treyvaux, Schweiz, lernen die Kinder von Kameraden, die einen ganz anderen Alltag haben als sie selbst, und tauschen Ideen aus, was sie gegen die Ausgrenzung unternehmen können.
Die *Tapori-Friedensbänder* tragen die Vornamen von Kindern aller Länder, die so ihre Ablehnung des Elends und ihren Willen, Freundschaft zu bauen, ausdrükken.

Trocadero. Ort in Paris, wo die Vollversammlung der Vereinten Nationen 1948 die allgemeine Erklärung der Menschenrechte verabschiedete. 1987 fand dort auf dem « Platz der Menschenrechte », die erste Versammlung zum *17. Oktober* statt.

Tuch der Abwesenden. Bei der Vorbereitung der Delegation für Rom (siehe *Symbol der Erde*) legten die Familien der Vierten Welt Wert darauf, daß die Delegierten wirklich alle Menschen in großer Armut repräsentierten. Sie bestickten deshalb Stoffstücke mit Szenen aus dem Leben der Ärmsten. Diese wurden auf einem großen Stoffband zusammengefügt, das sich nun in Méry-sur-Oise befindet.

Vierte Welt. Diesen Namen gab Joseph Wresinski 1968 dem « Volk » der Ärmsten dieser Welt. Was dieses Volk verbindet: eine Geschichte der Ausgrenzung, der extremen Armut, der Unwissenheit, aber auch die Weigerung, sein eigenes Elend und das anderer Menschen als unabänderliches Schicksal hinzunehmen. Der Ausdruck geht auf den Vierten Stand zurück, das « Volk der Unglücklichen, der Armen und jener, die keine Vertretung haben », auf das einige Abgeordnete während der französischen Revolution hinwiesen.

Vierte-Welt-Haus. Lokales oder regionales Sekretariat, Begegnungs- und Bildungszentrum der Bewegung Atd Vierte Welt.

Vierte Welt Jugend. Jugendzweig der Bewegung Atd Vierte Welt. Sein Bildungs - und Begegnungszentrum in Champeaux, Frankreich, fördert Austausch und Solidarität unter allen Jugendlichen, ungeachtet ihrer Lebensumstände. Es gibt dazu eine Monatszeitung (französisch/englisch) heraus und knüpft Kontakte mit Jugendgruppen in aller Welt.

Volksuniversität Vierte Welt. Öffentliche Versammlungs- und Bildungsorte für die Familien der Vierten Welt und Menschen, die diese als Partnerinnen anerkennen. « *Als Schnittpunkte zwischen der Lebenserfahrung des* « Lumpenproletariats » *und jener der anderen Bürger schaffen sie eine neue Beziehung unter den Menschen und damit eine neue Kultur* », sagte Père Joseph. Sie wurden in den siebziger Jahren in Europa aufgebaut und waren seit 1975 Ausgangspunkt für internationale Kongresse. Aus ihnen gehen auch die Delegierten für die Vertretung bei nationalen und internationalen Instanzen hervor.

Wresinski, Joseph (Père Joseph). Gründer der internationalen Bewegung Atd Vierte Welt. Er kam 1917 in einer Immigrantenfamilie in Frankreich zur Welt und verbrachte seine ganze Kindheit in äußerster Armut. Seine Mutter, die ihre vier Kinder allein großziehen mußte, setzte ihre ganze Kraft dafür ein, ihnen trotz allem Selbstbewußtsein, einen Beruf und den Glauben an Gott mitzugeben.
Nach einer Konditorlehre kehrt Joseph mit neunzehn Jahren auf die Schulbank zurück, um Priester zu werden. Dabei ist er vom Wunsch beseelt, den Ärmsten ein Bruder zu sein. Nach Jahren als Vikar in einem Industriegebiet und als Landpfarrer sendet ihn sein Bischof 1956 in das Notunterkunftslager von Noisyle-Grand. Dort begegnet er Familien, die von allen verlassen in tiefem Elend leben. Er ist sich bewußt, daß sich diese allein nicht aus ihrer Lage befreien können. Deshalb schlägt er ihnen vor, sich in einem Verein zusammenzuschließen und sammelt Freunde und später ständige Volontäre um sie. In zweiunddreißig Jahren seines Wirkens hat er in zahlreichen Ländern auf alle Gesellschaftskreise Einfluß genommen, angefangen bei den Familien der Vierten Welt bis hin zu den höchsten politischen und religiösen Autoritäten. 1979 wurde er Mitglied des französischen Wirtschafts- und Sozialrates, in dessen Namen er den *Wresinski-Bericht* zur großen Armut verfaßte. Er schrieb mehrere Bücher (siehe Bibliographie), die in verschiedene Sprachen übersetzt worden sind. Père Joseph, wie er gemeinhin genannt wird, verstarb am vierzehnten Februar 1988 und wurde unter der von ihm errichteten Kapelle im internationalen Zentrum der Bewegung Atd Vierte Welt in Méry-sur-Oise beigesetzt.

Wresinski-Bericht. Dieser Bericht über « *große Armut und wirtschaftliche und soziale Unsicherheit* » wurde am 11. Februar 1987 vom französischen Wirtschafts- und Sozialrat verabschiedet und hat europa- und weltweit Beachtung gefunden. Er macht umfassende, konkrete Vorschläge zur Überwindung der großen Armut, die er als Verletzung der Menschenrechte betrachtet. Seine Originalität liegt darin, daß die Familien in großer Armut bei der Ausarbeitung als Partnerinnen beteiligt waren.

Wresinski-Preis. Père Joseph bemühte sich, Menschen und Organisationen, die sich allein und ohne große Mittel mit den Benachteiligtsten engagieren, zu ermutigen. In diesem Sinne wurde nach seinem Tod ein Wresinski-Preis geschaffen. Er ging 1988 an den peruanischen Anthropologen Prof. Marco Aurelio Ugarte Ochoa, 1992 an Pater Tenywa aus Uganda.

Glosario

Arte y poesia : Talleres de dibujo o pintura, Clubes del Saber, Casa del Saber.
La belleza en todas sus formas permite romper el encierro que ocasiona la exclusión social. Por eso desde un comienzo Joseph Wresinski invitó a artistas famosos para que compartieran su saber con las familias del Cuarto Mundo. Así nació *Arte y poesia,* que es un lugar de encuentro, donde cada uno puede compartir lo que se sabe, donde se promueven la création artística, los talleres artesanales de formación profesional, de informática, etc. Todo ésto entre niños, jóvenes, o adultos de diferentes origenes sociales y culturales.
El *arteteca* se comenzó en Caen (Francia), en el año 1988. Se trata de tener la posibilidad de pedir prestadas reproducciones de obras de arte.

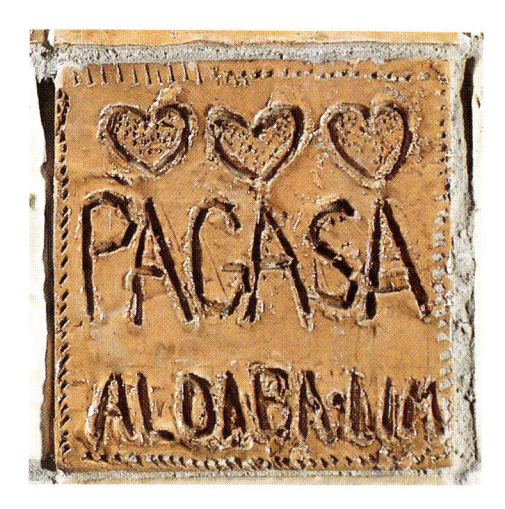

Biblioteca de calle . El libro permite a los niños salir del encierro, vencer su ignorancia y convertirse en « niños del universo. » Existen en todos los continentes, animadas por los voluntarios, aliados o también por jóvenes provenientes de medios desfavorecidos; al pie de una escalera, sobre unos cartones en medio de un basurero, sobre un trozo de tela en un barrio pobre, bajo el puente de una autopista, en un cementerio donde viven familias o también en campos apartados que nadie nunca visita.

Casa Cuarto Mundo. Casa que garantiza en cada localidad el secretariado, información, reuniones, encuentros y formación de las personas comprometidas.

Casas de Vacaciones Familiares. Son lugares en Europa donde las familias más pobres, que nunca han ido de vacaciones, pueden recuperar fuerzas y vivir juntas momentos de paz y de creación. A veces, a partir de una de estas casas se desarrollan los encuentros entre las familias del Cuarto Mundo del país en cuestión.

Compromiso. Hombres y mujeres de distintos horizontes constituyen la fuerza esencial del Movimiento Atd Cuarto Mundo.
Algunos, como **los aliados,** aceptan dedicarle una parte de su tiempo, de sus conocimientos, de sus relaciones. Otros, que provienen de medios desfavorecidos, van en busca de los que son más pobres tadavía y trabajan junto a ellos.
Los voluntarios permanentes van al encuentro de las poblaciones más pobres de forma duradera. Solteros o casados, viven, se forman y trabajan en *equipo.* Los primeros equipos se implantaron a partir de los años 60 en distintos países de Europa. En 1964 en los Estados Unidos, luego en Canadá. A partir de 1979 en Asia, América Latina y Africa. A principio de 1994 había 350 voluntarios permanentes repartidos en 5 continentes.

Cuarto Mundo. Es el nombre que le ha dado Joseph Wresinski en 1968 al pueblo de los más pobres del mundo entero, que reunen una historia de exclusión, de extrema pobreza, de ignorancia, pero sobre todo un rechazo frontal a la fatalidad de la miseria, no solamente para si mismo, sino también para cada ser humano.
Esta denominación tiene su origen en el « Cuarto Estado » o « Cuarto Orden » puesto de relieve por

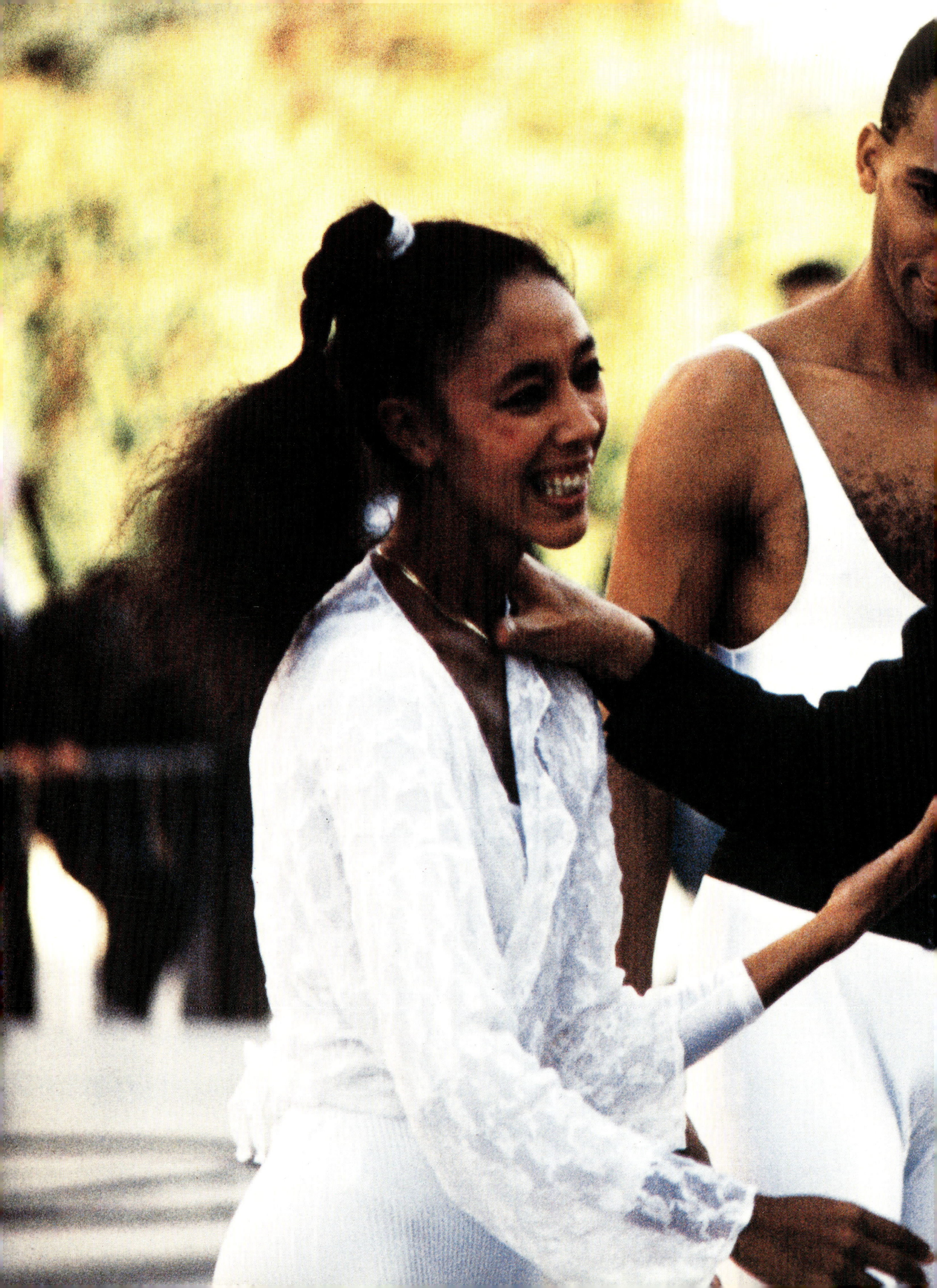

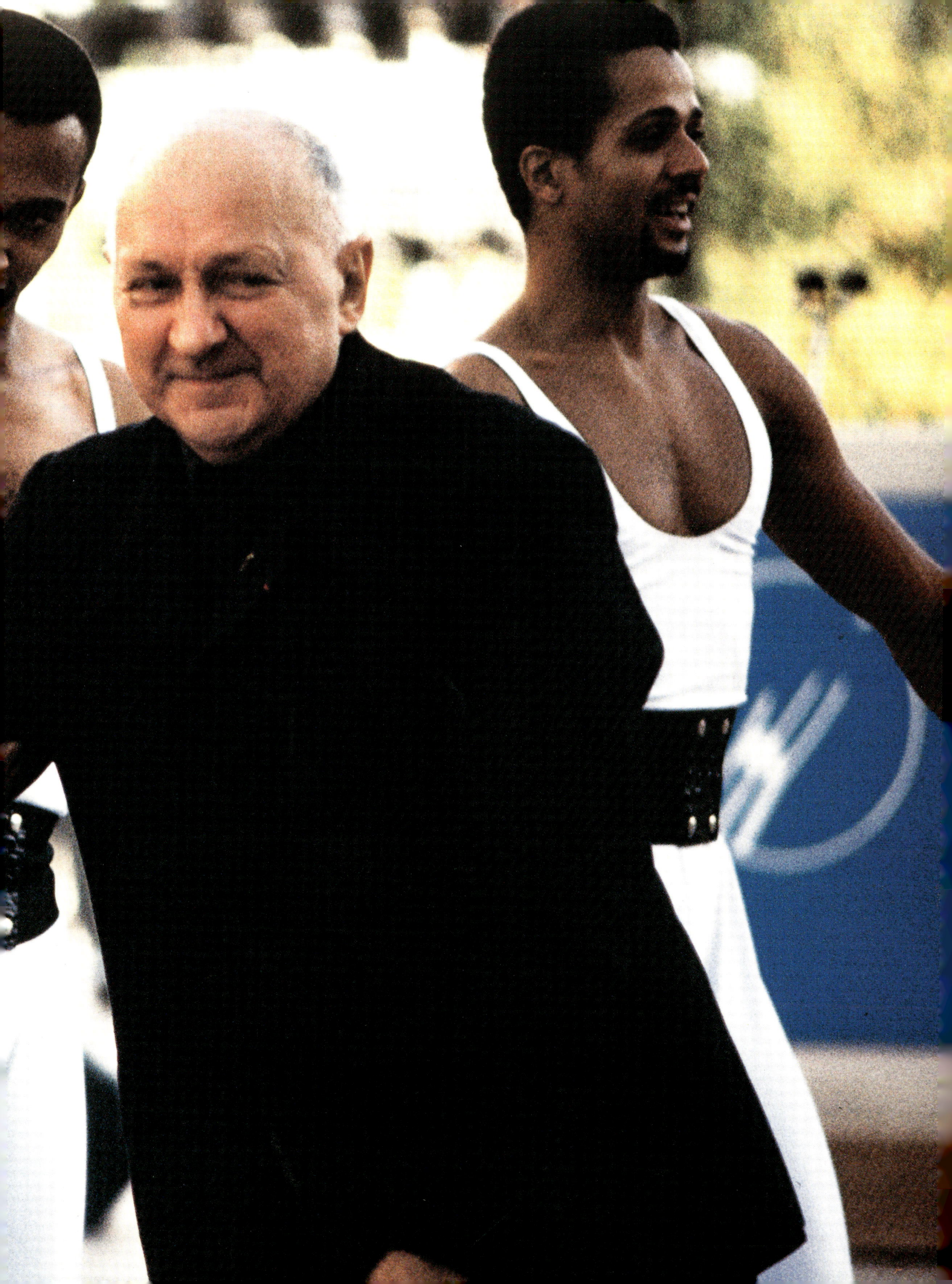

algunos diputados entre ellos el señor Dufourny de Villier durante la revolución francesa, descrito como el pueblo de los desafortunados, de los indigentes y de todos aquellos que no contaban con ninguna representación.

El 17 de Octubre . En 1992, la ONU proclamó ese día como *Día mundial de rechazo de la miseria.* Desde entonces se celebra todos los años en el mundo entero.
El primer encuentro se celebró el 17 de Octubre de 1987 en el Trocadero, Paris. Allí, ante unas cien mil personas, el padre Joseph Wresinski inauguró la lápida que lleva inscrita la siguiente frase:
« *Allí donde los hombres están condenados a vivir en la miseria los derechos humanos son violados ; unirse para hacerlos respectar es un deber sagrado.* »
Esta lápida ha sido reproducida en la Isla de la Reunión y después en Berlín, en Ginebra, en Manila, y Estraburgo.
El 17 de cada mes se organiza en distintos paises un momento de recogimiento y silencio para repetir el compromiso conjunto de detrucción de la miseria.

El patio de los cien oficios (a veces llamado: *el Patio*). Lugar de iniciación a la vida en común y a distintos oficios para los niños y jóvenes que viven en las calles de las grandes ciudades. El *Patio* es un trampolín que les permite alcanzar las estructuras de educación y de formación existentes ; las cuales les ayudan a restablecer lazos con su familia y a desempeñar un papel útil en su país. El primer *Patio* se creó en Burkina Faso en 1984.

Foro Permanente. Reune a personas que en más de cien países trabajan de una forma u otra con los más pobres de forma aislada o en asociación. Utilizando una correspondencia, el envío de un folleto (*La Carta a los Amigos del Mundo* publicada en tres idiomas) y de encuentros regionales (el primero fue el Foro Africa en 1981), el *Foro Permanente* permite un intercambio de experiencias y compromisos. Así mismo sirve de apoyo a aquellas personas que a veces están solas en su compromiso frente a la miseria.

Informe Wresinski. En 1979, padre Joseph Wresinski fue nombrado miembro del Consejo Económico y Social (C.E.S.) de Francia. Dicho Consejo lo nombró responsable de la realización de un *informe completo sobre la extrema pobreza y la precariedad económica y social.* El informe presentado el 11 de febrero de 1987 en el CES propone medidas concretas para destruir la miseria. Este informe aceptado por el CES ha tomado una gran importancia en Europa y también a nivel internacional.

Juventud Cuarto Mundo. La sección *joven* del Movimiento Atd Cuarto Mundo fue fundada en 1973. Su Centro de reunión y formación se encuentra en Champeaux (Francia). Tiene una publicación mensual. Desarrolla las relaciones entre grupos de jóvenes en todo el mundo para construir una corriente de solidaridad entre todos los jóvenes independientemente de sus condiciones de vida.

Méry-sur-Oise. (Cerca de Paris, Francia). Centro Internacional del Movimiento Cuarto Mundo y lugar de acogida y formación de su voluntariado.

Movimiento Atd Cuarto Mundo. Fundado en 1957 por el padre Joseph Wresinski y las familias de las chabolas de Noisy-le-Grand en Francia.
Movimiento Familiar de los Derechos Humanos y por la Paz, forma parte de los organismos internacionales no gubernamentales (OING). Se erige en portavoz de las familias de Cuarto Mundo ante los organismos internacionales más importantes: Consejo Económico y Social de la ONU (Estatuto Consultivo Categoría 1), UNICEF, UNESCO, BIT, Consejo de Europa, Comisión de las Comunidades Europeas y Parlamento Europeo.

Noisy-le-Grand . (En Francia, cerca de Paris). Lugar de Nacimiento del Movimiento ATD Cuarto Mundo. *Promoción familiar y social :* Acción que permite a las familias más desfavorecidas volver a hacerse cargo de su futuro y adquirir los medios que les permitan ejercer sus responsabilidades familiares, comunitarias, sociales. El padre Joseph Wresinski concibió ya en 1959 un barrio de promoción familiar para sustituirlo a las chabolas de Noisy-Le-Grand. La primera abrió sus puertas en 1970. El Movimiento Atd Cuarto Mundo propone que este tipo de acción global contra la pobreza extrema se generalice como respuesta a la miseria que afecta a todos los ámbitos de la vida familiar.

Padre Joseph Wresinski. Nacido el 12 de febrero de 1917 en Angers, Joseph Wresinski pasó toda su infancia con grandes privaciones. El valor de su madre que crió sola a sus cuatro hijos, su empeño por darles a todos y a pesar de todo un orgullo, un oficio y la fe en Dios, marcaron profundamente al niño, al adolescente y al hombre que iba a ser el fundador del Movimiento Internacional Atd Cuarto Mundo.
Después de haber sido aprendiz de pastelero volvió a los 19 años a la escuela para hacerse sacerdote; fue ordenado en 1946 manteniendo siempre muy profunda la voluntad de reencontrarse con sus hermanos los más pobres.
Conociendo este deseo su obispo le envió al campamento de personas sin techo de Noisy-le-Grand. Ante este pueblo olvidado de los hombres reunido por una misma historia de exclusión, él se jura a si mismo *hacerle subir los peldaños de la ONU, del Eliseo, del Vaticano.* Consciente de que las familias solas no van a poder salir de su condición les propone formar una asociación y reunir en torno a ellas a los amigos y más tarde a los voluntarios permanentes.
Durante 32 años, su acción, su pensamiento, sus libros han marcado en muchos países todas las esferas de la sociedad.
Fallecido el 14 de febrero de 1988, sus restos reposan en el Centro Internacional del Movimiento en Méry sur Oise.

Premio Joseph Wresinski. Padre Joseph siempre mantuvo la preocupación de alentar y apoyar a las personas y las asociaciones que se comprometen y trabajan con las poblaciones más desfavorecidas, y a veces sin muchos medios. En este espíritu el Movimiento decidió otorgar un Premio Joseph Wresinski. El primero fue atribuido al profesor Marco Ugarte de Perú en 1988. El segundo al padre John Tenywa de Uganda, en 1992.

Símbolo de la tierra . Les haré subir los peldaños del Vaticano, dijo padre Joseph en 1956. Tras su fallecimiento, 350 delegados del Cuarto Mundo de todos los continentes fueron a Roma en 1989 para ser recibidos por el Papa. Estas familias eran de distintas confesiones y de distintas culturas. Tenían en común el estar desarraigadas, expulsadas de todos los lugares, privadas de una tierra natal. Se les propuso que llevaran un poco de la tierra donde viven, donde sufren y donde esperan : tierras de las barriadas, de las poblaciones más pobres, barro de los vertederos, tierra roja de los cerros de Haiti o de Africa, polvo de lugares de detención, tierra de un campo de concentración abandonado.
Parte de esta tierra fue depositada ante en Papa. Otra parte se mezcló con tierra de Méry-sur-Oise y allí se plantó un cedro como símbolo de la paz.

Tapori . Es una sección del Movimiento Atd Cuarto Mundo, creada en 1967 a fin de favorecer la amistad entre los niños de todos los países, de todos los orígenes sociales, raciales y credos religiosos. Por intermedio de una publicación, *La carta de Tapori* en varios idiomas y también gracias a las *Valijas Tapori* que viajan de un país al otro enriqueciéndose en cada etapa, los niños comparten lo que saben, lo que viven y se hacen amigos.
Las *banderolas Tapori* llevan los nombres de los niños de todos los países que firman así su rechazo de la miseria y su compromiso para construir la amistad.

Tapiz de los ausentes. Durante los preparativos de la delegación que acudió a Roma (ver *Simbolo de la Tierra*), las familias del Cuarto Mundo de todos los paises quisieron que los delegados representaran a todos aquellos, conocidos o desconocidos que se encuentran en la miseria. Por ello bordaron unos trozos de tela representando distintos aspectos de la miseria y luego los unieron todos formando un tapiz que se encuentra en Méry-sur-Oise.

Trocadero. En Paris, lugar donde la Asamblea General de la Naciones Unidas aprobó la Declaración Universal de los Derechos Humanos, en 1948. El primer encuentro del 17 de octubre de 1987 tuvo lugar en esta plaza, denominada *Esplanada de los Derechos Humanos.*

Universidad Popular del Cuarto Mundo . Creadas en Europa en los años 70, son lugares de reunión, de formación y de intercambio entre las familias del Cuarto Mundo y aquellos que las reconocen como interlocutores válidos.

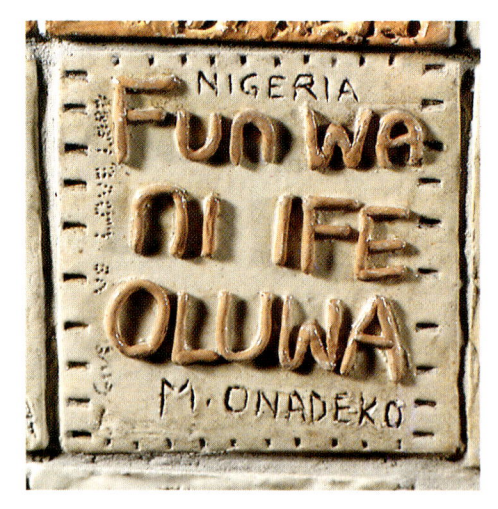

Woordenlijst

Artotheek . Al in het kamp van Noisy-le-Grand heeft Père Joseph beroep gedaan op beroemde kunstenaars : Jean Bazaine, Miró, Braque, enz. om te maken dat schoonheid er toe bij kan dragen het isolement en de uitsluiting te verbreken. In maart 1988 startte het team in Caen een artotheek : volwassenen gaan in een winkel reproducties van kunstwerken uitkiezen. Als ze gekocht en ingelijst zijn, worden ze aan de gezinnen uitgeleend, die ze mee naar huis kunnen nemen.
Verscheidene teams in Europa en Azië gaan met de gezinnen naar musea en organiseren activiteiten rond reprodukties van kunstwerken.

Clubs, Huis van de Kennis, Kunst en Poëzie. Plekken van ontmoeting en van delen van kennis (kunst, ambachten, informatica, de eerste beginselen van een vak, enz.) tussen kinderen, jongeren of volwassenen uit verschillende sociale en culturele achtergronden. Deze plaatsen bestaan evengoed in de industrielanden (bv in Brussel, Caen of Genève), als in sommige ontwikkelingslanden, of het nu gaat om arme wijken, in gevangenissen of elders.

Gezins-Peuterklas. Een geheel van activiteiten voor de allerkleinsten, die uitgevoerd worden met de ouders.

Gezinsvakantie-huizen . Dit zijn plekken van de Vierde Wereld Beweging in Europa waar zeer arme gezinnen die nog nooit op vakantie zijn geweest, op kracht kunnen komen en samen een vreedzame en creatieve tijd kunnen doorbrengen. Deze huizen zijn soms de startplaats van de gezinsbeweging, die de Vierde Wereld gezinnen van het land samenbrengt.

Hof van de Honderd Beroepen . Plaats waar kinderen en jongeren uit arme milieus vertrouwd worden gemaakt met verscheidene vakken, terwijl ze anders aan zichzelf zijn overgeleverd in de straten van de grote steden. Zo'n « Hof » is vaak een opstapje waarmee ze reeds bestaande onderwijsstructuren kunnen binnenstappen en zo een plaats kunnen vinden in hun familie en nuttig kunnen zijn in hun land. In 1984 ging de eerste «Hof» van start in Burkina Faso.

Jongeren van de Vierde Wereld . De Jongerenafdeling van de beweging Atd Vierde Wereld is opgezet in 1973. Haar ontmoetings- en vormingscentrum in het Franse Champeaux geeft een maandblad uit en onderhoudt contacten met groepen jongeren van zeer uiteenlopende komaf, overal in de wereld. Doel is een stroming op gang te brengen van gedeelde kennis en solidariteit tussen alle jongeren, arm en rijk.

Joseph Wresinski, ofwel Père Joseph.

Geboren op 12 februari 1917 in Angers heeft Joseph Wresinski z'n hele jeugd in grote ontbering doorgebracht. De kracht van zijn moeder, die in haar eentje haar vier kinderen heeft grootgebracht, haar volharding om hen allen, ondanks alles, hun eer te laten behouden, hen een vak te laten leren en in God te doen geloven, is hem als kind, als jongeman en als de man die de oprichter van de Internationale Beweging Atd Vierde Wereld zou worden, altijd bijgebleven.

Na een periode als leerling banketbakker keerde hij op z'n 19e jaar terug naar de schoolbanken om priester te worden; in 1946 is hij priester gewijd en diep in zijn hart wilde hij nog altijd z'n broers en zusters, de armsten terugvinden.

Zijn bisschop, die van dit verlangen op de hoogte was, stuurde hem in 1956 naar het daklozen kamp in Noisy-le-Grand. Toen hij op 14 juli 1956 daar de ongeveer 260 in de steek gelaten gezinnen zag, was hij ervan overtuigd de diepste armoede gevonden te hebben: « Op die dag heb ik mijn lot bezegeld ». Tegenover dit volk, door iedereen vergeten, bijeengebracht door eenzelfde geschiedenis van uitsluiting, zwoer hij « hen de treden van de VN, het Elysée en het Vaticaan te laten beklimmen. » Hij realiseerde zich dat deze gezinnen zich niet alléén uit deze situatie konden bevrijden, en stelde hun dan ook voor om zich in een vereniging te organiseren. Hij riep daar vrienden bij en later de volontairs, die bereid waren om in dezelfde omstandigheden te leven en hun lot te delen. Zo is Noisy-le-Grand de wieg geworden van de Vierde Wereld Beweging zoals ze nu bestaat in alle werelddelen.

Père Joseph is gestorven op 14 februari 1988 en rust in het Internationale Centrum van de beweging in Méry-Sur-Oise (nabij Parijs).

Twee belangrijke gebeurtenissen kenmerkten de laatste maanden van zijn leven:

- Het aannemen van zijn *Rapport over extreme armoede en sociale en economische onzekerheid,* op 11 februari 1987 door de Franse Sociaal-Economische Raad, waarvan hij lid was. Dit rapport bevestigt dat extreme armoede een schending van de mensenrechten is en doet algemene en concrete voorstellen om armoede op te heffen. Het rapport heeft een Europese dimensie gekregen en zelfs meer.
- De onthulling van een gedenksteen op 17 oktober 1987 op het Trocadero in Parijs, in aanwezigheid van 100 000 verdedigers van de rechten van de mens. Deze steen draagt de volgende tekst:

« Waar mensen gedoemd zijn in armoede te leven worden de rechten van de mens geschonden. Wij zijn hun verplicht ons aaneen te sluiten om die rechten te doen eerbiedigen. »

Sinds 1987 zijn reprodukties van deze steen geplaatst op het eiland Réunion, vervolgens in Genève, Berlijn, Straatsburg, Manilla... Over heel de wereld wordt nu 17 oktober ieder jaar als *Dag van Verzet tegen Extreme Armoede* gevierd. Deze dag is in 1992 door de VN uitgeroepen tot « Werelddag ».

Joseph Wresinski prijs. Père Joseph is er altijd op bedacht geweest om personen of verenigingen aan te moedigen, die zich met de minstbedeelden verbonden hadden zonder de noodzakelijke steun en erkenning. In deze geest is na zijn dood besloten om iedere vijf jaar een Joseph Wresinski prijs toe te kennen. De eerste keer is de prijs toegekend aan professor Ugarte uit Peru, de tweede aan de priester Tenywa uit Oeganda.

Kamp van Noisy-le-Grand . (bij Parijs, Frankrijk). Hier ontstond de Vierde Wereld Beweging, zie *Père Joseph Wresinski.*

Medestanders-Medestanderschap. Medestanders zijn mannen en vrouwen uit alle maatschappelijke en culturele geledingen die de beginselen van de Vierde Wereld Beweging onderschrijven. Ze wijden een deel van hun tijd, van hun kundigheden en relaties aan de strijd tegen uitsluiting. Ze vormen zich ook in kennis van grote armoede. Hun belangrijkste opdracht bestaat in het doen horen, erkennen en accepteren van de Vierde Wereld in alle geledingen van de samenleving.

Militant van de Vierde Wereld Beweging . Iemand die zelf uit een zeer arm milieu voortkomt en zich inzet voor de lotsverbetering en de bevrijding van eigen mensen.

17 Oktober : zie Père Joseph Wresinski. In verscheidene landen heeft op iedere 17e van de maand een moment van samenkomst en stilte plaats zodat ieder opnieuw kan kiezen voor de strijd tegen grote armoede en eer kan betuigen aan de moed van hen, die zich dag in dag uit tegen haar verzetten.

Permanent Forum betreffende de extreme armoede in de wereld . Dit forum brengt mensen samen die in meer dan honderd landen op de een of andere manier met de allerarmsten van hun land werken, alleen of in een groep. Door middel van uitgebreide correspondentie, een nieuwsbrief (*de Brief aan de Vrienden van de Wereld,* die in drie talen uitkomt) en regionale bijeenkomsten (waarvan de eerste het Afrika-Forum was in 1981) schept dit forum de mogelijkheid over ervaringen en persoonlijke inzet uit te wisselen en zodoende mensen te steunen die soms alleen zijn in hun engagement met de armsten.

Rome - Symbool van de aarde. Père Joseph heeft niet zelf « de treden van het Vaticaan en de VN » samen met de gezinnen van de Vierde Wereld kunnen beklimmen. In 1989 zijn, 350 afgevaardigden van de Vierde Wereld uit alle werelddelen, naar Rome gegaan, om te worden ontvangen door de paus, hoofd van de Kerk waar Père Joseph toe behoorde. Deze gezinnen waren van verschillende geloofsovertuigingen en culturen. Zij hadden gemeen dat ze telkens ontworteld en overal verjaagd worden en dat hun geboortegrond ontnomen wordt. Hun is voorgesteld wat aarde mee te nemen van de plek waar ze leven, waar ze lijden of waar ze hoop vinden: grond uit de achterbuurten en krottendorpen, modder van de openbare vuilnisbergen, rode aarde van de heuvels van Haïti en Afrika, stof uit bedompte krotten of gevangenissen, aarde van de kerkhoven waar gezinnen op de zerken slapen, grond uit een voormalig concentratiekamp...

Een deel van deze aarde is aan de paus gegeven. Een ander deel is vermengd met de grond van Méry-sur-Oise, waar een ceder is geplant als teken van vrede.

Straatbibliotheken . Dit is de meest verbreide vorm van kennisdeling die de Vierde Wereld Beweging ontwikkeld heeft.

In een trapperhuis of op een stuk karton op een vuilnisbelt, op een deken in een sloppenwijk, onder een brug of een viaduct, op een kerkhof waar gezinnen moeten wonen of zelfs op plekken waar bijna niemand komt, maakt het boek het mogelijk dat kinderen uit hun isolement komen, hun onwetendheid te boven komen en ook wereldburgers worden. Straatbibliotheken bestaan in vier werelddelen en worden gerund door volontairs, medestanders of jongeren die zelf uit arme milieus komen.

Tapori. Een tak van de beweging Atd Vierde Wereld, in 1967 opgericht door Père Joseph om de vriendschap tussen de kinderen uit alle landen, van alle rassen, van iedere komaf of religie, te bevorderen. Door middel van *De brief van Tapori,* in verscheidene talen uitgegeven, wisselen kinderen hun ideeën en ervaringen uit. Met behulp van een *Tapori Koffer* die van het ene naar het andere land reist en door de kinderen steeds wordt bijgevuld, wisselen ze met elkaar uit wat ze beleven en leren ze elkaar kennen. De *Reuze Koffer van Vrede en Vriendschap* die met de bijdragen van 3000 kinderen gemaakt is, is officieel door de kinderen aan Adolfo Perez Esquivel, winnaar van de Nobelprijs voor de vrede, gepresenteerd op 17 oktober 1990 op het Trocadero van Parijs. Sindsdien gaat ze de wereld rond.

De *Tapori-vlaggen* dragen de namen van kinderen uit alle landen, die zo hun verzet tegen armoede ondertekenen en zich inzetten om vriendschap op te bouwen.

Trocadero. Plein van de Rechten van de Mens in Parijs, waar de eerste « 17e oktober » gevierd is (zie *Père Joseph Wresinski).*

Vierde Wereld. Naam die in 1968 door Père Joseph Wresinski aan het volk van de armsten van heel de wereld gegeven is, een naam die staat voor een geschiedenis van uitsluiting, van uiterste armoede, onwetendheid en een weigering om zich neer te leggen bij het noodlot van de armoede voor zichzelf en voor iedereen.

Voor Frankrijk vindt deze uitdrukking haar oorsprong in de term «Vierde Staat» of «Vierde Stand», gebruikt door enkele volksvertegenwoordigers tijdens de Franse Revolutie, om het volk van ongelukkigen, van gebreklijdenden, en hen die geen vertegenwoordiging hadden daarmee aan te duiden.

Vierde Wereld Beweging . Interconfessionele beweging van strijd tegen grote armoede en maatschappelijke uitsluiting in 1957 door Père Joseph Wresinski en de gezinnen van het kamp van Noisy-le-Grand in Frankrijk opgericht. Ze is samengesteld uit *gezinnen van de Vierde Wereld,* de *volontairs,* en de *medestanders.* Bovendien verenigt ze bevriende correspondenten uit 121 landen van de wereld in het *Permanent Forum.*

De Vierde Wereld Beweging heeft zich vanaf het begin van de jaren 60 over verschillende landen van Europa verspreid, in 1964 in de V.S. en later in Canada. In antwoord op verzoeken van andere Niet-

Gouvernementele Organisaties (NGO) heeft ze teams naar andere werelddelen gestuurd : eerst naar Thailand en Guatemala, vervolgens naar Burkina Faso, Ivoorkust, Haïti, de Filippijnen, Senegal, Centraal Afrika, Honduras, Taiwan, enz...
Ze is een gezinsbeweging, een mensenrechtenbeweging en een vredesbeweging en heeft een jongerenafdeling en een kinderafdeling : Tapori. Ze maakt deel uit van de Internationale Niet-Gouvernementele Organisaties (INGO) en is pleitbezorgster van de gezinnen van de Vierde Wereld bij de belangrijkste internationale organisaties : de sociaal-economische raad van de UNO (ECOSOC - consultatieve status 1), UNICEF, UNESCO, IAO, Raad van Europa, Commissie van de Europese Unie en het Europees Parlement.

Vierde Wereld Volksuniversiteiten. Opgericht in de jaren '70 in Europa zijn het plaatsen van vorming en uitwisseling tussen de gezinnen van de Vierde Wereld en mensen die hen als partners erkennen. Père Joseph zei er het volgende over: « *Het zijn de plaatsen waar de armsten zich kunnen uiten, waar zij hun geschiedenis, hun belevingen, hun ervaringen in het verzet tegen de armoede kunnen vertellen om hun eer hoog te houden... Ontmoetingspunten tussen de levenservaring van de armsten en de andere burgers, dus plaatsen waar een nieuwe relatie tussen de mensen geschapen wordt en zo een nieuwe cultuur*».
Sinds 1975 zijn de volksuniversiteiten het vertrekpunt voor de internationale congressen van de Vierde Wereld en leveren afgevaardigden van de Vierde Wereld bij de nationale en internationale instanties.

Volontairs, volontariaat. Toen Père Joseph Wresinski de beweging Atd Vierde Wereld oprichtte, heeft hij ook een corps van volontairs opgezet, die optrekken met de zeer uitgesloten bevolkingsgroepen en hun lot met dat van hen verbinden. Ze leven en werken in teamverband en delen hun salaris.
Vrijgezel, getrouwd of religieus, met zeer uiteenlopende levensbeschouwelijke, maatschappelijke en culturele achtergronden vinden zij hun eenheid in het onderricht van hun oprichter, en de basisopties die zo beginnen: « *Ieder mens draagt in zich een fundamentele en onvervreemdbare waarde die hem op gelijke voet plaatst met alle mensen.* »
Begin 1994 zijn er 350 volontairs die naar alle windstreken zijn uitgezwermd.

Wanddoek van de afwezigen. Toen de delegatie die naar Rome moest gaan, werd voorbereid (zie het symbool aarde), wilden de gezinnen van de Vierde Wereld uit allerlei landen dat de afgevaardigden alle mensen zouden vertegenwoordigen, bekenden en onbekenden, die in extreme armoede moeten leven. De gezinnen hebben daarom stukjes stof geborduurd met allerlei aspecten van extreme armoede erop, en die stukjes stof zijn samengebracht op een groot wandkleed. Dit is te zien in Méry-sur-Oise.

Wijk voor maatschappelijke en gezins-verandering . Een plan dat Père Joseph al vanaf 1959 koesterde om de sloppenwijk te vervangen en dat steunt op het gezinsleven. Het gaat om een wijk waarin de gezinnen weer baas kunnen worden over hun eigen leven en hun verantwoordelijkheden ten opzichte van het gezinsleven, de gemeenschap en de samenleving weer op zich kunnen nemen.
De eerste wijk opent haar deuren in 1970, en wordt door soortgelijke projecten elders nagevolgd. De beweging heeft het voorstel gedaan dat dit soort actie, waarin een allesomvattend beleid geëxperimenteerd wordt dat de verdwijning van extreme armoede tot doel heeft, veralgemeend wordt als antwoord op de grote armoede die de gezinnen treft. De gezinsactie blijft de spil van handelen van de beweging, met name via de gezins- peuterklas).

Bibliographie

Hélène Beyeler-von Burg, *Des suisses sans nom,* Ed. Quart Monde, Paris, 1984.
Schweizer ohne Namen, Éditions Quart Monde, Paris, 1985.

Cahiers du Quart Monde, Tomes 1, 2 et 3, Ed. Quart Monde, Paris, 1989, 1990, 1992.
The Fourth World Chronicle, Ed. Quart Monde, Paris, 1989, 1990-91.
Kroniek van de Vierde Wereld, Ed. Quart Monde, Paris, 1989, 1990-91, 1992.
Vierte Welt Jahrbuch, Band 1 und 2, Ed. Quart Monde, Paris, 1989, 1990.

Conseil économique et social français, rapport, *Grande pauvreté et précarité économique et sociale,* rapporteur : Joseph Wresinski, Ed. Journal Officiel, Paris, 1987.
Große Armut und wirtschaftliche und soziale Unsicherheit, Ed. Quart Monde, Paris, 1990.
Chronic Poverty and Lack of Basic Security, Ed. Quart Monde, New York, 1994.

Isabelle Deligne, *Grandir ensemble, parents et tout-petits,* Ed. Quart Monde, Paris 1992.

Et l'on chercha Tortue, contes illustrés du Burkina, Ed. Quart Monde, Paris, 1991.

Vincent Fanelli, *The Human Face of Poverty, A Chronicle of Urban America,* Bootstrap Press, New York, 1990.

Francine de la Gorce, *Famille, terre de liberté,* Ed. Quart Monde, Paris, 1986.

Francine de la Gorce, *L'Espoir gronde,* Ed. Quart Monde, Paris, 1992.

Francine de la Gorce, *Un peuple se lève,* Ed. Quart Monde, Paris, 1994.

Marie-Bernadette Kabre et Hélène Beyeler-von Burg, *Children Lead The Way in Burkina Faso,* Ed. Unicef/Quart Monde, Paris, 1986.

Le Père Joseph, témoin des plus pauvres de tous les temps, Ed. Quart Monde, Paris, 1993.
Père Joseph Wresinski, Stimme der Ärmsten, Ed. Quart Monde, Paris, 1993.

Mouvement international Atd Quart Monde, *Est-ce ainsi que des familles vivent ?* Éditions Quart Monde, Paris, 1994.

Eugène Notermans, *Père Joseph, la passion de l'autre,* Ed. Quart Monde, Cahiers de Baillet, 1993.

Jona M. Rosenfeld et Brigitte Jaboureck, *Emergence from extreme Poverty,* Ed. Quart Monde, Paris, 1989.
Emerger de la grande pauvreté, Ed. Quart Monde, Paris, 1990.

The Wresinski Approach, The Poorest - Partners in Democracy, Ed. Quart Monde, London, 1991.

Kolette Turcot et Lucien Duquesne, *Kolette,* Ed. Quart Monde, Paris, 1987.

Alwine de Vos van Steenwijk, *Père Joseph,* Ed. Quart Monde, Paris, 1989.
Père Joseph, de man in wie de armsten zich herkennen, Ed. Boekmakerij/Uitgeverij Luyten, Aalsmeer, 1990.

Joseph Wresinski, *Les pauvres sont l'Église,* entretiens du père Joseph avec Gilles Anouil, Ed. Le Centurion, Paris, 1983.
De armen zijn de Kerk, Ed. Unistad, Antwerpen-Breda 1984.

Joseph Wresinski, *Heureux, vous les pauvres,* Ed. Cana, Paris, 1984.
Zalig jullie armen, Ed. Unistad, Antwerpen-Breda 1985.
Blessed are you the Poor, Ed. Quart Monde, Paris, 1992.

Joseph Wresinski, *Paroles pour demain,* Ed. Desclée de Brouwer, Paris, 1986.
Met het oog op de toekomst, Ed. Boekmakerij/Uitgeverij Luyten, Aalsmeer, 1992.
Worte für Morgen, Ed. Saint-Paul/Quart Monde, Luxemburg-Paris, 1994.

Joseph Wresinski, *Les pauvres, rencontre du vrai Dieu,* Ed. du Cerf/ Quart Monde, Paris, 1986.

Joseph Wresinski, *Ecrits et paroles.* Tome I. Aux volontaires, 1960-67, Ed. Saint-Paul/Quart Monde, Luxembourg-Paris, 1992.

Joseph Wresinski, *Ecrits et paroles.* Tome II. Aux volontaires, mars-mai 1967, Ed. Saint-Paul/Quart Monde, Luxembourg-Paris, 1994.

Joseph Wresinski, *Vivre l'évangile dans la famille,* Ed. Quart Monde, Cahiers de Baillet, Paris, 1993.

Joseph Wresinski, conférences :

- « Culture et Pauvretés », Actes du colloque « Culture et Pauvretés » tenu à la Tourette, (l'Arbresle) 13-15 déc. 1985, p. 151 à 160. La Documentation Française, Paris, 1988.

- Montpellier, 1986, Archives Maison Joseph Wresinski.

- « Les plus pauvres, révélateurs de l'Indivisibilité des Droits de l'homme », publié dans : "1989. Les Droits de l'Homme en questions", Commission Nationale Consultative des Droits de l'Homme, Documentation Française, Paris, 1989.
De los más pobres y el carácter indivisible de los Derechos Humanos que en ellos se revela, Ed. Atd Cuarto Mundo, Buenos Aires, 1992.

Mouvement International Atd Quart monde
International Movement Atd Fourth World
Internationale Bewegung Atd Vierte Welt
Movimiento Internacional Atd Cuarto Mundo
Internationale Beweging Atd Vierde Wereld
107, avenue du Général-Leclerc
F 95480 Pierrelaye, France

Éditions Quart Monde
15, rue Maître-Albert
F 75005 Paris

Légendes des photographies
Oorsprong van de foto's
Crédit photographique
Bildnachweis

2-3	Montmagny, France, 1994
8-9	Guatemala Ciudad, 1993
11	Ile de la Réunion, 1984
12	Bangkok, Thailand, 1993
13 a, b, c	Hagueneau, France, 1986
14	Manila, Philippines, 1992
15	Hagueneau, France, 1986
16	Marseille, France, 1982
17	Ile de la Réunion, 1984
18 a, b, c	Hagueneau, France, 1986
19	Hagueneau, France, 1986
20 d, e	Ouagadougou, Burkina Faso, 1985
21	Lille, France, 1985
22 d	Ile-de-France, 1986
22 e	Orléans, France, 1987
23	Guatemala Ciudad, 1993
24-25	New York, U.S.A., 1994
26	Tegucigalpa, Honduras, 1991
27 f	Ile de Gorée, Sénégal, 1987
27 g	Sakhor, Sénégal, 1985
28	Montmagny, France, 1994
29	New-York, U.S.A., 1994
30	Montmagny, France, 1987
31	Belloy-en-France, 1985
32 a	Ouagadougou, Burkina Faso, 1986
32 b, c	Ouagadougou, Burkina Faso, 1993
33	Belloy-en-France, 1985
34 a, b	Lille, France, 1985
34 c	Marseille, France, 1982
35 a, b, c	Lille, France, 1985
36-37	Lille, France, 1985
38	Haïti, 1987
39	München, Deutschland, 1982
40	Ile de la Réunion, 1982
49	Manila, Philippines, 1991
50 a	Genève, Suisse, 1993
50 b	Basel, Schweiz, 1984
50 c	Genève, Suisse, 1991
51 d	Frimley Green, Great Britain, 1994
51 e	Colmar, France, 1984
52 d, e	Vaux-en-Velin, France, 1993
53	Bangkok, Thailand, 1987
54	Montmagny, France, 1994
55 d	Ile de la Réunion, 1982
55 e	Haïti, 1982
56-57	Orléans, France, 1987
58 h, i, j	Orléans, France, 1987
58 k, l, m	Orléans, France, 1987
59	Ile de la Réunion, 1984
60 d	Herblay, France, 1987
60 e	Ile de la Réunion, 1984
61	Marseille, France, 1982
62 a	Ouagadougou, Burkina Faso, 1986
62 b	Ouagadougou, Burkina Faso, 1993
62 c	Ouagadougou, Burkina Faso, 1992
63 a, b	Ouagadougou, Burkina Faso, 1986
63 c	Ouagadougou, Burkina Faso, 1985
64	Cusco, Peru, 1989
65	Rennes, France, 1993
66 a	Marseille, France, 1982
66 b	Ouagadougou, Burkina Faso, 1985
66 c	Guatemala Ciudad, 1993
67	New York, U.S.A., 1993
68 f	Rennes, France, 1984
68 g	Lille, France, 1985
69	Manila, Philippines, 1992
70-71	Frimley Green, Great Britain, 1994 Frimhurst Family Centre
72 d, e	Marseille, France, 1994
113	Bangkok, Thailand, 1988
114 f, g	Rennes, France, 1993
115	Rennes, France, 1984
116 d, e	Frimley Green, Great Britain, 1994
117	Manila, Philippines, 1989
118 d	Guatemala Ciudad, 1993
118 e	Haïti, 1984
119 d	Bangkok, Thailand, 1988
119 e	Saint-Etienne, France, 1993
120-121	Ile de la Réunion, 1982
122 f, g	Paris, France, 1994
123	Manila, Philippines, 1989
124 f	Frimley Green, Great Britain, 1994
124 g	Marseille, France, 1982
125	Stains, France, 1985
126 d	Montmagny, France, 1994
126 e	Vaux-en-Velin, France, 1993
127	Ouagadougou, Burkina Faso, 1993
128 n	Treyvaux, Suisse, 1984
128 o, p	Fribourg, Suisse, 1983
130 n	Bruxelles, Belgique, 1991
130 o, p	Bruxelles, Belgique, 1992
131	Haïti, 1987
134	Marseille, France, 1982
135	Manila, Philippines, 1992
138	Guatemala Ciudad, 1990
139	Paris, France, 1993
142-143	Parvis du Trocadéro, Paris, France
144	Berlin, Deutschland, 1993

Archives Atd, Pierrelaye, France : pp. 11, 17, 26, 27 g, 38, 40, 51 e, 55 d, 59, 60 e, 62 a, c, 113, 118 e, 131, 140, 142 (8), 152-153.
Archives Atd, Bruxelles, Belgique : p. 130 n, o, p.
Christine Besnard : p. 62 b.
Jeanpierre Beyeler : pp. 20 d, e, 32 a, 63 a, c, 66 b, 143 (9).
Vincent Bidault : pp. 8-9, 23, 66 c, 67, 72 d, e, 110, 118 d, 122 f, g.
Christine Ciceron : p. 119 d.
Fanchette Clément Fanelli : p. 64.
Martine Courvoisier : pp. 117, 123.
Marie-Odile Diot : pp. 120-121.
Gabrielle Erpicum : p. 27 f.
Daniel Gingras : pp. 2-3, 28, 50 a, 51 d, 52 d, e, 54, 70 h, i, j, k, l, m, 71 h, i, j, k, l, m, 116 d, e, 119 e, 124 f, 126 d, e, 138.
Anne-Marie Grobet : pp. 128 n, 129.
Monique Lassagne : p. 63 b.
Philippe Lissac, Ciric, Paris : pp. 142 (4), 143 (13).
Bernadette Macabrey : pp. 55 e.
Erling Mandelmann : p. 142 (1).
Arturo Mari, Servizio Fotografico, l'Osservatore Romano : p. 140 (les quatre photos du bas).
Luzia Marty : p. 50 c.
Catherine Pigré : p. 65, 114 f, g.
Alain Pinoges, Ciric, Paris : pp. 139, 142 (2, 3, 5, 6, 7), 143 (10, 11, 12, 14).
Luc Prisset : pp. 13 a, b, c, 15, 16, 18 a, b, c, 19, 21, 22 d, e, 30, 31, 33, 34 a, b, c, 35 a, b, c, 36-37, 39, 50 b, 56-57, 58 h, i, j, k, l, m, 60 d, 61, 66 a, 68 f, g, 115, 124 g, 125, 128 o, p, 134.
Erik Sackstein : p. 12.
Jennifer Smith : pp. 24-25, 29, 32 b, c, 127.
Johanna Stadelmann : p. 53.
Emmanuel Trouvé : pp. 14, 49, 69, 135.
Annie Van den Bosch : pp. 144 (bas).
Maria Van Dijck : p. 81.
Stuart Williams : pp. 88-89, 90, 104-105.
Georges Yong : p. 144 (haut).

p 148-156
Cinco azulejos, 15 x 15 cm
Detalle de una pared de cerámicas de
160 × 772 cm
Méry-sur-Oise, France
◁
Empazada en el año 1989, en homaje a Joseph Wresinski*, esta pared de cerámica se ha estado realizando, cuadro por cuadro, por los amigos y personas del Cuarto Mundo*, durante los encuentros que tienen lugar en el centro internacional del Movimiento Cuarto Mundo*.

Un enfant du camp
Les igloos, 1966
Gouache
Noisy-le-Grand, France

Liliane Macaud
En souvenir des igloos et du père Joseph,* 1991
Aquarelle
Université d'été
Pierrelaye, France

อ๊อด	ขำ	เพรช
นิตยา จรดล	ทราย	เหมียว
มอง	นิธิศ	สุชิน	บาริฟ
ศิริภา		บุญสนอง	พงษ์ศักดิ์
ฝน			
เบญจพร	จิตบา จันทร์สุทร์	บุ๋ม
ทิพย์	ฤทัย	เอป	ม่
บอล	อนันต์ศักดิ์ บุญชัก	เม
สุทิน	วัฒน์	วนิสา	

แบ นน
ยก บุ๋ม จุน แดง
ใส่ สะดอ วันดี
นิด นุสรณ์ กษาน
อ้อย อุ้ม ไพท์
อธิเทพ งน
ะแต วาญ์น อรุณ
ก๊ะ เป้ พร กาญจนา

Children from Bangkok
*Tapori banner**, 1993
Material, 90 x 240 cm
Thailand
◁
See also p. 136-137 :
Children from Taiwan
*Tapori banner**, 1993

From 1990 to 1994, through the Tapori* network, children from 30 countries sent their names as a sign of their commitment to building friendship between children. Some 3,000 names, embroidered or painted, were assembled on ten cloth panels, each 100 by 200 cm. The panels were exhibited in various places throughout the world. The other 7,000 names were sewn on 60 banners, each 90 by 240 cm, for the Fourth World Family Congress, October 1994 in New York.

En réponse à la signature de la Convention des Droits de l'enfant, 10 000 enfants de 30 pays donnèrent, de 1990 à 1994, chacun leur nom, pour bâtir l'amitié autour d'eux. Brodés ou peints, 3 000 de ces noms furent d'abord, pour être exposés, assemblés sur 10 panneaux toilés de 100 × 200 cm chacun ; les 7 000 noms suivants furent cousus sur 60 *bannières* de tissu de 90 × 240 cm chacune, déployées au IIe Congrés des familles du Quart Monde* à New York, en octobre 1994.

Imprimé en France